山西大学建校 120 周年学术文库

U0728728

清末中国教育学的发展状态研究

张小丽 著

山西出版传媒集团 山西人民出版社

图书在版编目（CIP）数据

清末中国教育学的发展状态研究／张小丽著．—太原：山西人民出版社，2022.8
ISBN 978-7-203-12267-8

Ⅰ．①清… Ⅱ．①张… Ⅲ．①教育学—研究—中国—清后期 Ⅳ．① G40

中国版本图书馆 CIP 数据核字（2022）第 066439 号

清末中国教育学的发展状态研究

著　　者：张小丽
责任编辑：翟丽娟
复　　审：刘小玲
终　　审：梁晋华

出 版 者：山西出版传媒集团·山西人民出版社
地　　址：太原市建设南路 21 号
邮　　编：030012
发行营销：0351 - 4922220　4955996　4956039　4922127（传真）
天猫官网：http://sxrmcbs.tmall.com　电话：0351 - 4922150
E — mail：sxskcb@163.com　发行部
　　　　　sxskcb@126.com　总编室
网　　址：www.sxskcb.com

经 销 者：山西出版传媒集团·山西人民出版社
承 印 厂：山西新华印业有限公司

开　　本：787mm×1092mm　　1/16
印　　张：18.5
字　　数：300 千字
版　　次：2022 年 8 月　第 1 版
印　　次：2022 年 8 月　第 1 次印刷
书　　号：ISBN 978-7-203-12267-8
定　　价：86.00 元

如有印装质量问题请与本社联系调换

《山西大学建校 120 周年学术文库》

总　序

喜迎双甲子，奋进新征程。在山西大学 120 周年校庆之时，出版这套《山西大学建校 120 周年学术文库》，以此记录并见证学校充满挑战与奋斗、饱含智慧与激情的光辉岁月，展现山大人的精学苦研精神与广博思想。

大学，是萌发新思想、创造新知识的学术殿堂。求真问理、传道授业是大学的责任。120 年来，一代又一代山大人始终以探究真理为宗旨，以创造新知为使命。无论创校初期名家云集、鼓荡相习，还是抗战烽火中辗转迁徙、筚路蓝缕；无论是中华人民共和国成立后"为完成祖国交给我们的任务而奋斗"，还是改革开放以后融入科教强国建设的时代洪流，山大人都坚守初心、笃志求学，立足大地、体察众生，荟萃思想、传承文脉，成就了百年学府的勤奋严谨与信实创新。

大学之大，在于大学者，在于栋梁才。十年树木，百年树人。120 年的山大，赓续着教学相长、师生互信、知智共生的优良传统。在知识的传授中，师生的思想得以融通激发；在深入社会的广泛研习中，来自现实的经验得以归纳总结；在无数次的探索与思考中，那些模糊的概念被澄明、假设的命题被证实、现实的困惑被破解……新知识、新思想、新理论，一一呈现于《山西大学建校 120 周年学术文库》。

问题之研究，须以学理为根据。文库的研究成果有着翔实的史料支撑、清晰的问题意识、科学的研究方法、严谨的逻辑结构，既有基于社会实践的田野资料佐证，也有源自哲学思辨的深刻与超越，展示了山大学者"沉潜刚克、高明柔克"的学术风格，体现了山大人的厚积薄发和卓越追求。

习近平总书记在 2016 年哲学社会科学工作座谈会上指出："一个国家的

发展水平，既取决于自然科学发展水平，也取决于哲学社会科学发展水平。一个没有发达的自然科学的国家不可能走在世界前列，一个没有繁荣的哲学社会科学的国家也不可能走在世界前列。"立足国际视野，秉持家国情怀，在加快"双一流"建设、实现高质量内涵式发展的征程中，山大人深知自己肩负着探究自然奥秘、引领技术前沿的神圣责任，承担着繁荣发展哲学社会科学的光荣使命。

百廿再出发，明朝更璀璨。令德湖畔，丁香花开；欣逢盛世，高歌前行。山大学子、山大学人将以建校 120 周年为契机，沿着历史的足迹，继续秉持"中西会通、求真至善、登崇俊良、自强报国"的办学传统，知行合一、厚德载物、守正创新、引领未来，向着建设高水平综合性研究型大学、跻身中国优秀知名大学行列的目标迈进，为实现中华民族伟大复兴的中国梦贡献智慧与力量。

黄桂田

前　言

　　1901 年至 1911 年是现代教育学的奠基阶段。考究这一时期的基本史实、呈现教育学登陆中国时的历史状态，对于理解和把握中国当下的教育学问题，具有不可替代的作用。本书基于知识社会学的视野和方法，以教育学的观念演变、教育制度与教育学、教育学文本、教育学的"学"与"术"四个维度对清末教育学的发展状态进行考察。

　　清末国人对"教育"一词的认知，是理解"教育学"的基础。当教育被赋予国家富强之基的重任，作为教育之学的教育学，一方面是师范学堂对教师进行职业训练的教科书，另一方面也包含国人迫切需要其指导教育改革的期望。与国人的教育学观念相应，教育学的引进与传播，与中国近代教育改革和教育制度的建立相始终。尤其是学部成立后，在其对全国教育改革的领导过程中，教育学作为教育改革领域重要的"育才"和"资治"工具，受到重视。学部在注重培训教育行政管理人员的教育知识素养的同时，按照章程规定及其对教育学的裁量来规范师范学堂教育学的内容和传播，并通过制定各种制度拓展教育学的流布空间。这样的制度环境催生了大量的教育学教科书。它们或服务于"育才"和"资治"，或以迎合市场需求、追逐利益为目的。各种类型的教育学教科书也因不同的时期、动机、翻译群体而呈现出不同的面貌。但就其学派归属而言，这一时期中国翻译、介绍和接受的以赫尔巴特学派教育学为主。而其传播也有路径、地区差异。清末作为中国教育学的起步阶段，其"学"与"术"的分野有其特殊的时代烙印。就现代教育学术而言，它们在中国出现的机遇是作为救亡的重要一环与维护统治联系在一起。就其引进的目的来说，现代教育学是作为致用的"术"而引进的。"术"有育人、资治两端。教育学最直接和引进之初最急之"用"，是为师范学校培养教师之用——引进教育学教科书。"资治"则是用日本、西方的教育改革经验，改革中国的教育实践。西方教育学的"学"与"术"，都以"教育学"为名，以"学"的面貌出现。处在知识与制度转型中的那代学人在处理中国古代教育学术传统与现代教育学的关系时，通常以两者之间的相似部分来确定中国教育学术传统的价值和意义，使中国现代教育学术在文化上既隔绝于中国文化历史传统，也隔绝于西方文化历史传统。

基于此，以"用"为目的、西倾的学术心态，是清末中国教育学的基本状态，也是中国现代教育学传统的肇端。

目 录

绪 论

第一章 从"教育"到"教育学"：清末国人教育学观念的演变

第二章 资治与育才：教育制度中的教育学

第三章 教育学教科书的文本与学派

第四章 清末教育学的"学"与"术"

附录

绪　论

20世纪初，作为现代学科的教育学传入中国。一个多世纪以来，教育学在中国已经初步形成了"以人类的教育存在为共同研究领域的、且具有内在关联的教育学科群"[①]，有了相当数量的研究成果，同时也承袭了历史遗留下来的诸多问题，诸如"引进"情结，"编教材"情结，原创性研究不足等。对中国教育学的发展历程进行冷静检讨和深刻反思，成为教育学科提升学术水平、实现新的历史飞跃的重要前提。由于中国教育学的早期历史形态往往先入为主地影响了其后来的发展方向，追其本、溯其源，显得格外重要。1901年—1911年是中国现代教育学的奠基阶段。考究这一时期的基本史实、呈现教育学登陆中国时的历史状态，对于理解和把握中国当下的教育学问题，具有不可替代的作用。

一、学术史的梳理

民国时期，每逢中国教育学科遭遇非议，便有教育学者对教育学在中国的历程进行盘点。主要有方惇颐《现代教育研究的演进及其趋势》，姜琦的《从欧美日本的教育研究方法说到中国的教育研究方法的状况与趋势》[②]，以及

---

① 叶澜:《中国教育学发展世纪问题的审视》，载《教育研究》，2004年第7期。
② 姜琦:《从欧美日本的教育研究方法说到中国的教育研究方法的状况与趋势》，载《中华教育界》，1932年第19卷第12期，第23—40页。

《中国教育哲学底派别及今后教育哲学者应取底态度与观察点》①等。民国时期教育学家的这些文章不是专门研究清末教育学的历史，且大多对清末教育学的发展状态持否定态度，方惇颐认为："我国在前清兴办新教育以前，根本没有把教育当作一种专门的研究，即使对于教育的理论和方法有所主张，也无非由各人观察点中演绎出来罢了。自从废科举兴学校以后，在学制方面直接抄袭日本，间接抄袭德法，教育学说方面也不外乎海尔巴脱的学说及其五段教学法而已。"②姜琦亦持类似看法。他们虽未以研究的态度专研清末的教育学发展状态，但他们对清末教育学的态度和持论，长期以来几成学界共识。

　　20世纪80年代以来，随着思想的解放和教育学术的恢复和发展，为了加强教育科学的"自我意识"，通过梳理知识史来确立教育学的自我意识，消除教育理论言说失语的迷茫，成为中国教育学界比较明确和一致的追求。教育学史的研究因而受到了越来越广泛的关注。80年代末以来，形成了一批颇具学术功力的专著和论文，它们以专代、断代、通论或教育学分支学科的形式，反思着教育学的概念范畴、理论问题、知识结构、系科设置等的历史变迁和历史问题。通过丰富的历史反思，我们过去教育论说中作为当然前提的概念、框架等现在有了问题，需要在知识与社会的密切关联的历史变动中，界定其在知识版图上的特定意义和功能。③

　　涉及清末教育学发展状态的研究，瞿葆奎，叶澜、陈桂生、肖朗、侯怀银、周谷平等学者及团队皆有颇具影响的研究。主要有周谷平的《近代西方教育理论在中国的传播及其影响》（杭州大学1991年博士论文），郑金洲、瞿葆奎的《中国教育学百年》，金林祥的《20世纪中国教育学科的发展与反思》，侯怀银的《20世纪上半叶中国教育学发展问题的反思》（华东师范大

---

① 姜琦:《中国教育哲学底派别及今后教育哲学者应取底态度与观察点》，载《厦门大学学报》，1931年第1卷第1期，第3—25页。
② 方惇颐:《现代教育研究的演进及其趋势》,《广东教育》，载1946年第1卷第2期，第24—27页。
③ 于述胜:《改革开放三十年中国的教育学话语与教育变革》，载《教育学报》，2008年第5期。

学 2001 年博士论文），田正平主编的《中外教育交流史》（广东教育出版社，
2004），叶澜的《中国教育学发展世纪问题的审视》（《教育研究》2004 年第
7 期）等。这些研究成果集中反映了清末教育学发展状态的研究水平和现状。

　　这些历史反思成果的主要立意在追求教育学研究的科学化、中国化和现
代化。其对中国教育学发展的百年历程进行考察、反思，总结了中国教育学
发展的几个阶段。对这一时期的教育学文本做了比较详尽的整理，具体表现
在对各个时期各种类型的教育学著作的数量统计、内容介绍上，这一点尤以
侯怀银的博士论文附录最为详尽，为后来的研究者提供了极大的便利。[①] 其
次，它们在大量中文、日文资料基础上，比较详细地论证了 1901 至 1919 年
间（或 1915 年），中国的教育学是以日本为媒介传入的赫尔巴特教育学派的
教育学，提出了传入的几种基本途径，总结了这一时期教育学传入的特点[②]，
并简单梳理了与教育学传播密切相关的中国师范教育的基本历程[③]。关于西
方教育学的引进，有关研究考证了某些历史细节，如关于王国维及《教育世
界》对赫尔巴特教育学派的引介，等等[④]。此外，对西方教育理论在中国的传
播作了长时段的考察，对传教士的译介著作作了详细考证，介绍了教育学传
入中国之前中国的教育理论概况。还有学者在历史与现实的贯通中，提出了
一些在中国现代教育学发展中具有根本性意义的理论问题（如政治、意识形
态与学科发展的关系问题，教育学发展中的"中外关系"问题，教育学的学
科性质问题等）。并对这些问题在各个历史阶段的表现进行了概括分析。[⑤] 近

---

① 侯怀银：《20 世纪上半叶中国教育学发展问题的反思》，博士学位论文，华东师范大学教育
　　科学学院，2001 年。
② 周谷平：《近代西方教育学在中国的传播及其影响》，载《华东师范大学学报（教育科学
　　版）》，1991 年第 3 期。
③ 瞿葆奎，郑金洲：《中国教育学百年》，教育科学出版社，2002 年。
④ 主要有田正平教授主编的《中外教育交流史》及附录中肖朗教授及其团队的系列论文。
⑤ 叶澜：《中国教育学发展世纪问题的审视》，载《教育研究》，2004 年第 7 期。

年来，叶澜等学者尤其强调中国文化传统与中国话语体系建设的关系[①]；陈桂生等学者则提出由于教育语汇西文中译引发的错觉，教育学在西学东渐的过程中，存在着西学东化、东而化之、乃至化而未化的问题，因此应对教育西学及我国悠久的教育传统重新加以审视。[②] 这些学者在回顾历史的同时不约而同地强调中国的教育学应与中国教育传统接续。

　　已有研究成果大多可归为教育学科史的研究，"以教育学这门学科为研究对象，探寻的是这门学科的发展历史"[③]，着重考察教育学知识的引进、传播、体系演化等。这对于探讨这一时期教育学发展状态是一项必不可少的工作，同时为本文的研究奠定了坚实的基础。当然，有关研究还有很大的开发空间。比如，有的研究虽然已经意识到应将知识与时代背景相关联，但在实际研究中历史背景尤其是学术史背景并没有很好地融入教育学知识的考察；[④] 历史背景与知识考察隔离，解读文本知识时难免出现以今意揣测古意的现象。[⑤] 与此相关，已有研究虽已涉及"教育诸概念辨析"[⑥]，注意到教育学概

---

①　叶澜，罗雯瑶，庞庆举：《中国文化传统与教育学中国话语体系的建设——叶澜教授专访》，载《苏州大学学报（教育科学版）》，2019 年第 3 期。

②　陈桂生：《略论教育学"西学中化"问题的症结——三谈教育学究竟是怎么一回事》，载《教育学报》，2019 年第 3 期。

③　瞿葆奎，郑金洲：《中国教育学百年》，教育科学出版社，2002 年，导论。

④　周谷平：《近代西方教育理论在中国的传播》，广东教育出版社，1996 年，第 9 页。如周谷平在《近代西方教育理论在中国的传播》一书"绪论"中所说，教育学的引进是在"近代中国中西文化全面碰撞、激荡的时代大背景"下展开的，要考察这段历史最好能"以被迫输入接受与主动选择引进这一双重机制及中国社会政治经济变革的实际需要与教育理论自身发展的交互作用为基本思路和线索"。

⑤　比如，涉及 1620 年传教士高一志的《童幼教育》，已有研究通常以其为最早介绍西方儿童教育理论的著作，并且以为此书标志着西方教育思想传入中国之始。实际上，传教士所用的"教育"一词往往跟宗教有关，其"教"与"育"应分开理解，并非现在意义上的"教育"。1873 年德国传教士花之安在《德国学校论略》中介绍"宣道院"时也用到了"教育"："此院是信道人捐输教育人材，异日可往外国宣道。""童幼教育"的用法与此是相同的。根据所掌握的文献，"教育"一词于 19 世纪 90 年代开始在中国零星出现，1900 年前后开始大规模流行。在此之前，中国人极少用"教育"一词。作为在中国用中文传教的传教士，更不可能在当时使用我们现在所理解的"教育"概念。

⑥　陈桂生：《"教育学视界"辨析》，华东师范大学出版社，1997 年。

念体系存在的问题，但偏向于理论层面的辨析，对其在中国产生、流传缺乏必要的历史考证。而一些基本概念的历史含义只有在历史中才能得到澄清；解读历史的文本，也需要在文本与产生文本的时代的对话、互动中，历史地解读。这就需要对形成教育学概念体系的基本词汇进行历史的梳理与考察。再者，教育学知识的引入和传播，同"人"是分不开的，从事教育学知识生产、传播的人（个体或群体）的意图、知识背景、对教育学的理解等都不同程度地影响着教育学在中国的面貌。考察这些个体与群体的知识背景与心态，进入他们的精神世界，有助于深入理解清末教育学的历史境遇。还有，在清末，教育学在中国赖以生存的制度环境对教育学知识的生产、传播有着很大的影响。哪些制度影响了教育学，教育学知识与这些制度产生了怎样的互动，这些问题都还有进一步研究的空间。

教育学作为一门外来学科，它来到中国生根、发芽的过程，必然要与当时中国的社会存在发生这样那样的联系。也正是在这种联系、互动中，"教育学在中国"演变成"中国的教育学"，呈现出"中国特色"。单一的知识史并不足以展示由这段由多层次、多因素构成的丰富多彩的教育学历史。我们可以将这段学术史在知识社会学的视野中进行研究，在知识与社会存在的联系互动中予以进一步阐释、说明。

在历史资料的应用方面，已有研究利用了近些年来的近代教育史资料汇编，广泛搜集近代以来报纸杂志上的教育学相关资料，为以后的研究提供了基本的资料线索。但相关人物的日记、书信、文集、年谱、尺牍、回忆录等史料利用率不高。在历史资料的搜集上，也还有进一步挖掘的余地。

教育学的引进与传播不仅关涉教育学本身，更与整个教育改革、社会变革紧密联系在一起。关于晚清以来教育史的资料和研究成果，如与清末教育会、学部、学制改革、师范教育、中日教育关系、留学教育等有关的研究，以及近年受到颇多关注的教育学科概念史、译名问题、语际传播问题等均可为本书的某些细节考察提供相关借鉴。但毕竟研究问题侧重不同，这些研究更多起到"资料地图"的作用。在此不再赘述。

二、研究潜力与方向

　　回顾清末教育学研究的相关学术史，前人已经做了大量的工作。当然，清末中国教育学发展状态研究作为中国现代教育学奠基阶段，其研究状况与其本身的丰富蕴含相比，还存在相当广阔的探索空间。我们可以从资料的收集利用、研究方法两方面，拓展这一领域的研究。

（一）史料的发掘

　　针对这一问题现有的研究现状，夯实史实是提高研究水准的基础。这个"史实"不是教育学单一的知识及其自我滚动，而要在"知识—社会"的关联互动中，呈现并阐释清末中国教育学的发展状态。不仅是教育学文本的数量统计，而要将现代教育学在中国的发展形态予以考证；不限于介绍教育学文本的内容，并且要解释其历史内涵。

　　历史研究的实质性进展，很大程度上依赖于史料的发现与发掘。围绕本书的主题，可以从以下几方面进行发掘：

　　1. 资料汇编。近些年包括中国台湾、日本等地出版的有关近代教育史资料汇编。近代教育史资料汇编以教育史为中心，侧重于规章制度和官方文牍，主要来源于官方典籍和教育类刊物；对普通传媒（如《大公报》）关于教育改革人事、活动的大量报道以及有关人物的日记、书信、文集、年谱、回忆录等的零散记载收录不多；亦未刊布相关档案。故多卷本资料汇编的刊布虽给研究提供了相当大的便利，但仅仅着眼于资料汇编远远不够。

　　2. 清末及民初的教育学、教育史。通过图书馆馆藏、CADAL 数据库等，掌握教育学、教育史著作 40 余本。根据周谷平、侯怀银等学者的统计，这些书籍当然不是清末教育学著作的全部。限于条件和图书馆馆藏，相对于以往研究，本研究所占有资料已属"丰富"。并且这些资料的发行年份、发行动机、作者背景等，基本能反映清末教育学文本概况。

3. 清末报章杂志。清末的报刊对于近代史研究是极其丰富的资料宝库，基于此，系统翻阅《大公报》（1902 年—1912 年）、《学部官报》（1906 年—1911 年），作详细笔记。另通过《中国近代期刊篇目汇录》翻阅所载清末所有期刊目录，查对部分相关内容原文，作简要笔记。《学部官报》中载有大量上谕、奏章、咨文、通电以及各地学堂办学情况的资料，便于作者把握官方的教育改革意图及教育改革政策的变换；读《大公报》，则可以考察官方意图与实际施行的落差及蕴于其中的互动。并且，在搜集掌握新资料的同时，通过其每天的琐碎信息记录可以感受清末的时代氛围。

4. 相关人物的文集、日记、笔记、年谱、回忆录。涉及人物有张之洞、梁启超、罗振玉、王国维、缪荃孙、严复、严修、郑观应、黄遵宪、张謇、盛宣怀、汪康年、陈黻宸等。此外还有清末民初大量的笔记，对深入了解相关史实的背景、过程、人事关系等，具有重要价值。

5. 清末新政前流行的关于教育的书籍以及外国教育学著作。关于教育的书籍，主要是清末新政之前由传教士或中国人翻译介绍外国教育情形的《德国学校论略》《肄业要览》《各国学校考》《七国新学备要》《文学兴国策》等。为了解清末引进教育学过程中涉及的人物和学派的教育思想，如夸美纽斯、卢梭、洛克、裴斯泰洛齐、赫尔巴特、福禄贝尔、斯宾塞等，我们还需要读这些人物和学派的代表作，以便于印证、定位清末教育学的水平和坐标。

近些年一些人物日记、文集、年谱的整理，各种民国书刊数据库的建立，为本书的资料搜集带来很大便利，资料来源途径较十几年前更加广泛。相对已有的研究，本书在资料占有上有所突破。这使本书有可能对清末教育学发展状态做比较翔实的考证，厘清这一时期教育学发展状态的史实。

（二）研究方法

学科是在一定的社会条件下建立起来的，并随着时间的变化而变化，它们的产生是人为的而不是自然的。正如历史学家罗伯特·科勒曾经说到的，学科历史研究的是"为什么世界上的知识是这样划分的，或者说知识的划分是如何形成的"，通过对学术领域和专业领域提出问题，学科历史力求重建知识领域的形成过程。[①] 同样，教育学术的历史，不仅仅是一个孤立的知识领域的历史，而有其赖以生存的历史生态环境以及政治生态环境。中国作为"后发外生型现代化"国家，在教育学科的建立上，走的是一条独特的路：引进国外教育学科的现成理论体系，逐步消化、吸收，同时开展理论和实践两方面的本国研究。整个过程与政治背景、文化背景的变化直接相关，且受师范教学的需要、文化人对社会改造的强烈愿望左右。[②] 也就是说，要了解、研究中国教育学的历史，知识与社会的联系与互动格外重要。

从 1894 年甲午战败到 1911 年辛亥革命结束帝制，中国社会经历了一系列变故。如任达（Douglas R. Reynolds）所言，1898 年的百日维新运动与其说是失败的，毋宁说是中国经受了一次世纪之交的转变，是"从传统走向现代"的第一大跨越。在不少重要方面，保守的改革努力都取得了成就。而 1901 年"新政"虽意在寻求外国知识以加强皇权、维持统治，但它所完成的，恰恰是帝制后中国所要做的事：向外部世界发出中国开放精神的信号，把中国置于帝制后的进程[③]。基于此，国人多由强烈之排外，一转而倾向于媚外。[④] 改良成为主流，胡思敬在给李梅庵的信中观察到，朝野"一时风气所

---

① ［美］埃伦·康德利夫·拉格曼：《一门捉摸不定的科学：困扰不断的教育研究的历史》，北京教育科学出版社，2006 年，英文序。

② 叶澜：《教育研究方法论初探》，上海教育出版社，1999 年，第 102 页。

③ ［美］任达：《新政革命与日本——中国，1898—1912》，李仲贤译，江苏人民出版社，2006 年，第 16 页。

④ 王尔敏：《中国近代思想史论》，社会科学文献出版社，2003 年，第 149 页。

趋，老生宿儒莫敢自坚其说，盖欲避顽固之名"①。维新成了时髦的名词，各大员条陈时政无人再敢坚持"祖宗成法"。如费正清所说，清王朝从1901年到1911年间的最终衰亡与其说是一个崩溃阶段，不如称之为一系列新开端的显现期。体制与社会的转变早已开始，政治危机只是最后才来到。1911年前，中国事实上已遵循一条循序渐进的重建道路在前进。②与1911年既突然又暴力的"辛亥革命"相比，1898年—1912年，特别是1901年—1911年间，中国的社会转型与学术嬗变，不啻在进行一场"静悄悄的革命"。现代教育学就是伴随着这场"静悄悄的革命"，大张旗鼓地来到中国的。

近些年来，晚清民国知识与制度转型的相关研究涉及传统学术与现代学科，中西新旧互掣下的制度移植与转型，知识输入与思想观念变迁等课题，对中外冲突融合的大背景下知识与制度体系沿革、移植、变更、调适的众多问题深入探究。并强调，与其追求表面的井然有序、架构完整、界说全面，不如在基本的取向之下，先从具体的史实重建与问题发掘入手，这样随着研究的深入和扩展，逐步展现研究对象本身所具有的内在联系。③对于处于知识与制度转型大背景中的教育学科制度来说，这个"历史现场"就是顺着历史发展看从清末到民国生产教育学科知识的制度建构是如何从无到有地变化和转型的，又如何影响到今人的实际生活并制约着将来的走向。要回答这些问题，均有赖于具体研究。近几年章清教授对学科史研究的开展亦有心得，他以史学为例，探讨中国近代学科知识形成的复杂过程。他提出，基于中国背景检讨近代学科知识的形成，需要考虑西方以分科为标识的近代知识是如何传入的，以及中国本土是如何接引的。具体涉及西方分科知识的传播，各学科专门术语的翻译及术语词汇的出现，新术语在中国的应用，各层次教育中新课程的输入和介绍，相关研究机构的建立和发展，以及公众对新学科的

---

① 胡思敬：《与李见庵》，见胡思敬著《退庐笺牍（卷一）》，南昌退庐，1924年，第15页。
② 费正清：《中国：传统与变迁》，世界知识出版社，2002年，第452页。
③ 孙宏云：《近代中国知识与制度转型学术研讨会述评》，载《历史研究》，2005年第3期，第171—176页。

反响及对这段历史的重构。① 同时，史学、社会学、政治学等学科均有相关的研究，这些学科的研究成果虽未直接涉及教育学的发展及变迁，但是同处知识与制度转型的背景，其他学科的学科史研究所负载的历史资料、研究方法等也可为教育学科找寻自身知识建构的历程提供借鉴与启发。

基于此，知识社会学的视野和方法，对说明"清末中国教育学的发展状态"的问题，是恰当的。知识社会学的主要意旨在于研究知识或思想产生、发展与社会文化间的联系，或者说研究这些社会文化因素如何影响知识或思想的产生和发展。这里的社会文化主要指社会群体、文化制度、历史情境、时代精神、民族文化心理等。

本书拟分四个问题对清末教育学的发展状态进行考察：国人教育学观念的演变；教育制度与教育学；教育学文本；教育学的"学"与"术"等。

1. 清末国人教育学观念的演变

在近代中国，一个新名词的形成和传播通常能够体现并影响人们的思维方式和基本价值观念。这同它们自身的构成内涵紧密相关。清末十几年间，是中国教育学理论体系和话语体系的初建时期。包括"教育""教育学""德育""智育""体育"等现代教育学基本词汇，都是在此期间开始流传。对中国的教育学科来说，清末以来最重要的"新名词"不外是"教育"和"教育学"。以对"教育"及"教育学"的理解为基础形成的特定的"教育话语"，通常能够反映一个时代国人的教育学观念。

另外，"教育"作为一剂济世救国的良方，从甲午战争后就成为全国各阶层关注的焦点之一（当时"教育"一词并未流行，而以"学制""学校""学务"等指称之）。既没有专门的研究机构、研究人员，又广受关注，在这种情况下，"教育学"走进中国人的视野后，便被各阶层赋予了各种期望，教育知识与社会的互动非常活跃。教育问题一直是各种报章杂志关注的焦点之一。并且，各种译介的教育文章、教育理论、教育学讲义、教科书等

---

① 章清：《"学归于一"：近代中国学科知识成长的意义》，《天津社会科学》，2021 年第 5 期，第 207—224 页。

亦在报纸杂志上刊登、连载，其所承载的术语，亦随之流传，无形中普及着教育学知识。依此形成的关注教育、将教育学相关知识运用到实践问题分析的群体，不是引领同时代思想的思想家，其思想并无多少原创性，不妨称之为"教育学大众"。而"教育学大众"对教育学的影响往往不是教育学理论的介绍和引入，而是借教育理论而生产教育流行话语，进而成为一个群体对教育的思想方式，从而对栖身于文本的教育学产生影响。

2.教育制度与教育学

西方学术界历来对教育理论作二重划分，即"理论教育学"和"实践教育学"。其中"理论教育学"专指"科学"的教育学或"教育科学"。[①]但在教育学传入中国之初，这种区分并不那么明显。教育是一种社会实践活动，作为以教育为研究对象的教育学来说，也无法离开社会的制约而存在。教育学作为一门外来学科在一个国家的传播，不仅仅取决于这一学科本身，同时还要受到特定社会背景和传统文化背景的制约。这种影响并不是依据哪国哪派既成的教育学理论，而是国家意志的自然加载。教育学的引进与传播，与中国近代教育制度的建立相始终。现代教育学来到中国，一方面是既成的知识结构，冲击和改造着中国传统的教育思想和知识结构，乃至逐渐解构着原有的教育体制；但是另一方面，一旦与中国的"地气"接壤，便开始不那么自主地自我生长：中国对教育学保留什么、无视什么、改造什么、加载什么，这主要是通过制定制度来实现的。也就是说，构建思想和组织体系的过程中，思想和体制的因素是相互作用的。

教育学的引入和发展与国家政治改革和意识形态是联系在一起的。甲午之后，按照"强国家—造人才—兴学堂—造教师"的历史需要，教育学作为培养教师的课程在师范学堂出现。1905年废科举后，教育学作为师范学堂的重要课程，在"行宪政—造国民"的政治改革中扮演重要角色，受到各级教育行政机构的高度重视。1904年1月，《奏定学堂章程》以政治力量强

---

① 陈桂生:《中国教育学问题》，福建教育出版社，2007年，第25页。

制规定初级、优级师范学堂教育学的课程时数、讲授内容与次序。学部成立后，颁布教育宗旨，并以之为教育学的重要组成部分，并通过发布政令①、派视学官②、审定教科书③、检定小学教员④等方式，按照章程规定及对其对教育学的裁量来规范现有教育学的内容和传播。与被赋予的期望相应，此时教育学术的发展也有一定的倾向。与"培养国民"的目标对应，教授法、"德育"问题被充分强调。

　　教育学在中国的引进和传播，虽然直接表现在文本知识上，但究其深层次的原因，则跟社会传统、政治需要、文化心态等因素密切相关。需要阐明教育学术的引入及传播、生产机制与这些因素的相互关联，才能全面而深刻地理解现代教育学来到中国之初的历史境遇。

　　3. 文本中的教育学

　　在现代学术体制建立之前，教育学术领域也并没有严格的"研究专著"与"教科书"的分野。我们现在看来的"常识"，在学科引进之初也是"新知"。各种类型的教育学教科书，可以说是清末中国教育学术水平的表征。

　　如已有成果的公论，清末十年是中国"直接向日本引进以介绍赫尔巴特教育理论为主的发展阶段"⑤。但是，19 世纪末 20 世纪初，世界各地的"教育研究"状况几乎正如杜威给夫人的信中写道的"各种教育理论到处乱传"。⑥裴斯泰洛齐学派、福禄贝尔学派、黑格尔学派、赫尔巴特学派、斯宾塞学派等"抽象地讨论教育而不联系具体的实践"的教育理论在欧洲、美国

---

① 《咨复浙抚全浙师范学堂酌定课程文》，载《学部官报》，1907 年第 32 期；《咨复两江总督宁属初级师范学堂学生仍须五年期满准毕业其第十学期应使实地练习以补从前所缺文》，载《学部官报》，1910 年第 131 期。

② 《奏派调查直隶学务员报告书》"北洋师范学堂调查意见"，载《学部官报》，1907 年第 18 期。

③ 《商务印书馆经理候选道夏瑞芳呈初级师范学校教科书教育学等四种俟改后再呈审定批》，载《学部官报》，1910 年第 134 期。

④ 《奏遵拟检定小学教员章程及优待小学教员章程折并单》，载《学部官报》，1910 年第 111 期。

⑤ 叶澜：《中国教育学发展世纪问题的审视》，载《教育研究》，2004 年第 7 期。

⑥ [美]埃伦·康德利夫·拉格曼：《一门捉摸不定的科学：困扰不断的教育研究的历史》，教育科学出版社，2006 年，第 47 页。

及日本都得到广泛传播。一方面，日本确是中国引入教育学的主要途径，但不是唯一途径；另一方面，我们并不能笼统地将"中国"和"日本"作为两个拟人化的主体，仿佛中国作为一个整体步调一致地学习面貌同一的日本，以此为想当然的前提展开对这一阶段教育学引进的论述。日本明治维新以来的教育改革充满着各种思想的冲突和调和，从思想流派上有洋学派、国学派、汉学派，后来有自由主义和国家主义。日本教育亦有其历史与现实的纵横交错。不同身份的中国人，思想倾向各异，其所针对的中国问题不一样，所能见到的日本问题不同，其取舍不同，带回中国的日本经验自然也不同。具有意义和应该强调的是，来自日本的影响是复杂多样的，流入中国也同样经过复杂多样的渠道。或者可以这样说，清末中国的教育改革并不是一种乐器的独奏，而是一曲交响乐。而清末的教育学教科书，则是解析这曲交响乐的最佳载体。

4. 教育学的"术"与"学"问题

有论者谈及清末教育学"还是一种混沌状态的教育学，论与史、学与术是纠结在一起不分彼此的"[①]。以人们现在的学术眼光看，清末的教育学术状况的确是学、术纠结。但是一个时代有一个时代的学术，清末作为中国教育学的起步阶段，其"学"与"术"的分野有其特殊的时代烙印。

中国作为"后发外生型现代化"国家，在教育学科的建立上，并无意识地同时面对着西方教育学"学"与"术"的双重起源。对这一时期的中国来说，面临的问题不是选择哪种教育理论，而首先是建立新的教育体制。中国教育学出现的机遇不是出于教育实践的需要或学习某一种学派理论，而是作为救亡的重要一环与维护统治联系在一起。就其引进的目的来说，现代教育学是作为致用的"术"而引进的。

清末十几年教育学引入和传播的主流是国家主导的致用层面的教育学。术以致用，清末教育学的"术"有育人、资治两端。教育学最直接和引进之

---

① 瞿葆奎，郑金洲:《中国教育学百年》，教育科学出版社，2002 年，第 14 页。

初最急之"用"，是为师范学校培养教师之用——引进教育学教科书。"资治"则是用日本、西方的教育改革经验，改革中国的教育实践，着重于学习"怎么做"。但在清末，这些"术"，却都归在"教育学"的名下，以"学"的面貌出现。教育学讲义、教科书的讲授者、编纂者、翻译者，从一定意义上可以说是中国最早一批"教育学研究者"。除了各级师范生，教育行政官员及教育会会员也是教育学接受者，同时也是教育学之"术"的应用者。面临书院改学堂之后出现的一系列中国问题，教育学教科书传播的教育学常识，以及日本、西方的教育制度介绍，这些知识层面的常识移植显得苍白而无力。当时中国并无所谓教育研究机构，关于现实教育问题的研究主要集中于相关的教育行政官员。教育问题的出现，为教育问题研究提供了新的动力，各种教育官报、教育刊物应运而生。"术"也便成了"学"。

而国门一旦打开，日本及西方各国的历史的和现代的、制度的和思想的经验便同时蜂拥而至，"学"与"术"亦并行出现。对于国家来说，与教育学出现的动机相应，教育学的面貌必定是与现实进行的教育改革需要密切相关；而对于个人来说，古今中外的"各种教育理论到处乱传"的状况恰恰为个人的学术兴趣提供了更多选择，也为个人研究教育学科的学理提供了更为广阔的空间。国家意志重"术"，偏向于教学经验总结层面的致用的教育学；而少数具有西学根底又注重知识逻辑序列的学者则重"学"，偏向于哲学思辨色彩浓厚的求真的教育学。依此，中国教育学术的建立和发展也有"国家"之外的其他颜色。

综上所述，本书将以历史文献法为主，在翔实考证史实的基础上，以社会心理、制度及社会需要等因素对教育学的影响为参照，对清末教育学的发展状态进行考察。

第一章 从"教育"到"教育学"：清末国人教育学观念的演变

　　1901 年，作为现代学科的教育学传入中国。一个世纪以来，教育学在中国已经初步形成了"以人类的教育存在为共同研究领域的、且具有内在关联的教育学科群"[①]，有了相当数量的研究成果，同时也承袭了历史遗留下来的诸多问题，诸如"引进"情结、"编教材"情结、原创性研究的不足等。有关学者形象地将这些问题归因为教育学在中国"先天不足，后天失调"。对中国教育学的发展历程进行冷静检讨和深刻反思，成为教育学科提升学术水平、实现新的世纪发展的重要前提。而现代教育学在中国的早期历史形态，往往先入为主地影响了其后来的发展。我们必须"考镜源流"，重新审视现代教育学来到中国时的历史境遇，以回答中国教育学发展中的问题，并由此获得教育学发展的方向感。

　　1900 年庚子之变后，清政府于 1901 年 1 月诏令"变法"。1901 年 9 月，清廷诏令各省、府、直隶州及各州、县各将书院改设大、中、小学堂，发展新教育[②]。改革已是大势所趋，各地纷起兴学。大量中小学堂的建立，急需大量具有新教育背景的师资。张之洞、刘坤一的《江楚会奏》提出如下解决方案："天下州、县皆立学堂，数必逾万，无论大学、小学断无许多之师，

[①] 叶澜：《中国教育学发展世纪问题的审视》，载《教育研究》，2004 年第 7 期。

[②] 《光绪二十七年八月初二日谕于各省、府、直隶州及各州、县分别将书院改设大、中、小学堂》，载陈元晖主编：《中国近代教育史资料汇编之学制演变》，上海教育出版社，1991 年，第 6 页。

是则惟有赴外国游学一法。查外国学堂法整肃而不苦，教知要而有序，为教师者类皆实有所长，其教人亦有专书定法。凡立一学，必先限定教至何等地位，算定几年毕业，总计此项学业共须几年，若干时刻方能教毕，按日排定，每日必作几刻工夫，定为课程，一刻不旷，如期而毕，故成效最确，学生亦愿受教。而教法尤以日本为最善，文字较近，课程较速；其盼望学生成就之心，至为恳切"，"宜专派若干人入其师范学堂，专学师范，以备回华充各小学、中学普通教习"。① 于是，1902 年前后，全国教育改革比较积极的省份纷纷设立师范学堂、派员赴日学习师范。"教育学"就是以此为背景，肩负着中国教育改革者的期望，出现在中国的教育舞台上，步入了中国学人的视野。

　　然而，一门学科的引进，并不像人们后来所想象的那样清晰地完成从传统到现代的过渡。桑兵教授在《"近代中国的知识与制度转型"解说》一文中，提出"转型"至少要考虑到以下几点：中国固有的知识与制度体系的渊源、变化与状况；外来知识与制度体系的具体形态及其进入中国的过程、样式；中国人如何接受外来的知识与制度，外来的知识及制度如何与中国固有的知识及制度发生联系；在上述过程中，本土与外来的知识和制度如何产生变异，形成怎样的新形态；这些变异对中国的发展所产生的制约性影响。② 在外来的知识与制度体系进入中国之前，中国人已有自己的思维和行为方式，而"中国固有的知识与制度，是国人认识和接受外来知识和制度并且加以内化的凭借"，"晚清那一代新进学人，努力将中国固有学问与西学相对应，却很少怀疑这种对应是否合适。"③ 在翻阅过大量资料之后，我们不难发现，教育学在传入中国之前和之初，也存在类似的问题。桑兵提到的转型中要考

────────────

① 张之洞，刘坤一：《会奏变法自强第一疏》，载陈元晖主编《中国近代教育史资料汇编之学制演变》，上海教育出版社，1991 年，第 19—20 页。

② 姚纯安：《社会学在近代中国的进程（1895—1919）》，生活·读书·新知三联书店，2006年，解说第 9 页。

③ 姚纯安：《社会学在近代中国的进程（1895—1919）》，生活·读书·新知三联书店，2006年，解说第 20 页。

虑的这五点问题，同样有利于我们生成现代教育学引进中的问题意识。

在"教育学"传入中国之前，"教育"作为一个词语刚刚开始流行。先有"教育"，后有"教育学"。教育学作为一个全新的名词，自然被理解为"教育之学"，对其理解是以对"教育"的理解为基础的。"教育学"被赋予的功能，也是与"教育"的功能相联系的。当教育被赋予国家富强之基的重任，作为教育之学的教育学，一方面是师范学堂对教师进行职业训练的教科书，另一方面也包含国人迫切需要其指导教育改革的期望。

在未见"教育学"之前，中国人头脑中的教育理论并不是一片空白。中国有"万世师表"的孔子，有《礼记》《论语》；洋务派、维新派、传教士等在讨论中国改革的过程中，断断续续地介绍过西方、日本的教育情形、教育制度，教育理论零星裹挟其中，其中的一些新概念被知识分子广泛接受后，与中国传统教育学术一起，成为中国知识分子言说教育问题的理论资源和流行话语。在作为学科的"教育学"来到中国之初，在言说中国教育问题时，这种混合的理论资源和流行话语并没有变得泾渭分明。而在师范学堂中，来自日本的教育学教科书提供了相对清晰的框架，以其系统的知识结构取代了"教育学"出现之前的零散的教育理论的地位，并且将这些相对零散的理论资源吸纳其中。

第一节　国人"教育"观念的演变

在近代中国，一个新名词的形成和传播通常能够体现并影响人们的思维方式和基本价值观念。这同它们自身的构成内涵紧密相关。中国近代新名词的含义由三个层面的内涵构成，即：语言学意义上的词汇本身；它们所各自表示的特定概念和直接凝聚、传达的有关知识、观念、思想和信仰；以及由它们彼此之间所直接间接形成或引发的特定"话语"①。对中国的教育学科来说，清末以来最重要的"新名词"不外是"教育"和"教育学"。以对"教育"及"教育学"的理解为基础形成的特定的"教育话语"，通常能够反映一个时代国人的教育学观念。教育学来到中国之前和之初的十几年，探讨国人如何理解、使用作为新名词的"教育""教育学"，即分析清末的"教育话语"，不失为探索清末国人教育观念演化过程的重要途径。而理清清末国人在接触"教育学"概念前后的教育观念演化过程，对于勾画中国教育学术的知识谱系、理解中国教育学术的建立过程来说是至关重要，也是必不可少的工作。

"教育"一词，现在已经成为汉语中必不可少的词汇，根据语境的变化，具有多重含义。但是，在19世纪90年代之前，"教育"并未在中国大规模流行。"教育"所具有的丰富含义，都是在此间100多年的时间中逐渐加载进去的。目前学界关于"教育"一词的近代起源，还未有详细考证，但有基本共识："教育"是外来语，中国是从日语的"教育"中认识汉语的"教育"的。②这一说法当然不能说错，但还有进一步细化的空间。正如沈国威指出的，"外来新概念的引介常常伴随词化，如果不能准确地描述词化的整个过程，新概念的引介历史也就无法完成。尤其是词化过程中表现出的各种事实是探讨外来概念容受的重要素材。"③"教育"一词在近代中国也有"词化"的过程。我们应该也必须探究"教育"概念随着时代变迁而发生的意义流转，从而推断清末国人观念中的"教育学"意蕴。

在中国，作为课程、学习科目被记载的"教育"，也就是具有"教育学"意义的"教育"，最早出现在19世纪90年代介绍日本师范学校课程的文献

---

① 黄兴涛：《近代中国新名词的思想史意义发微——兼谈对于"一般思想史"之认识》，《开放时代》，2003年第4期。

② 瞿葆奎，郑金洲：《中国教育学百年》，教育科学出版社，2002年，第262页。

③ [日]沈国威：《近代中日词汇交流研究：汉字新词的创制、容受与交流》，中华书局，2010年，第55页。

中。中国传统经典中没有这个用法，也没有这个说法。那么，在"教育学"正式登陆中国之前，中国人如何理解作为学习科目的"教育"，与中国人当时如何理解"教育"一词的传统含义和现代含义密切相关。中国人对"教育"科目的理解，也是中国人对"教育学"理解的起点。

一、"教育"的起源

（一）"教育"概念的中国起源

"教育"一词的来源，学界比较普遍的说法是《孟子·尽心上》中作为君子三乐之一提道的："得天下英才而教育之。"[1]但是在这里"教育"并不是一个合成词。东汉许慎在《说文解字》里对"教育"的解释是："教，上所施，下所效也；育，养子使作善也，《虞书》曰：教育子。"[2]南宋朱熹在《四书章句集注》中对此的注解为"尽得一世明睿之才，而以所乐乎己者教而养之"[3]。清焦循在《孟子正义》中将此注释为"育，养也。教养英才，成之以道，皆乐也"[4]。也就是说，"教"和"育"在其结伴出现之初，并非一个词。《孟子》作为四书之一的广泛流传，"教育"虽然没有作为一个词语流行，却也并不让人陌生。并且，也有零星文献借用"得天下英才而教育之"的用法。如乾嘉时著名经学家庄有可（1733年—1812年）在《慕良杂著》中"学校论"一篇，在批评当时学校时，两次用到"教育"："虽有学校之名，而大异乎先圣王教育贤才之意"，"所以教育之、长养之，而且有不胜屈抑之、摧折之者矣"。[5]对于熟读四书并讲究引经据典的中国士人来说，"教育"虽不是一个合成词，但提到"教育"很容易意领神会：那是和学校、培养人、

---

① 石中英：《"教育"概念演化的跨文化分析》，载《高等师范教育研究》，1997年第4期，第21—22页。

② 许慎撰，徐铉校定，王宏源勘：《说文解字》，社会科学文献出版社，2005年，第172，831页。

③ 朱熹：《四书章句集注》，中华书局，2006年，第354页。

④ 焦循：《孟子正义下》，中华书局，2007年，第905页。

⑤ 庄有可：《学校论（节录）》，见陈元晖主编《中国近代教育史资料汇编之鸦片战争时期的教育》，上海教育出版社，1991年，第154页。

教养人联系在一起的。

如果说"教育"一词的出现在 19 世纪 70 年代之前算是零星、偶然，那么在 19 世纪 90 年代之后，随着民族危机的加深和各种问题向教育问题的聚焦，"教育"一词虽然还不那么普及，但出现频率却越来越高，尤其是在维新报刊、文件中。在这些文本里，"教育"逐渐获得了越来越丰富的近代含义，而这些含义显然并非直接来自《孟子》。

（二）"教育"并非译自 Education

我们现在理所当然地将 Education 与"教育"相对应，但在"教育"一词出现之前与之初，并没有这种对应关系。

晚清西方传教士在中国的《基督教在华传教士大会记录，1877 年》[①]《基督教在华传教士大会记录，1890 年》等文献中，Education 是一个重要的议题，如狄考文 1870 年提交的报告为 *The Relation of Protestant Missions to Education* [②]，1890 年的报告为 *How many Educational work be made most to Advance the cause of Christianity in China?* [③] 谢卫楼 1890 年的报告题目为 *The Relation of Christian Education to the Present Condition and Needs of China.* [④] 等。我们现在理所当然地将 Education 译为"教育"（就如现在资料汇编中以中文翻译出现的这些传教士会议记录），而当时这些会议记录并未有中译本。各传教士的这些设想落实到面向中国人的文件中时，Education 更多的"入乡随俗"，译为"学""兴学""广学"；与 School 相关的则译为"书院""大书院""学校"。以传教士在中国的喉舌《万国公报》为例，它 1874 年创刊，

---

① 陈学恂：《中国近代教育史教学参考资料（下册）》，人民教育出版社，1988 年，第 12 页。这份记录的英文名称为 *Records of the General Conference of the Protestant Missionaries of China held at Shanghai May 10—24 1877*，这些资料原本都为英文，现存资料的中文皆为曾巨生等人后来翻译。

② 陈学恂：《中国近代教育史教学参考资料（下册）》，人民教育出版社，1988 年，第 12 页。

③ 陈学恂：《中国近代教育史教学参考资料（下册）》，人民教育出版社，1988 年，第 25 页。

④ 陈学恂：《中国近代教育史教学参考资料（下册）》，人民教育出版社，1988 年，第 34 页。

但直到 1903 年，其目录中才第一次出现"教育"[①]一词。1903 年后，"教育"的出现频率渐高，但当时"教育"已成为常用语。在此之前，与我们现在所说教育相关的事项则多用"学""学校""学部""学制"等指称。

1815 年出版的世界上第一部英汉、汉英双语字典、马礼逊编著的《华英字典》（A Dictionary of the Chinese Language）中，有关"教"的词语列有教门、立教、设教、教诲、教化、教训、教馆、教师、教授等，并未收录"教育"。"育"字部分，收录抚育、德育、育婴堂、鞠育及养育五个词语。至于 Education 则译为"读书"。[②]左松涛考察了近代各类英汉字典，指出 1908 年颜惠庆主编的《英华大辞典》之前的各类英汉、汉英辞典，并未明确将 Education 与"教育"对译。[③]

在早期的英文翻译书籍中，Education 也并未译为"教育"。中国牧师颜永京为应付圣约翰书院的教学，于 1882 年以《肄业要览》为题翻译了斯宾塞著《教育论》（Education）的第一篇《什么知识最有价值》(What knowledge is of most worth)。在其英文译者序中提道 MR SPENCER's four essays on Education have been pronounced "the most powerful plea for scientific education that has ever ben written".Believing that they will aid in reforming the present narrow education in my country，and thus be the means of promoting her progress，I have translated the first of the series，entitled: What knowledge is of most worth? 相对应的，在其中文序中介绍此书时提道："昔咸丰时，有英国名士史本守先生，目击情形，慨然有感，思欲挽救于将来，著之于册，名曰《肄业要览》。[④]不论在序中还是正文中，他都将 Education 译为"肄业"。再比如，明治初年日本驻美公使森有礼为振兴日本，就日本的教育问

①　上海图书馆：《中国近代期刊篇目汇录（第一卷）》，上海人民出版社，1980 年，第 371 页。（"印度教育"）
②　[英]马礼逊：《英华字典》，大象出版社，2008 年，第 753 页。
③　左松涛：《近代中国的私塾与学堂之争》，生活·读书·新知三联书店，2017 年，第 7—13 页。
④　[英]史本守：《肄业要览》，颜永京译，上海格致书室，1882 年（1895 年重印），序。

题与耶鲁大学校长、普林斯顿大学校长及其他 13 名美国教育界知名人士通信请教，将他们的回信编辑成书，以 *Education in Japan* 为名在纽约出版。1896 年美国传教士林乐知将其译为《文学兴国策》在中国出版，也并未以"教育"翻译为 Education。

需要说明的是，1620 年传教士高一志的《童幼教育》，已有研究通常以其为最早介绍西方儿童教育理论的著作，并且以为此书标志着西方教育思想传入中国之始。实际上，传教士所用的"教育"一词往往跟宗教有关，其"教"与"育"应分开理解，并非现在意义上的"教育"。1873 年德国传教士花之安的《德国学校论略》在介绍"宣道院"时也用到了"教育"："此院是信道人捐输教育人材，异日可往外国宣道。""童幼教育"的用法与此是相同的。作为在中国用中文传教的传教士，不可能在当时使用我们现在所理解的"教育"概念。

这也就是说，中文"教育"一词的近代含义并不是起源于 Education，在传教士将英文单词 Education 与"教育"对应之前，"教育"的含义扩展与 Education 背后的文化语境没有关系。清末中国人对"教育"一词的理解，夹杂更多的是中国传统与日本经验。

二、19 世纪 90 年代："教育"概念的局部流传

19 世纪，西方各国皆学习德国国民教育体制，把学校教育置于国家权力的管理控制之下，把它作为公共教育加以整顿与扩充。正如薛福成在《出使英法义比四国日记》中赞叹的："西洋各国教民之法，莫盛于今日。"各国传教士、中国驻外使节、商人对欧洲及日本的教育制度均有所介绍，如《西学课程汇编》《西国学校》《文学兴国策》《肄业要览》《七国新学备要》等。这些书籍在 19 世纪后半叶中国知识阶层中广为传阅，从郑观应，到康有为、梁启超，无不从这些著作中汲取到丰富的思想养料。甲午之后随着梁启超的

推介①，又大规模流传。在此过程中，中国人从只看到外国教育的内容，到明显地重视它的方法、体制和样式。这一方面造就了知识阶层对西方教育体系的初步印象，另一方面，也为统称有关教育的方法、体制、样式的新名词的出现提供了机遇。

如果说19世纪90年代之前，传教士、驻外使节对西方国民教育体系的介绍并未引起大多数人的关注，那么，1894年中国甲午战败，则将全国的眼光引向日本，聚焦到日本的教育改革。甲午战争的胜利使日本俨然成为继德国之后依赖教育进行国家改革的典范②，从而成为中国的学习对象。日本的报刊文章、书籍开始被翻译、发表。日本的"新概念"也由此开始流向中国。

日本学者实藤惠秀在其《中国人留学日本史》中提到，远在明治时代（1868年—1911年）以前，日本便已从中国学来汉字。很早以前，日本人便借汉字来书写日本固有的"大和言叶"（即日本语）。这些假借的汉字亦称"嵌字"。因为中国人不用这些"嵌字"，"嵌字"只用于日本语文，故较为特殊。除此之外，其他汉字都是中日两国共用的。在幕府末期及明治维新的时候，日本开始从荷兰、英国、法国、德国等地努力输入新文化。当输入西洋新事物及新思想时，日本人不使用原语，但借汉字径造新词汇。日本人借汉字制作新语时，有时用中国成语的字汇，然而新语却不含这个成语原来的意义，只当作包含一种新鲜意义的词语使用。因为日本书籍使用大量汉字，中日"同文"的要素甚多，所以中国人翻译日文较为容易。那些用汉字制成的新语，乍然一看，有的字面上与汉语相同，其实含义与汉语迥异；有的虽用汉语组合而成，但在传统的中国却不见这种名词。不过对于这种新语，中国人一听解说便可理解；理解之后，记忆便容易；只要改换读音，便可以立刻

---

① "西人学校之等差，之名号，之章程，之功课，彼士所著《德国学校》、《七国新学备要》、《文学兴国策》等书，类能言之。"

② ［英］傅伊德等：《西方教育史》，任室祥译，人民教育出版社，1985年，第376—377页。

当作中国语使用了。① 具体到"教育"一词，日文的"教育"其对应的汉字即是"教育"。它的用法应该更接近于第二种：虽然中国人之前不常那么用，但是很容易理解并接受。日语"教育"（音 Kyōiku），出自中国典籍《孟子·尽心上》中"得天下英才而教育之"。根据马西尼等人的考证，汉语的"教育"是来自日语的"回归汉语借词"，属于"形借词"，即除了发音，意义与书写形式皆相同。中文的"教育学"一词，则是来自日语的"原语汉字借词"。②

19 世纪末 20 世纪初，以国人大量译介的日本章程法度、书籍、报刊文章等为载体，作为"回归汉语借词"的"教育"频繁出现在国人的改革议论中，迅速成为中国的"新学语"，为国人所接纳。在这一时期，"教育"一词比较频繁地从日文直译过来，并开始在中国局部流传。

（一）"教育"开始出现

"教育"作为一个词被接受并开始使用，应该与郑观应《盛世危言》的广泛流传有很大关系。1892 年郑观应在《盛世危言》的"学校"一篇中，对比中国古代学校，介绍了西方尤其是德国学校体系之后，总结出"大抵泰西各国教育人才之道，计有三事，曰学校，曰新闻报馆，曰书籍馆"。③ 而《盛世危言》出版之后，各界人士纷纷争阅，求书者络绎不绝，以致一印再印仍不敷需求，甚至科场考试也常以书中所谈时务为题目。光绪帝看后，诏命分发大臣阅读。甲午战后，《盛世危言》多次重版，其如何论述教育问题自然也成为广大士人的重点关注对象。"泰西各国教育人才之道，计有三事，曰学校，曰新闻报馆，曰书籍馆"这一句提纲挈领的话，影响广泛且深远。到维新时期，这句话几乎成为维新派的改革纲领。1895 年在康有为创办的

---

① ［日］实藤惠秀：《中国人留学日本史》，谭汝谦，林启彦译，生活·读书·新知三联书店，1983 年，第 281—284 页。

② ［意］马西尼：《现代汉语词汇的形成——十九世纪汉语外来词研究》，黄河清译，汉语大词典出版社，1997 年，第 220 页。

③ 舒新城：《中国近代教育史资料》，人民教育出版社，1961 年，第 904 页。

北京《万国公报》上，刊登《各国学校考》中开篇第一句即是"泰西各国教育人才之事总计有三，曰学校，曰新闻报馆，曰书籍馆"①，几乎与《盛世危言》"学校"篇中的文字一模一样。而《各国学校考》既随着《万国公报》发行传播，又有作为"各国政治艺学全书""学校"中的第一本广泛流传。"教育"作为一个词，开始被部分人所熟悉、使用。

19 世纪中后期郑观应主要在上海经商，在与西方各国的贸易往来中接触西方文化。此处"教育"的用法，很难说是源自日本还是中国的"教化"传统。

《学记》提道："君子如欲化民成俗，其必由学乎！……是故古之王者，建国君民，教学为先。"强调了"教""学"在"建国君民"国家职能中的地位和基本职责。后世随着学校体系的建立，逐渐形成了以学校为中心的教化传统，有诸如"治国之要，教化为先；教化之道，学校为本"②之论。康熙在《学校论》提及："治天下者，莫亟于正人心，厚风俗，其道在尚教化以先之。学校者，教化所从出，将以纳民于轨物者也……教化者，为治之本，学校者，教化之原。"③可以说，自古以来中国人在论述与"教育"相关的"教""学""学校"时，不管它旨在培养道德，还是意欲造就治国之材，它都具备国家的职能。人们用它来确保某种特定的社会秩序。④作为中国人，他们看待异域的经验，其所针对的国内的问题往往决定了他所看到的国外的对应物。郑观应在此提及"泰西各国教育人才之道"，从其实施主体及实施途径来分析，国内的对应更接近以国家为主体对百姓所行的教化。

"教育"的这种现身方式，不同于"得天下英才而教育之"：它的实施主体不仅限于个人，而是国家；"教育"的对象不限于"英才"，而向全民。也不同于传统的"教化"，其教化的途径不仅限于学校，而扩展到中国传统社会所

---

① 沈蔚文编辑：《各国学校考》，见袖海山房藏板《新辑各国政治艺学全书》，鸿宝书局石印，1902 年，第 1 页。

② 高时良：《明代教育论著选》，人民教育出版社，1990 年，第 41 页。

③ 李国钧：《清代前期教育论著选（中册）》，人民教育出版社，1990 年，第 341—342 页。

④ ［法］巴斯蒂：《是奴役还是解放？——记 1840 年以来外国教育实践及制度引入中国的进程》，见许美德，巴斯蒂主编《中外比较教育史》，上海人民出版社，1990 年，第 1 页。

不存在的新闻报馆及书籍馆。作为对比中西之后的经验总结，"教育"将中国传统的"教育""教化"与西方尤其是德国的国民教育体系紧紧联系在一起。

（二）"教育"初步流传

在这期间，"教育"虽然作为一个词已经初现并开始使用，也在翻译的书目志之类的工具书中指代相关领域，但并未作为一个为国人所公认的指代某领域或学科门类的专用名词。而且，不同群体对"教育"的理解也不同。

1897 年—1896 年康有为在学生和女儿的翻译帮助下编辑的《日本书目志》，收集了日本 1896 年左右的书籍 7100 多册。其分类门目中已有"教育门"，包括的科目有道德修身学、格言集类、敕语书、教训、教草、修身杂书类、修身书、言行录、礼法书、教育学书、实地教育、幼稚女学、教育历史、教育杂书、少年教育书、汉文书（教育小说附），等等。① 这类从日本直译而来的书名、门类中，都直接以"教育"指称教育相关领域。

与此同时，正如梁启超在《学校通论》中提道的"亡而存之，废而举之，愚而智之，弱而强之，条理万端，皆归本于学校"，蜂拥而出的各种报纸杂志，纷纷设置相关专栏，介绍西方及日本教育情形。其栏目名称并未以"教育"命名，更多以传统"学""学校"指称，如学蔀新录（《利济学堂报》）、学校（《集成报》）、学政（《经世报》）。这些栏目通常介绍一些教育相关书籍，如《西学课程汇编》《西国学校》《文学兴国策》《肄业要览》《七国新学备要》等。《湘学新报》则将这些书籍归于"掌故书目提要"栏。②

戊戌变法期间，"教育"一词开始出现在奏折、上谕中。如 1898 年 7 月康有为《请饬各省改书院淫祠为学堂折》："请改直省书院为中学堂，乡邑淫祠为小学堂，令小民六岁皆入学，以广教育，以成人才。"1898 年 7 月光绪

---

① 康有为：《日本书目志》，见康有为著《康有为全集（第三集）》，中国人民大学出版社，2007 年，第 583—1219 页。

② 上海图书馆：《中国近代期刊篇目汇录（第一卷）》，上海人民出版社，1980 年。

帝上谕中命令书院改学堂，也有"以节靡费而隆教育"等词句。①

这期间，"教育"只是通过日本直译书籍局部流传，并未形成中国人言说中国教育问题的流行话语。

（三）1898 年后：教育话语初步形成

在中国近代新观念的引进中，由于日本对"西学"的译介远胜中国、大量中国学生留学日本、中日"同文"等诸多原因，日译书籍数量在甲午后迅速超过原来的中译西文书籍。1898 年之后，随着中国的日本考察、留日学生的增多、日文书籍的翻译以及在日留学、逃亡的维新人士著作的传播，"教育"渐渐具备了国家教育行政的含义，作为指称一国文教的含义被越来越多的人熟悉和使用。

以梁启超为例。梁启超对现代知识领域的用语的使用，在 1898 年至 1901 年间发生了明显的变化。细查那几年梁启超的著述，除了对"西学"的了解突飞猛进，比较明显的变化是，他所使用的重要术语从基本上使用中国术语转而差不多全部使用日本术语。1898 年 10 月，梁启超因变法失败流亡日本。在他流亡生涯的最初几个月里，"日本之文"和"日本之书"让他感受到难以抑制的快乐。1899 年，他以"哀时客"为笔名，大声疾呼学日本文之益。

> 哀时客既旅日本数月，肆日本之文，读日本之书，畴昔所未见之籍，纷触于目；畴昔所未穷之理，腾跃于脑。如幽室见日，枯腹得酒，沾沾自喜，而不敢自私，乃大声疾呼，以告我同志曰：我国人之有志新学者，盖亦学日本文哉！日本自维新三十年来，广求知识于寰宇，其所译所著有用之书，不下数千种，而尤详于政治学、资生学、智学、群学等，皆开民智、强国基之急务也……学英文者经五六年始成，其初学成也尚多窒碍，犹未必能读其政治学、资生学、智学、群学等之书也。而

---

① 《上谕：书院改学校（光绪二十四年五月二十二日）》，见陈元晖主编《中国近代教育史资料汇编之戊戌时期教育》，上海教育出版社，1991 年，第 55—56 页。

学日本文者，数日而小成，数月而大成。日本之学，已尽为我有矣……
夫日本于最新最精之学，虽无不欠缺，然其大端固已粗具矣。①

一年后梁启超回忆道："自居东以来，广搜日本书而读之，若行山阴道
上，应接不暇，脑质为之改易，思想言论，与前者若出两人。"②

自此以后，梁启超的著作中开始大量出现"教育"一词。梁启超1898
年10月之前发表的文章中，只有《变法通议》中的《论师范》和《论女学》
中在介绍日本师范学校课程时提及"教育"这个词，而其他文章中多以"学
校""学"等传统教育词汇来指称我们现在所理解的教育领域。他流亡日本
之后，"教育"也取代了"学校""学制"，成为他文章中的常用词语之一。
在《戊戌政变记》的诸多按语中，"教育"已经获得了统称国家教育部门、
领域的含义。此后，"教育"一词在梁启超的文章中出现的频率也越来越高，
并有"学校教育""教育之精神"等一系列提法。可以说，梁启超接受日语
"教育"一词后，很快使用得得心应手。

1901年9月，清廷诏令各省、府、直隶州及各州、县各将书院改设大、
中、小学堂，发展新教育。③在教育改革上，在全国范围内正式开动了向日
本学习的步伐。中日教育交流空前频繁，由于人员往来的增多和大量日本教
育相关文件的翻译，直译自日文的"教育"终成为中文的"教育"，为国人
所广泛接受，成为常用词汇之一。

1901年5月，罗振玉创办了以介绍国外教育动态为主旨的我国最早的
教育专门刊物《教育世界》，直接翻译介绍日本及欧美各国之教育制度法规

---

① 哀时客：《论学日本文之益》，载《清议报》，1899年第10期，第3—5页。
② 梁启超：《夏威夷游记》，见梁启超著《饮冰室合集（7）（饮冰室专集之二十二）》，中华书
　　局，1989年，第186页。
③ 《光绪二十七年八月初二日谕于各省、府、直隶州及各州、县分别将书院改设大、中、小
　　学堂》，见陈元晖主编《中国近代教育史资料汇编之学制演变》，上海教育出版社，1991年，
　　第6页。

条例。1902 年前后创办的各种报刊如《新世界学报》《游学译编》《湖北学生界》《湖北学报》《直说》《浙江潮》《湖南学报》[①]等均设"教育"或"教育学"栏目，其内容亦直接以"教育"为题。1902 年，吴汝纶等奉命专门赴日考察日本教育，带回大量关于日本教育改革文件。日本自明治以来教育改革的历史、教育政策、法规、各级学校规章、教科书等皆被批量翻译，成为中国教育改革的重要参考。同时，湖北、直隶、山东、江苏、四川等省纷纷选派学生赴日学习速成师范，"教育"成为其带回的笔记中最常见的词汇之一。"教育"也正式出现在官方文件中，如《钦定学堂章程》《奏定学堂章程》。并且，1902 年或者更早，在某些省份，教育行政机关也开始以"教育"命名，如直隶的学校司"普通教育处"。[②]

这些现象意味着，至 1901 年，随着学制体系的议论及建立，从官方文牍到民间报刊，"教育"一词已经为国人所广泛使用，并且与其意义相关的词汇群开始初步形成。中国留日学生 1903 年编写的《新尔雅》收录了当时各个学科的新概念、术语，是研究当时国人如何认识、接受来自日本的新概念、新术语的重要文献资料。本书"释教育"部分详细阐发了"教育"等相关概念。

　　教育一语，在吾国古训：教者，效也；育者，养也。拉丁语为 Educere，即造作之意。英法德语皆导原于此，而意亦同。研究教育之原理规则而供其实用之一科学，谓之教育学。教育儿童成一完全之人格得为国家社会之一员者，是谓教育之目的。留意儿童身体之发达，完备人格上最要之智能感情得独立自裁，而享人生之幸福快乐者，是谓教育目的之个人方面。现时人类既不能孤立而独生，则必相依相集形成社会、组织国家，而其生始完；教育之终期，即预备儿童能为国家社会之

①　上海图书馆：《中国近代期刊篇目汇录（第一卷）》，上海人民出版社，1980 年。

②　[日]多贺秋五郎：《近代中国教育史资料（清末编）》，文海出版社，1976 年，第 193 页。

一分子，使其国家社会得以永久继续者，是谓教育目的之社会方面。顺儿童之性情，使自然潜移默化，不觉劳苦者，是谓教育之可能性。教育虽有可能性，而其势力必成立于一定之界限内者，是谓教育之界限。对于自具陶冶性，能受教育之儿童青年，名曰教育之客体；对于在方法的范围内，主持教育之教育家，名曰教育之主体。从管理、教授、训练之三方面以达教育之目的者，名曰教育之方法。由于教师之威信而支配学生，执行教导之一种权力者，谓之教权。慎选各学科以供教授之用者，谓之教材。以道德为主而养成其高尚优美之性情者，谓之教化。整理儿童之思想熟练其技能者，谓之教授。直接施于个人，熏陶其道德之品性者，谓之训育。教授，客观也；训育，主观也。在消极的方面，抑制其恶性质，在积极的方面，发达其善性质者，此谓训育之二方面。取国家主义为教育主义，欲图国家之幸福安宁进步，必先在教育个人，是谓国家主义教育。明乎人为社会的生类，个人之意志即社会之意志，而不得不受社会之制裁，因以养成公共的精神，保自己与社会之调和发达者，是谓社会主义教育。①

由此，与"教育"相关的一系列术语皆以工具书为载体进入中国。

这些解释也夹带着日本经验。罗振玉在《扶桑两月记》中曾记日本贵族院议员、高等师范学校校长伊泽修二谈教育时提道日本"初亦不知教育为何事，至福泽谕吉君著《西洋事情》，于是国内始知'教育'二字"②。福泽谕吉在《西洋事情》中所提的"教育"乃是基于欧洲经验的国民教育体制。这种"教育"，其实施的主体是指国家，实施的对象是全体国民，其最终目标是提高国民素质，增强国家在国际社会中的竞争力，实现国家富强。

可以说，"教育"的流传，同时承载着西方及日本国家富强的经验，其

---

① 汪荣宝，叶澜：《新尔雅》，文明书局，1903年，第51—53页。
② 罗振玉：《扶桑两月记》，载吕顺长主编《教育考察记（晚清中国人日本考察记集成）》，杭州大学出版社，1999年，第221页。

含义大多是与国家的国民教育体系相关联。自 1901 年新政后，中国关于教育的讨论，基本都是在"教育"的这个层面的意义展开的。

我们当然不能说"教育"在"得天下英才而教育之"的时候便获得了近代教育的所有含义，但也不能轻易说"当中国知识分子从日本翻译西方的教育著作时，才用了'教育'、'教育学'这两个词"。[①]"教育"虽然没有作为一个合成词在中国自古流传，但熟悉中国经典的士人对它却并不陌生，且多意领神会。"教育"一词或许因为翻译日本书籍或借用日文资源时获得了传统经典中的新意义，但当中国人初次面对旧面孔的新含义时，他们所理解的旧含义并没有因此而消逝或减灭，而是凭借旧理解对新含义展开丰富的联想。"教育"获得它新身份的同时，附着在它身上的中国传统教育学术已然加载其中。这种现象在国人面临"教育"的全新含义时，表现得尤为突出。

第二节　从"教育"到"教育学"

19 世纪 90 年代以来，对中国人来说，作为科目的"教育"，无疑是"教育"一词最新鲜的面孔。而国人对这个"教育"的理解，正是对"教育学"理解的起点。对"教育学"中的"学"，其含义是与"术"相对应的。如严复所说："学者，即物而穷理……术者，设事而知方"；[②] 刘师培也说："学为术之体，术为学之用"。[③]"学"作为学说、学问，备受士人重视，甚至皓首以穷之。"教育学"自然被理解成教育之"学"，是关于教育的学问、学说。与对"教育"的理解相对应，人们对"教育学"的理解也具有多个层面。

---

① 石中英：《教育学的文化性格》，山西教育出版社，2005 年，第 8 页。
② 严复：《严复集（五）》，中华书局，1986 年，第 1248 页。
③ 刘师培：《刘申叔先生遗书》，江苏古籍出版社，1997 年，第 480 页。

在中国，作为学科和课程的"教育"总是与培养教师或日本师范学校相伴出现。1891年康有为《大同书》第六章"大学院"中，提到大学院阶段，"于育德强体之后，专以开智为主，人人各从其志，各认专门之学以就专科之师"，"学教育、哲理则为傅、为师"。①《各国学校考》中"日本学校"一项，在东京高等学校课程中列有"教育"一门。1896年梁启超发表的《变法通议》的"论师范"和"论女学"中，提到日本师范学校、女子师范学校中的科目有"教育"一科。国人如何理解作为科目的"教育"，与如何理解、看待师范学堂是同步的。那么，要考察1901年教育学正式亮相中国之前，国人如何理解作为科目的"教育"，就有必要对中国师范教育的产生作相应的考证。

一、甲午战败后，师范教育议论初现

中国在甲午战争中失败，与日本签订《马关条约》，割地赔款、丧权辱国，"此事对公众意识所产生的刺激比以往任何一次对外战争的失败都要大"，②"唤起吾国四千年之大梦，实自甲午一役始也"。③"中国的民族具有群体意义的觉醒也因此而开始，这是中国近代百年的一个历史转机"。④ 在民族危亡面前，向来"莫谈国事"的读书人在民族危亡关头也要"与闻国事"。中国各阶层都在寻找中国的新出路，其中以维新派活动最为频繁，舆论机关也较为发达。对中国战败，各阶层都站在各自的立场进行归因，观点不一，但"人才"问题却是共同的焦点。正如盛宣怀在《拟设天津中西学堂章程禀》所说："伏查自强之道，以作育人才为本。求才之道，尤宜以设立学堂

---

① 舒新城：《中国近代教育史资料》，人民教育出版社，1961年，第914页。

② [美]费正清编，《剑桥中国晚清史（1800—1911）下卷》，中国社会科学院历史研究所编译室译，中国社会科学出版社，1985年，第332页。

③ 梁启超：《戊戌政变记（附录一改革起源）》，载梁启超著《梁启超全集（一）》，北京出版社，1999年，第234页。

④ 陈旭麓：《近代中国社会的新陈代谢》，上海人民出版社，1992年，第154页。

为先。"① 梁启超的《变法通议》、康有为的《请开学校折》、严修的《贵州学政严修奏请设经济专科折》《总理衙门、礼部遵议开设经济特科折》、李端棻的《奏请推广学校折》等文本在甲午后流传甚广，并为广大士人所认同，"兴学育才"也就是在这个时候被赋予了"自强之本"的使命。与此相关的"学校""学堂"成为时代的关键字。当时很多报刊都专设"学校""学政"相关栏目。梁启超对此的宣传更是不遗余力，并提出了具体的实施方案。

（一）梁启超的《论师范》

梁启超在设想"兴学育才"可能遇到的问题中，自然涉及兴办新教育的师资问题，由此联想到《德国学校论略》《文学兴国策》等所提到的国外有专门培养教师的机构，如"师道院""师范"等。② 受此启发，他比较早地提出了在中国创办师范教育问题。

梁启超在《变法通议·论变法不知本原之害》中提出"欲求新政，必行学校，可谓知本矣。然师学不讲，教习乏人，能育才乎？科举不改，聪明之士皆务习帖括以取富贵，趋舍异路，能俯就乎？""变法之本在育人才，人才之兴，在开学校；学校之立，在变科举；而一切要其大成，在变官制"。③在《变法通议·学校总论》以周三代"家有塾，党有庠，术有序，国有学"为"学校之制"，并将各典籍附会各级各类学校，"《大学》一篇，言大学

---

① 舒新城：《中国近代教育史资料（上）》，人民教育出版社，1961年，第138页。

② 花之安在《德国学校论略》中提到德国有"师道院"：是院所训为师之道如何，由此院考选者，异日大抵为乡学郡学之师……其中有"教导之法"（察小子之才能、性情，如何诱掖之，有书专言此在院生徒所学）、"教书之法"。《文学兴国策》中，美国哈华德大书院监院欧里德在给森有礼的复函中强调了创立近代师范教育："至于教学之法，贵有良师，学堂既遍设于境中，则教习必广延而无阙。延师之道，亦有二端：先在西国访请良师，以为之倡；继在本国设立师范学校，以造就师儒，将见不数年间，即可与本地得良师矣"（《文学兴国策》，58页，上海书店出版社，2002）。《文学兴国策》最初出版于1896年4月，《变法通议》于1896年底在《时务报》连载，梁启超这段师范论述，极有可能是直接从《文学兴国策》中得来的灵感。

③ 梁启超：《变法通议》，载梁启超著《饮冰室合集（1）（饮冰室文集之一）》，中华书局，1989年，第10—11页。

堂之事也;《弟子职》一篇，言小学堂之事也;《内则》一篇，言女学堂之事
也;《学记》一篇，言师范学堂一事也"。① 与其在《学校总论》的设想相对
应，梁启超在《变法通议·论师范》中集中论述了中国"师范"的历史和含
义。"《书》曰：作之君，作之师。《记》曰：人其父生而师教之。是以民生
于三，事之如一，其重之也如此，非苟焉而已。古者学校，皆国家所立，教
师皆朝廷所雇，故《大戴》七属，言学则任师;《周官》九两，言以贤得民。
而《学记》一篇乃专标诲人之术，以告天下之为人师者。然则师范学校之制
征之三代，难书阙有间，若乃其意则可推而见矣。后世学校既废，天子不复
养士，于是教师之权散于下"，"夫师道也者，学子之根核也，师道之不立，
而欲学术之能善，是犹种稂莠而求稻苗，未有能获者也"，而中国"师范之
不立，自数百年以来矣"。最后提出"欲革旧习，兴智学，必以师范学堂为
第一义"②，并以日本"寻常师范学校之制"为模板，根据中国的实际将课程
加以改造。对其他课程的设想他主张学习日本"略依其制而损益之"，而对
"教育"一科，则认为"至其所以为教之道，则微言妙义，略具于《学记》
之篇，循而用之，殆庶几矣"，主张直接用中国《礼记》中的《学记》为教
材。③ 另外，梁启超在《论师范》之前的《变法通译·论女学》中，提到日
本女学分十三科，也提到其中有"教育"，旁注小解"言教授及蒙养方法"。
如此，梁启超将中国传统教育学术的诸多经典贯穿在师范教育的方方面面。
按其理解，作为学科的"教育"，是教育孩童的方法，是中国传统的"为教
之道"，于是直接将"专教诲人之术"的《学记》注册在"教育"一科名下。

　　"师范"的提出，乃至"师范学堂"的倡设，都有其现实针对性。在其
正式提出之前，对传统塾师的批判便不绝于耳，或讥其庸陋，拥席不讲，或

---

① 梁启超:《变法通议》，见梁启超著《饮冰室合集（1）（饮冰室文集之一）》，中华书局，
　1989 年，第 14—15 页。
② 梁启超:《变法通议》，见梁启超著《饮冰室合集（1）（饮冰室文集之一）》，中华书局，
　1989 年，第 34—35 页。
③ 梁启超:《变法通议》，见梁启超著《饮冰室合集（1）（饮冰室文集之一）》，中华书局，
　1989 年，第 37 页。

责其教法粗暴。甲午之后，对其批评又多了一项不通西学，对书院教学内容的批判皆汇集到教师的知识结构上来。"师范学堂"所要培养的教师，首先要有新的教学内容——这是人们对师范学堂的最初期望。至于为师者所应具有的道德条件，则很自然地由中国传统"师道"来规定。而且，从梁启超对中国"师范"历史的回溯来看，他的"师范"含义更近于师范的传统含义。杨雄在《法言·学行》中提道："师者，人之模范也";《北史·杨播传论》有"恭德慎行，为世师范"。[①]"师范"的意义比较接近"学习的榜样"或"效法"，"师范"这个名词本身，就包含了对教师的道德要求。

需要说明的是，1898年前梁启超并没有亲自去日本考察学校，他提出的关于师范学校的设想，大多来自当时他所涉猎的书籍，而并非真正了解日本师范学校的课程内容。那么，梁启超在面对熟悉又陌生的"教育"一词，他的出发点和落脚点只能是中国传统教育学术。以他对"教育"的理解及"教育"课程的规定——"言教授及蒙养之法"，在未曾见识日本师范学堂中"教育"一科的内容之前，自然会倚恃中国丰厚的教育学术积累，在中国传统文化中为其找一对应物——《学记》，并以《学记》来理解、阐释"教育"课程。

在教育领域的这种西方与中国古代的对应，一方面是缘于对西方和日本教育的不真正了解，另一方面也是"礼失而求诸野"。中国的周三代本来也是儒家知识分子意念中的理想社会，是用来对照和批判现实的重要资源。针对同样的现实问题，在对西方和日本的不真正了解中，"上法三代，旁采泰西"，借助对中国周三代传统的憧憬而完成对西方当下的想象。通观《变法通议·论学校》的所有篇章，无不以中国传统教育学术为本来阐释师范、幼学、女学等这些新事物。这种文化自信，通过梁启超和《时务报》，影响了一大批苦于寻求中国出路的知识分子。1896年梁启超正担任《时务报》主笔，《时务报》由于得到多省官方支持，发行范围遍及全国18省，70余座

---

① 辞海编辑委员会:《辞海》，上海辞书出版社，1979年，第137页。

城镇，是维新运动中发行量最高、最受欢迎的一份报纸。[①]《论师范》作为《变法通议》的一篇发表在《时务报》上，其影响可见一斑。其后关于师范教育的议论和实践，无不受梁启超的影响，从张之洞、盛宣怀、张謇到汪康年、罗振玉、王国维，都与梁启超和《时务报》有着这样那样的联系。[②]1901年之前，中国人对"师范"的论述从方式到内容都没有突破梁启超的《论师范》。可以说，梁启超的《论师范》给中国士人留下了关于"师范"的深刻印象。在这个印象里，士人们笃信《学记》是中国师范的理论渊源。自此开始，中国"师范"与"三代之制"和《学记》再也没有摆脱过关系。

（二）中国早期师范学堂并未开设"教育"或"教育学"课程

目前并没有资料证明，在受梁启超启发而开办的中国最早的两所师范性质的学堂中开设有"教育"或"教育学"课程。汪康年与叶瀚在上海筹创的速成教习学堂只说教授"东西文字暨各类普通学"，[③]并未提及"普通学"之外的"教育"或"教育学"。1898年，盛宣怀奏设的南洋公学师范院，"课以中西各学，要于明体达用，勤学善诲为指归"，也没有资料说明南洋公学师范院开设的课程中有"教育"或"教育学"。从南洋公学师范院学生所撰的《南洋公学蒙学课本初编编辑大意》及《南洋公学蒙学课本二编编辑大意》中可略知师范院学生的教育理论知识结构。"泰东西教育之学，列于颛门，义蕴宏博，非寝馈其中者不能究也"，[④]"泰西教育之学，其旨万端，而以德育、智育、体育为三大纲。德育者，修身之事也；智育者，致知格物之事也；体育者，卫生之事也。蒙养之道，于斯为备"。[⑤]其编辑的原则是取中西教理之长，既有《学记》中论述过的"陵节躐等，古有明戒"，有"因材

---

①　廖梅：《汪康年：从民权论到文化保守主义》，上海古籍出版社，2001年，第77—78页。

②　参见《汪康年：从民权论到文化保守主义》及《王国维年谱》中涉及的各种人物关系。

③　廖梅：《汪康年：从民权论到文化保守主义》，上海古籍出版社，2001年，第152页。

④　《南洋公学蒙学课本初编编辑大意（1897）》，见朱有瓛，高时良主编《中国近代学制史料（一辑下）》，华东师范大学出版社，1983年，第539页。

⑤　《南洋公学蒙学课本二编编辑大意（1897）》，见朱有瓛，高时良主编《中国近代学制史料（一辑下）》，华东师范大学出版社，1983年，第541页。

施教"，也有西方近代所提倡的直观教学法（"西人教童子则从物理浅说及游记尺牍入手""兹仿其体例，简短易学，无粉饰累赘之谈"①），注意儿童的心理发展顺序（"编是书者，不明教育之学，于儿童心才发越之序，茫无所得，向壁虚造，力求浅易"②），由易到难、由浅入深。其编辑原则可以推断，当时南洋公学师范院的学生，知道西方有所谓"教育之学"，接触了一些零碎的西方教育理论，并有意识地运用这些学说来编辑新式的蒙学课本。但他们所提到的"教育之学"更多是"教理"的运用，还没有作为一门学科或课程在南洋公学开设。以《学记》为代表的中国传统教育学说，仍然是他们接受、消化西方教育理论的基础。

至于京师大学堂，虽然在1898年《总理衙门筹议京师大学堂章程》中提道"西国最重师范学堂，盖教习得人，然后学生易于成就。中国向无此举，故各省学堂不能收获。当今于堂中别立一师范斋，以养教习之才"③，但由于戊戌政变的发生，维新派的所有改革被废止，"师范斋"胎死腹中，也就无所谓有无"教育"开设了。这样，"教育"一词作为师范学校的学科在1898年之前没有机会为更多的人所知晓。"教育之学"亦只是在较早的师范学堂中作为编辑教科书的方法小范围流传。

（三）早期日本考察日记中的"教育"和"教育学"

就目前的资料，最早提到"教育学"课程的是浙江张大镛。1898年，他奉浙江巡抚廖寿丰令率学生赴日留学，在日本滞留四个月，主要考察日本军事院校，顺便参观日本其他各级学校，其中包括日本高等师范学校。在其考察报告《日本各校纪略》（1899年浙江书局刊）中介绍日本高等师范学

---

① 《南洋公学蒙学课本二编编辑大意（1897）》，见朱有瓛、高时良主编《中国近代学制史料（一辑下）》，华东师范大学出版社，1983年，第539—541页。

② 《南洋公学蒙学课本二编编辑大意（1897）》，见朱有瓛、高时良主编《中国近代学制史料（一辑下）》，华东师范大学出版社，1983年，第540页。

③ 北京大学校史研究室：《北京大学史料第一卷（1898—1911）》，北京大学出版社，1993年，第81页。《中国教育学百年》（第3页）中误以为此话出自《遵筹开办京师大学堂折》，查此折中并无此句。

校的"例定功课"时，提到"教育学"。大约觉察到"教育学"与中国传统教育学说大不一样，他特别在"教育学"下加了两行小注："教育弟子之法。内分细目数条，而殿之以实地练习，盖师范生肄业三年半后即派往附属之寻常中学校或小学校权充教习，称为'教生'，此乃师范生应有之事，故亦列入功课焉。"①这两行小注可以看出张大镛对教育学作为一门课程的印象。他给了"教育学"最简练、直观的概括："教育弟子之法"，为师范学堂的培养目标计，作为"教育弟子之法"的教育学理应列入课程。这样看来，也并没有超越梁启超对"教育"的理解。并且，从其考察目的及时间考虑，张大镛的这次考察虽然提到了教育学课程的设置，但他仍没有见到教育学作为一门学科的内容。

1899 年，沈翊清等受四川总督奎俊委派前往日本阅视日本军事大演习，并顺便考察日本学制。沈翊清在《东游日记》中介绍日本高等师范学校时，提到文科中有"教育"一科，下注其内容为"普通、特殊、应用、卫生、练习之类"。②这大约是中国人比较早有目的地进入日本师范学校参观、考察，留意日本师范学校所开设课程。但是 1901 年"新政"前到日本的教育考察，基本都是以考察军事、实业学校为主，附带着考察参观师范学校。"教育学"作为一个新名词，被罗列在众多课程名目中，并没有引起考察官员的特别关注，也没有对其内容的进一步介绍。从这个意义上讲，虽然戊戌之后，随着赴日考察的增多，中国人对日本的师范学校课程设置有了进一步的了解，但是"教育学"仍旧没有成为关注点，对"教育"的理解并没有什么突破，更没有人提学习教育学的话题。

1895 年—1898 年，维新派关于师范教育的大声疾呼虽然没有成就大量的师范学堂，却为清末新政时期师范学堂的大规模建立奠定了良好的舆论基

---

① 张大镛：《日本各校纪略》，见吕顺长主编《教育考察记（晚清中国人日本考察记集成）》，杭州大学出版社，1999 年，第 26 页。

② 沈翊清：《东游日记》，见吕顺长主编《教育考察记（晚清中国人日本考察记集成）》，杭州大学出版社，1999 年，第 142 页。

础。以下两点逐渐成为士人的共识：1.师范学堂是养成教员的地方，教员必须出自师范；2.师范学堂很重要，兴国必先兴教育，兴教育必先兴师范。需要指出的是，这一时期士人们虽然意识到这两点并把学习的目标指向日本，但只学来了"师范学校"的形式，并没有涉及日本师范学校所开设课程的具体内容。无论是维新派还是普通士人，都没有把"教育"作为养成教员的必修课来强调，甚至连"教育学"这个比较"规范"的名字都没有人提过。大部分人仍将师范学堂应该学习的内容限定在"普通学"，即新式教育内容。即使知道日本师范学校有"教育"一科，人们对"教育"的理解，不出中国传统的"为教之道""教育弟子之法"和"师道"。中国士人皆熟读四书五经，在并不了解日本师范教育内部运作的基础上，影影绰绰中把"教育"理解成中国的"为教之道"。而在当时中国士人的心目中，"为教之道"，无人能出万世师表的孔子之右，《学记》"微言妙义"已经阐述得很清楚，而西方言说教育，虽五花八门，却不出"德智体三大纲"，尚未达"为教之道"的境界。所以，在这个时期，中国士人对中国传统教育学说还颇为自信，"教育学"作为一门学科，并没有映入他们的眼帘。

二、1901年："教育学"走向前台

1900年—1901年的义和团运动之后，面对庚子之后的社会危机和日益迫近的革命，清政府下诏"变法"，学界有人称之为"假维新中的真改革"，教育再次成为改革的重点和焦点，掀起知识分子的热情。与戊戌时期的思想铺垫相应，开办师范学堂作为教育改革的首要任务被提上议程。在1901年之后，不论是政府诏书还是民间议论，"教育"一词都已不再新鲜，成为时人的常用词汇，有培养、教养人才的动词的含义，可作为指称一国文教的名词，也可以是师范学堂里专门培养教习的课程。此时，在学习日本的热潮中，伴随着大量教育学教科书的翻译，"教育学"终于从幕后走到台前，走进一部分中国人的视野。

（一）师范学堂教科书中的"教育学"

从 1901 年开始，随着张之洞、刘坤一提出开展新政建议的《江楚会奏三折》的流布，现代教育学有了作为师范学堂的必修课程和管理学务人员的重要参考被引入中国的契机。1902 年《钦定学堂章程》和 1904 年《奏定学堂章程》的颁布，则为教育学在师范学堂的传播提供了制度保证。1905 年废科举之后，新学堂大量涌现，师资需求急剧膨胀，师范教育由此大量建立，教育学亦随之有了更广阔的传播空间。并且，学部成立以后，教育学在"行宪政—造国民"的政治改革中扮演重要角色，受到各级教育行政机构的高度重视。同时，学部依据《奏定学堂章程》对教育学课程的内容进行规范。当然，教育学术的发展和传播也随着新教育的推进而发生一定程度的分化。但是，师范学堂的教育学科目仍是此时教育学术的主要栖身之所。由此，随着国家教育行政机构体系的建立和职能发挥，中国教育学术以师范学堂的教育学教科书为载体，开始形成最初的一套术语。

19 世纪 60 年代到 20 世纪初，堪称教育学史上赫尔巴特学派称尊的时代。日本明治维新期间，教育学界多崇尚赫尔巴特及其学派，不少教育学研究者把赫尔巴特及其学派的教育学融入自己的教育学著述中。赫尔巴特教育学是"目的—手段"体系，他的《普通教育学》原称《从教育目的推导出的普通教育学》。[①] 日语的"教育""教育学"概念大多源于赫尔巴特学派。德语的"教育"是从训育与牵引着两个词转化而来，教育学 Pädagogik，兼指"教育"之学与"教"之学 [②]，借用儒家典籍中的"教"与"育"合并指称，可谓得宜。这一时期译自日本的概念，有在"教育之学"的意义中定义的广义教育学，也有遵循赫尔巴特教育学派"目的—手段"体系定义的狭义的教育学。

这些来自日本的概念中，作为所有教育学科总称的教育学概念主要有以下几条。1902 年，王国维翻译的牧濑五一郎的《教育学教科书》中提道：

---

① 瞿葆奎：《教育学的探究》，人民教育出版社，2004 年，第 475—476 页。

② 陈桂生：《教育学的构建》，华东师范大学出版社，2009 年，第 170—173 页。

“教育学者，论教育之理法之科学，犹心理学论心之理法之科学也。”[①]1903年，陆鋆译述的槙山荣次的《教育统论》中提道，“教育学者，以科学之法研究教育一切之知识者也。”[②]1903年，《教育世界》刊登译自吉田熊次所著的《新教育学释义》中提道：“教育云者，乃教育之主体所以加于受之客体之意识的影响，而教育学即对此点以立论者也。”[③]1906年，杨彦洁译，大濑甚太郎讲述的《实用教育学》中提道：“教育学者，所以明两者（理论与实行）之关系，而立一通行之规则者也，又以所设施所期望之关系统摄于一原理而组织一秩序井然之系统者也。”[④] 1907年，蔼辰译，佐口美都子的《女子师范教育学》中提道：“教育学者，网罗关于教育一切之知识概括之，而保持其间一定之秩序也。”[⑤]这种广义的定义可以概括为，教育学即“教育之学”，是关于教育的科学。

按照“目的—手段”体系理解教育学概念主要有以下几条。1903年，季新益在其翻译的《教育学原理》中提道：“教育学者，论究所以教导人之科学也。科学者，谓就一特殊事实，精密观察之，明确解说之。且组织也，系统整正者是也。故教育学者，谓就其教导事物，用此研究方法而所成之学问也”。“教育学者，研究教育之目的及其方法之科学也。”[⑥] 1904年，朕诗女史译《家庭学校通用教育学》中提道：“教育学者，研究教育之理论及方法之学问也。”[⑦] 1906年，《雷蒙忒氏之教育学大义》中提道：“教育学者，是以普遍的、系统的研究教育目的及方法之学。”[⑧]

19世纪60年代起，赫尔巴特教育学派将教育学的问题领域从“教育过

---

① ［日］牧濑五一郎：《教育学教科书》，王国维译，教育世界社教育丛书二集，1902年，第1页。

② ［日］槙山荣次，《教育统论》，陆鋆译述，直隶学校司编译局译行，1903年，第5页。

③ ［日］吉田熊次：《新教育学释义》，载《教育世界》，1904年第84号。

④ ［日］大濑甚太郎讲述：《实用教育学》，杨彦洁译，《学部官报》，1906年第6期。

⑤ ［日］佐口美都子：《女子师范教育学》，蔼辰译，载《直隶教育杂志》，1907年第5期。

⑥ 季新益：《教育学原理》，教科书辑译社（东京），1903年，第2页。

⑦ ［日］朕诗女史译：《家庭学校通用教育学》，载《直隶教育杂志》，1906年第10期。

⑧ 《雷蒙忒氏之教育学大义》，《教育世界》，1906年第125号。

程"扩展到"教育实体"（即学校教育），有的概念也反映了这种趋势，《兰因氏之教育学》中提道："教育学者，一规范的科学也，第一当确立教育之目的，第二当考究所以达其目的之方便。凡国家及社会若何处理教育事业之科学的知识及其技术的法则，实浑括于此科学之中也。"① 1911 年，由北洋师范学堂正教习、早稻田大学讲师中岛半次郎讲述，北洋师范学堂副教习韩定生翻译的《新编教育学讲义》中认为："教育学乃说明儿童之性质、规定教育之目的、方法及制度之科学也。"②

1907 年，熊谷五郎编的《大教育学》对"教育学"的解析较为系统，很有代表性：

> 教育学者，谓关涉教育之科学也。取各民族之教育上设施及种类，与教育及教化之理论之成立相联属而研究之，于是有历史的教育学。教育学者，即以其道教吾人，而又究特别之情事，本一般之经验，以作一定之规范，而期能应用于特别之境遇者也。其为此者，是之谓实践的教育学。又教育学有不置特殊之情事于目中，但观察普通之范围，预悬一健全之状况与一切手段之具备，而对教育问题发问曰：教育之手段如何，其手段之作用如何，教育之目的如何，所以达之之途如何，又其作用及手段，何故得如此之结果。其为此种研究者，是之谓普通教育学，或曰理论的教育学……教育学分为三大部：一养护论（或教育卫生学），二教授论，三训练论（或狭义之教育学）。③

在比较早的教育学教科书中的序言中，在阐释此书翻译的背景及重要性时，通常能折射出时人对"教育学"的观念。比较有代表性的是方彦恂为留日学生季新益所译《教育学原理》作的序言。

---

① 《兰因氏之教育学》，《教育世界》，1906 年第 134 号。
② ［日］中岛半次郎讲述：《新编教育学讲义》，韩定生译，东京合资会社富山房发行，1911 年，第 7 页。
③ ［日］熊谷五郎：《大教育学》，载《教育世界》，1907 年第 147 号。

自学校之制既亡，人才遂不古。若由汉涉明二千载，久处于闭关独立之世，才虽乏而不觉。及泰西最强之国叩关求市，强弱之势既判，论者乃始知人才之不能相敌。抑知生才在天，成才在人，莘千百可为之才，莫为之所，反以咎天下无才，岂不谬哉？近迫外患遽然大觉，稍稍开学堂，罢帖括矣，而管其事者，又未尝深知教育之故，徒取外国章程、科目，为之亦步亦趋。此何异铢权寸度□推之丈尺，必致舛误者耶。夫木必先本而后枝，水必由源，以及教育者，人才之所从出，所以治此教育者，则又教育之所自出也。吾独怪近日翻译诸家颇能取外人政治格致之藉日事迻译，反于育才之要，虽有其书，不过管理制度之末，未有言及原理者。细之搜而遗其钜枝之猎，而披其根宁非蔽歁！壬寅秋日游学此邦，而吾友季君铭又，乃译是编，迄改，岁而告竣。季君可谓能知其际者矣，诚取是编，深思精研，心知其意，然后以言教育，犹舆之有轮，墨之有准耳，吾知此书于吾国教育必大有造也。虽然此特专门讲义之一耳。继此后者尚夥，苟尽取译之，以会教育之全，不亦本末兼赅，钜细毕致者哉？吾于是既喜季君之译是编，而又以祝继此诸编之赓续出也。①

在这篇序中，针对兴学堂后，管理学堂的人员"未尝深知教育之故"，追着外国章程、科目亦步亦趋的现象，提出"先本而后枝，水必由源"，从而将"教育学"置于"本""源"的地位，称之为"原理"。"原理"通常被释为"自然科学和社会科学中具有普遍意义的基本规律"。"教育原理"②的称谓也并出现在《奏定初级师范学堂章程》中，"心理学之大要，及中国现在教育之宗旨，及德育、智育之要义，并讲辨学（日本名论理学）及教授法之大要"皆包含其中。清末大量的教育学教科书亦以"原理"命名。

---

① 季新益：《教育学原理》，教科书辑译社（东京），1903年，序。
② ［日］多贺秋五郎：《近代中国教育史资料（清末编）》，文海出版社，1976年，第329页。

有"原理"之名的教育学教科书被引入之后，没人再提将《学记》作为师范学校的教材，但是作为西方教育学的中国对应物，仍被频频提及。1903年，张謇在通州师范学校开校演说中提道："我中国两千年前教育与各国师范义法近者，独《礼记·学记》一篇，然沉晦久矣，管理卫生亦不及各国之详"，[①]"自《学记》师范实验之不传，教授管理不得不借才异域，其所以必借之义，盖将借其考求所得之实际，以证我之理想，以复明我二千年前之教育。"[②] 王国维在《哲学辨惑》中以教育学课本不用《论语》《学记》为例，为西方"哲学"争取地位："余非谓西洋哲学之必胜中国，然吾国古书大率繁散而无纪，残缺而不全，虽有真理，不易寻绎，以视西洋哲学之系统灿然，步伐严整者，其形式上之孰优孰劣，固自不可掩也。且今之言教育学者，将用《论语》《学记》作课本乎？抑将博采西洋之教育学以充之也？于教育学然，于哲学何独不然？"[③] 这种反问语气恰是表明，以"西洋之教育学"替代《论语》《学记》是理所当然的，也是为世人所公认的。这也就是说，在与师范学校配套的"教育学"映入知识分子的眼帘之后，在大多数知识分子眼里，中国传统教育学术的代表《论语》《学记》同时也成了"沉晦"的代名词，在惋惜和无奈中，无可避免并理所当然地在师范学堂中退居二线。同时，教育学作为对教师进行职业训练的学问，在师范学堂大行其事。

（二）近代知识系统中的"教育学"——教育学成为一门学科

清末是中国传统学术形态向现代学术形态转型的关键时期。在早期系统介绍西方近代学科体系和科学知识系统的文字中，"教育学"便占有一席之地。1897年，康有为在《西学书目志》中的"教育门"中列"教育学书"57种，其中有"教育学讲义""教育学""普通教育学""初等教育学""国家主

---

① 张謇：《师范学校开校演说》，见张謇著《张季子九录（三）（教育录）》，上海书店出版社，1992年，第17页。

② 张謇：《通州师范学校议》，见张謇著《张季子九录（三）（教育录）》，上海书店出版社，1992年，第10页。

③ 王国维：《哲学辨惑》，见姚淦铭、王燕编《王国维文集（三）》，中国文史出版社，1997年，第5页。

义新编教育学""易解教育学""麟氏教育学""倍因氏教育学"等。① 这也是
目前所见资料中出现最早的中文"教育学"。1898 年，东文学社教习西山荣
久译《新学讲义》，向中国学术界介绍德国学者冯特及美国克丁极司等人的
知识分类体系，对西方近代知识系统作了简要概述，"教育学"被归为心理
科学、规范科学。② 近代启蒙思想家宋恕在《代拟瑞安演说会章程》中，将
学术部分为总、别二科，将"教育学"列为别科 30 目中的一目，并拟将"经
部"典籍中的《论语》《孟子》归到教育学名下。③1901 年，蔡元培在《学
堂教科论》中，接受了日本学者井上甫水的分类法，将"教育学"放置在
"无形理学"—"群学"—"政事学"的类目中。④1902 年，陈黻宸创办《新
世界学报》，按照从日本介绍的近代学科门类，将杂志栏目分为 18 门，"教
育学"为其中重要一门。⑤1909 年，学部成立编订名词馆审定各种学术名词，
将各种名词分文、实两科，分算学、博物、理化、舆史、教育、法政六门，
"教育学"属教育门。⑥

　　这些材料旨在介绍、阐述合理的知识系统，并未对"教育学"这一知识
门类进行解释，而是将其作为"教育之学"理所当然的存在，在知识系统中
占据位置。

　　就目前所见资料，1899 年刊登在《亚东时报》上"奥地利林度捏尔撰"，
日本剑潭钓徒翻译的《教育学纲要》是作为中文刊出的最早的教育学。⑦《亚
东时报》是日本乙未会在上海刊行的汉文月刊杂志。日本乙未会与唐才常、
梁启超等维新派关系较为密切。《教育学纲要》署名为"奥国林度捏尔撰，

---

① 康有为：《康有为全集（三）》，中国人民大学出版社，2007 年，第 395，405—406 页。

② 吴汝纶：《桐城吴先生日记（上）》，河北教育出版社，1999 年，第 445 页。

③ 胡珠生：《宋恕集（上）》，中华书局，1993 年，第 350—351 页。

④ 中国蔡元培研究会：《蔡元培全集（一）》，浙江教育出版社，1997 年，第 334—336 页。

⑤ 陈德溥：《陈黻宸集（上）》，中华书局，1995 年，第 528 页。

⑥ 《奏本部开办编订名词馆并遴派总纂折》，载《学部官报》，1909 年第 105 期。

⑦ 侯怀银：《20 世纪上半叶教育学在中国引进的回顾与反思》，载《教育研究》，2001 年第 12 期。

日本剑潭钓徒译"①，应是日本人剑潭钓徒响应维新派主张，将当时日本国内流行的奥地利教育学家林度捏尔 (G. A. Lindner，现译林德纳) 的著作译成中文，介绍到中国。从这种意义上说，作为理论形态的"教育学"这一新名词、新概念最初是由日本人亲自"输入"到中国的。

然而，1898 年戊戌变法失败后，《亚东时报》公开对变法维新运动采取同情的立场，一般人避之唯恐不及，其读者面非常狭窄。刊登于 1899 年的《教育学纲要》并没有机会为更多的中国人多所认识。随着主持者唐才常的被捕被杀，《教育学纲要》并未连载完。"教育学"作为一个名词，只是在中国维新派的圈子里露了一面，并未形成大规模的传播。

1901 年以后，在朝野的大力提倡下，通过各种形式从日本大规模引进教育学，各种教育学文本通过各种途径大规模传播。1902 年前后创办的各种报刊如《教育世界》《新世界学报》《游学译编》《湖北学生界》《湖北学报》《直说》《浙江潮》《湖南学报》② 等均设"教育"或"教育学"栏目，亦其内容多翻译介绍日本及欧美各国教育学说及有关教育改革的种种议论，以期以"教育学"指导教育改革实践;《大陆》《新民丛报》《经世文潮》《直隶教育》《湖北学报》《江苏》《蒙学报》《牗报》《学部官报》等各级各类报刊也大量刊发以"教育学"命名的著作、讲义、理论。③"教育学"作为新知识系统中的一门学科的地位，在中国被确认下来。

（三）国人眼中的"教育之学"

国人文章及著述对"教育学"的理解，基本上接受了日译教育学文本的解析。《新尔雅》"释教育"一栏详细阐发了"教育学"等概念。他们认为，"研究教育之原理规则而供其实用之一科学，谓之教育学"，"不限时代与国土，欲在人类一般之发达上立普遍之目的及方法者，谓之普通的教育学;参照伦理学、心理学、社会学、论理学等而研究普通之目的及方法者，谓之理

---

① [奥]林度捏尔:《教育学纲要》,[日]剑潭钓徒译,载《亚东时报》,1899 年第 7、8、9、10 期。

② 上海图书馆:《中国近代期刊篇目汇录（第一卷）》,上海人民出版社,1980 年。

③ 上海图书馆:《中国近代期刊篇目汇录（第一卷）》,上海人民出版社,1980 年。

论的教育学；研究教育之理论以施用于实地为主者，谓之实地的教育学；取古今教育上事实学说之变迁发达以供教育之历史的研究者，谓之历史的教育学"。[①]

1906年，《教育世界》刊登的《驳教育学非普遍的科学说》一文提道："教育学者，关于教导训育之理论也。学者或分教育学为三部，一曰历史的教育学，谓研究教育的事实及教育上学说之变迁者也，二曰实践的教育学，谓考察已往之历史的沿革而发现原理于其间，以决定实地教育上之问题者也，三曰理论的教育学，谓超越于时间空间地位等，以研究一般教育上之原理者也。"[②] 1907年，莎泉生在《牅报》发表的《教育学》，在"教育学之定义"一章提道，"教育学者，研究人为教育合之时宜、地宜而求达其目的之学科也。关于教育之研究，可分为二部，一则于从古自今之教育理论及事实，究其实际变迁以资考镜者也；一则于现今最进步之教育学说究其实际之应用者也。有时总括此二者，统称教育学，而普通学者所常言，则前者谓之教育史，后者谓之教育学。"[③]

这些文章和著作基本能代表这一时期国人对教育学概念的认识水平。这些来自日本的"教育学"概念，基本沿袭了莱因对教育学的分类，教育学的范畴从广到狭有几个层次的含义，作为"教育之学"的教育学分为历史的教育学、实践的教育学及普通教育学（理论的教育学）三部，普通教育学又分为养护、教授、训练三大部，其中训练论又可称之为狭义的教育学。[④] 作为一门学科的教育学概念，通常是在普通教育学意义上进行定义。通观各概念，简言之，教育学是一门系统研究教育的目的与方法的科学。

在近代语境中，作为"回归汉语借词"的"教育"一词奇妙地沟通着古今。于是文章著述之外，国人对"教育"及"教育之学"的理解更为多元。1901年，罗振玉在上海创办了中国第一份教育专业期刊《教育世界》，移译

---

① 汪荣宝，叶澜：《新尔雅》，文明书局，1903年，第51—53页。

② 《驳教育学非普遍的科学说》，载《教育世界》，1906年第117号。

③ 莎泉生：《教育学》，载《牅报》，1907年第4期。

④ 余家菊等：《中国教育辞典》，中华书局，1928年，第650页。

东西方教育学说。而与此同时，当时"一般头脑冬烘的先生们对《教育世界》这四个字都不理解"①，邓嘉缉在给缪荃孙的信中以为"叔蕴至欲教育世界（其书之名），可谓毫无忌惮。其文笔亦非骇博之士，似尚未足与此事"②。其将《教育世界》中"教育"的名词含义仍按中国传统的动词含义解，将"世界"作为"教育"的宾语，自然要讥创办者的"毫无忌惮"。邓嘉缉本人于学校、学堂、译书各事均极留心，③ 也算是晚清比较开明的知识分子，并不算"头脑冬烘"。他尚且不理解"教育"作为教育学、学科、理论的含义，作为有教育学含义的"教育"在中国广大士人中的境遇亦可见一斑。

　　也就是说，相对于清末庞大的新政改革，师范教育只是千头万绪之一，而且"引进教育学"只是师范教育的一部分。在1905年科举未废之前，真正接触和了解作为学科和科目的教育学的只是很少一部分人，其余或是对其一无所知，或是知有此课程之设置但不明白其中具体内容，仅凭设置此课程的用意和当时流行的教育用语来想当然地揣测其中的内容。

　　1906年，直隶留口速成师范毕业生陈宝泉"联合同志，设立普通教育研究会，以期切实改良学务"，"本会邀集从事普通教育之有志研究教育学及教授法、管理法大意，以实地应用，随时改良为宗旨。本会聘请深谙教育之学者主任讲席，按期讲演"。④ 陈宝泉倡设的"普通教育研究会"所提到的宗旨和措施，在清末众多教育研究会中很具有代表性。其提到的"教育学"，往往指教育学知识；"深谙教育之学者"，往往指教育改革实践者；"教育之学"则是指关于学校教育改革之学。其落脚点都在"实地应用"，"切实改良学务"。

　　再以严修为例。严修以领导直隶兴学著称于世，是公认的教育家、教育改革家，在当时算是"深谙教育之学者"，但是，他并不懂得当时课堂上

---

① 罗继祖：《庭闻忆略：回忆祖父罗振玉的一生》，吉林文史出版社，1987年，第23页。
② 顾廷龙：《艺风堂友朋书札下》，上海古籍出版社，1981年，第809—810页。
③ 顾廷龙：《艺风堂友朋书札下》，上海古籍出版社，1981年，第809—812页。
④ 《设立普通教育研究所》，载《大公报》，1906年9月25日。

的"教育学"。1904 年他在日本考察教育期间，访问日本东京高等师范学校特意为中国留学生而设立的宏文学院。他在日记中提道："午后晤波多野君（即波多野贞之助），听讲教育学一小时，译员任筱山，讲训练之目的、训练与身体练习之关系、训练与教授之关系。本欲连听两时间，因不尽解，仅听一小时"①。大约之前严修对此学科是抱有很大期望的，"本欲连听两时间"，没想到听的不是自己想听的内容，而且还听不明白，于是仅听一小时便离场。从字面上看，波多野贞之助所讲内容正是赫尔巴特教育学派的常用中译术语，脉络很清晰，不存在逻辑混乱的问题，那么让严修"不尽解"的，应该就是"训练""身体练习"等术语的含义。这套言说教育问题的话语与以前接触的那些中国的"子曰""诗云"、西方的"德智体"毫不相干，理解起来当然晦涩。目前留下来的留日速成师范生的听讲笔记不少，但听讲感受几乎没有。严修日记中提到的他听教育学的感受，在留日学生中应该也是普遍存在的。这也就是说，课堂上的"教育学"与中国教育改革需要的"教育之学"并不是一回事。

1906 年冬，蔡元培在《为自费游学德国请学部给予咨文呈》中提道"编修蔡元培为自费游学德国，呈请移咨学部给咨事：窃职素有志教育之学，以我国现行教育之制，多仿日本。而日本教育界盛行者，为德国海尔伯脱派。且幼稚园创于德人弗罗比尔（今译福禄贝尔）。而强迫教育之制，亦以德国行之最先。观今德国就学儿童之教，每人口千人中，占百六十一人。欧、美各国无能媲美。爰有游学德国之志，曾在胶州、上海等处，预习德语。……职现拟自措资费，前往德国，专修文科之学，并研究教育原理，及彼国现行教育之状况。至少以五年为期。冀归国以后，或能效壤流之助于教育界"②。蔡元培留学德国"专修文科之学，并研究教育原理，及彼国现行教育之状况"，这样的目的为其"素有志教育之学"作了良好的注脚。他的"教育之

① 严修撰，武安隆、刘玉敏点注：《严修东游日记》，天津人民出版社，1995 年，第 162 页。
② 高平叔：《蔡元培全集（第一卷）》，中华书局，1984 年，第 394 页。

学"亦不仅仅是"教育原理",而更多关乎学校教育制度,或者说,这个"教育之学"是关于"学校教育"之学。

由此,我们不能假设文本中的教育学就是当时士人头脑中的教育学——严修所记的笔记很清晰,但并没有被他清晰地接受——不同身份的人对教育学的期望和要求是不一样的。与对"教育"一词的理解相关联,对学问饱含兴趣的学者看到的教育学是一门出于哲学的学问,有哲学基础,有理论渊源,有学派,各学派有代表人物;在师范学堂的师范生眼里,教育学是教育学教科书,是一些关于教育的常识;对教育改革的领导者来说,教育学是"教授管理之法",是日本学制,是中国教育问题的解决方案。而他们都是中国最初的教育学的引进者;作为引进者,又反过来影响教育学在中国的面貌。这些关于教育学的印象和观点在京师大学堂第一次及第二次招考试题中得到展现。

1902年7月,京师大学堂在《大学堂考选学生章程》中规定了师范科要考"教育学大义"。1902年10月第一次招考的"教育学大义"题为:

> 孔子言:上智下愚不移。而孟子乃曰:人皆可为尧舜。其旨异同?盖举其大义以对。
> 教育学以伦理学、心理学为根据,试阐其理。[①]

11月第二次招考"教育学大义"题为:

> 论宗教与教育之关系。
> 日本学制与欧美异同若何。[②]

[①]《京师大学堂二场题目》,载《大公报》,1902年10月19日。
[②]《京师大学堂二场题目》,载《大公报》,1902年11月22日。

京师大学堂师范馆的考题，考前没有公布任何参考书目，是百科全书式的常识考察。从题目内容来看，完全是站在中国人的立场，就当时中国流行的教育问题发问，命题人应该不是京师大学堂的日本教习服部宇之吉（1902年应吴汝纶之聘担任京师大学堂教育学教习）。或许也可以这么说，是中国人认为教育学大义应该研究的问题领域。其中包含着关于教育的古今中西、理论与制度的方方面面。由于京师大学堂招考颇引人注目，招考试题也被各地广为转载（如《大公报》《湖南官报》等），流传甚广。对于关心京师大学堂入学考试又没接触过师范学堂中"正宗""教育学"的士人来说，很容易以试题内容来塑造对教育学的印象。

与教育的含义相应，教育学一方面是"教育弟子之法"的"原理"，一方面是关于学校教育改革的学问。国人对教育学的认识，与周焕文等译的小泉又一的《教育学教科书》中对广义和狭义的教育学界定类似。

> 广义之教育学：教育学所最宜研究者，计其大端，约分三项：
>
> 甲　论教育之原理（教育学）
>
> 乙　论教育上实际之设施及管理（学校管理法）
>
> 丙　论教育之学说与实际之变迁（教育史）
>
> 以上首二项之对于第三项，乃研究现在最高之理想也，第二项则实行第一项之理想，而论其设施之法也。
>
> 狭义之教育学：即教育学而细分之，更可如左之三目：
>
> 甲　何所为而为教育（教育之目的）
>
> 乙　以如何之方法教育之（教育之方法）
>
> 丙　于如何之场所教育之（教育之场所）①

---

① ［日］小泉又一：《教育学教科书》，周焕文等译，天津官书局、北京新华书局、保定府官书局、东京清国留学生会馆发行，1904年，第6—7页。

师范学堂的教育学教科书多以"广义之教育学"中的第一项为主，其内容也就是"狭义之教育学"。广义之教育学为实现教育学"理想"的其他两项，在学堂中则设学校管理法、教育史课程，而在教育改革实践中，则几乎囊括了关于学校教育的一切经验。

第三节　清末"教育学大众"的教育议论

在清末，也存在着教育言说分层。中国作为"后发外生型现代化"国家，在教育学科的建立上，走的是一条独特的路：引进国外教育学科的现成理论体系与研究中国现实教育问题如何解决是同时进行的。中国古代文化中有丰富的教育思想，但并无独立形态的教育学。在尚未分化的中国古代学术中，有关教育的论述从未处于核心、主干的地位。20 世纪初，在中国古代学术传统向近代学科转型初期，教育学作为一门外来学科，与哲学、文学、历史等人文社会学科相比，缺乏内在的学科理论根基。并且，也没有像其他学科如农、工、商等，在创建之初的近代中国知识系统中获得一席之地。当然，更没人将教育学归于"中学"而为其在新知识系统中的地位奔走呼号。所以，清末"教育学"没有专门的"研究队伍"，也没有在高等教育系统赖以生存的制度保障。

甲午海战中国战败，面对中国如何在列国并立的世界中图存图强这一时代问题，必然要变革国家的现实状况。只要民众没有国家意识，就不可能改变国家的存在状况而实现国家的生存和发展。中国要成为国民国家，一方面有必要实行开设议会或改革科举等政治制度的大改革；另一方面，为了赋予民众以与国民相称的能力，有必要进行教育制度的大变革。① 清末中国的救亡图存仍按照这一思路进行。"教育"作为一剂济世救国的良方，从甲午战争后就成为全国各阶层关注的焦点之一（当时"教育"一词并未流行，而以"学制""学校""学务"等指称）。既没有专门的研究机构、研究人员，又广受关注，在这种情况下，"教育学"走进中国人的视野后，便被各阶层赋予了各种期望，教育知识与社会的互动非常活跃。教育问题一直是各种报章杂志关注的焦点之一。并且，各种译介的教育文章、教育理论、教育学讲义、教科书等亦在报纸杂志上刊登、连载，其所承载的术语，亦随之流传，无形中普及着教育学知识。依此形成的关注教育、将教育学相关知识运用到实践问题分析的群体，不妨称之为"教育学大众"。而"教育学大众"对教育问题的话语表达不同于师范学堂的教育学教科书的教育学术语，往往与现实教育现象和需要解决的教育问题密切相关；也不同于普通民众的大白话。在此所说的话语是一种隐匿在人们意识之下，却又暗中支配各个群体不同的言语、思想、行为方式的潜在逻辑。简言之，话语就是人们在特定的历史条件与社会环境下，决定自己该说什么、怎样说的潜在制约机制。② 而"教育学大众"对教育学的影响往往不是教育学理论的介绍和引入，而是借教育理论而生产教育流行话语，进而成为一个群体对教育的思想方式，从而对栖身于文本的教育学产生影响。

一、"德育""智育""体育"概念在近代中国的形成

"德育、智育、体育"可以说是目前中国教育领域中使用最广泛的一组概念，承担着多种"职责"，是教育的构成成分，是教育学基本理论的重要组成部分，是国家的教育方针，也是实际教育工作的分工标准。"德育、智育、体育"不仅在历史上，在现实中也是我国现代教育思想得以运行的语言

---

① ［日］佐藤慎一：《近代中国的知识分子与文明》，刘岳兵译，江苏人民出版社，2008 年，第 89 页。

② 胡学常：《文学话语与权力话语——汉赋与两汉政治》，浙江人民出版社，2000 年，第 31 页。

基础和社会化的必然依托。如此重要的一组概念，在中国到底是如何萌发、演变并开始流行的，迄今学界并无公论。

　　纵观清末的教育类文献，有一个非常突出的现象："德育、智育、体育"频繁出现在各类人物在各种场合的论述中。如，1897 年南洋公学学生编辑蒙学课本时，曾经介绍"泰西教育之学，其旨万端，而以德育、智育、体育为三大纲。德育者，修身之事也；智育者，致知格物之事也；体育者，卫生之事也。蒙养之道，于斯为备"。[①]1901 年之后，南洋公学《蒙学课本》第三次排印时，出版广告中也已宣称其"以德育、智育、体育为纲略"（《南洋公学师范院编译图籍广告》，《统合新教授法》卷末附）。王国维 1903 年在《论教育之宗旨》一文中提道，"德育与智育之必要，人人知之"；1904 年严修考察日本"一桥附属小学看习字和游戏"时，赞叹"此等游戏非但注重体育而已，实兼德智两育也"；[②]日本教习对中国公众的演说，以教育分为德育、智育、体育的三分法为公论[③]；报刊中发有直接以"德育、智育、体育"为题的小文，如《妇女缠足于德育、智育、体育全有妨害》[④]《德育、智育、体育论》[⑤]等。这意味着，20 世纪初，在中国"德育、智育、体育"的三育论已经获得了不证自明的"公理"地位。在西方教育学在中国尚未大行其事的时代，"德育、智育、体育"在中国到底始于何时，受哪些因素影响得以如此流行，都是有待澄清的问题。

　　（一）斯宾塞《教育论》在中国的引介

　　西方近代德、智、体的思想并非源于斯宾塞，就其思想渊源而论，可追溯到亚里士多德。1905 年，陕西高等学堂学生尹钧在习作《德育、智育、体育论》中，便认为三育分法起源于亚里士多德，"西儒之讲教育者，以亚

---

① 《南洋公学蒙学课本二编编辑大意（1897）》，见朱有瓛，高时良主编《中国近代学制史料（一辑下）》，华东师范大学出版社，1983 年，第 541 页。

② 严修撰，武安隆，刘玉敏点注：《严修东游日记》，天津人民出版社，1995 年，第 164—165 页。

③ 《师范学堂日本内崛教习演讲》，载《大公报》，1904 年 7 月 15 日。

④ 《妇女缠足于德育、智育、体育全有妨害》，载《大公报》，1904 年 11 月 2 日。

⑤ 尹钧：《德育智育体育论》，载《秦中官报》，1905 年第 5 期。

利斯托尔为巨子，尝分德育、智育、体育为三学期"，毛塔耶尼氏（Michel de Montaigne，现译蒙田）认为"徒积知识无益实际，其教育之宗旨在启发德育、才力，熏以德育置于教育之最先"，而斯宾塞"则注意物理，有偏重智育而轻德育之风"。① 现在也有学者提出，西方近代"三育并举"的教育思想并非始于斯宾塞，而是洛克等许多教育家的共同主张，但当斯宾塞将其论述三育的几篇文章合编成《教育论》一书出版时，的确反映出他本人提倡"三育并举"的教育观点。因此，斯宾塞虽非西方近代"三育并举"教育思想的始作俑者，但在某种意义上可称其为集大成者。②

在中国，德育、智育、体育"三育论"是斯宾塞的主要教育思想——这在民国时期或者更早就成为教育学者的共识。雷通群在 1934 年出版的《西洋教育通史》中提到斯宾塞派及其影响时说："现在中国的教育界，关于教育方法上分为智育、德育、体育等，是受斯宾塞的教育影响，亦犹管理、训练、教学等的分类，是受海尔巴脱的影响也"。③ 吴俊升在 1935 年出版的《德育原理》中提道："在教育学中教育之三分法之确定，殆始于斯宾塞，彼尝著书名 Education：Intellectual，Moral and Physical"，"昔日之教育学，多循斯宾塞尔之旧法，分论三育"④。当代的教育学者，也大抵如此认为："把教育划分为智育、德育和体育，大抵以斯宾塞为始作俑者"。⑤

斯宾塞关于智育、德育、体育的思想主要体现在其 1861 年出版的《教育论》（Education）中，其中包括四篇论文：《什么知识最有价值》（What knowledge is of most worth）、《智育》（Intellectual）、《德育》（Moral）、《体育》（Physical）。⑥ 斯宾塞提"智育""德育""体育"，主导思想是提高科学在教育

① 尹钧：《德育智育体育论》，载《秦中官报》，1905 年第 5 期。
② 肖朗：《科教兴国的强音——斯宾塞教育思想在近代中国》，载《华东师范大学学报（教育科学版）》，2008 年第 6 期。
③ 雷通群：《西洋教育通史》，东方出版社，2007 年，第 312 页。
④ 吴俊升：《德育原理》，商务印书馆，1948 年，第 3 页。
⑤ 陈桂生：《"教育学视界"辨析》，华东师范大学出版社，1997 年，第 82 页。
⑥ [英]赫·斯宾塞：《斯宾塞教育论著选》，人民教育出版社，2006 年，第 5 页。

中的地位，确认智育的固有价值。他谈三育跟裴斯泰洛齐的教育目的理论有一定的渊源。裴斯泰洛齐宣称初等教育应"依照自然法则，发展儿童道德、智慧和身体各方面的能力；而这些能力的发展，又必须照顾到它们的完全平衡"。既力求发展儿童道德、智慧和身体三方面能力，相应地实施德育、智育与体育也属顺理成章，三育划分的意义大抵也限于此。但是，斯宾塞本人并未表露把学校教育"工作"分为智育、德育、体育的意向，也没有对三育的划分提供什么理论依据。他的《教育论》是四篇论文的结集，其中未提及三育之间的关系。《德育》一文只论及家长对子女的教育，未涉及学校中的德育。尽管如此，从那时起，三育的划分确成为教育思想的定式。①

至于斯宾塞《教育论》在中国的引入，首先向国人介绍斯宾塞及Education 的是时任圣约翰书院学监的颜永京。1882 年，他以《肄业要览》为题翻译了《教育论》的第一篇《什么知识最有价值》: Mr.Spencer's four essays on Education have been pronounced "the most powerful plea for scientific education that has ever been writen".Believing that thcy will aid in reforming the present narrow education in my country，and thus be the means of promoting her progress.I have translated the first of the series，entitled, What knowledge is of most worth ?② 当时"教育"一词并未流行，他将 Education 译为"肄业"，相应的，书中并未出现"智育""德育""体育"的提法。

在中国介绍斯宾塞最早、最著名的是严复。严复于 1895 年发表《原强（修订稿）》一文，其中以《明民论》为题介绍了斯宾塞的《教育论》中的几篇文章:"斯宾塞尔全书而外，杂著无虑数十篇，而《明民论》《劝学篇》二者为最著。《明民论》者，言教人之术也。《劝学篇》者，勉人治群学之书也。其教人也，以瀹智慧、练体力、厉德行三者为之纲。"③ 中国"民力已茶，民智已卑，民德已薄"，而"国之强弱贫富治乱者，其民力、民智、民德三者

①　陈桂生:《"教育学视界"辨析》，华东师范大学出版社，1997 年，第 82—83 页。

②　[英] 史本守:《肄业要览》，颜永京译，上海格致书室，1895 年，序。

③　严复:《严复集（诗文集）》，中华书局，1986 年，第 17 页。

之征验也，必三者既立而后政法从之。于是一政之举，一令之施，合于智、德力者存，违于智、德、力者废"，"是以今日要政，统于三端：一曰鼓民力，二曰开民智，三曰新民德"。① 斯宾塞所论"德育""智育""体育"的对象是初等教育体系中的儿童，而严复则将其推而广之到"民"，并以"物竞天择，适者生存"的社会进化论观点将"民力、民智、民德"放在事关国家强弱贫富治乱的地位。正值中国甲午战败，中国知识分子群情激奋，此文以民之智、德、力来解释一国盛衰进退的理论具有极强的针对性和现实意义，为时人所信服，并且对以后有关国民教育的讨论影响很大。由此，三育论可能与《原强修订稿》有着某种关联，但文中并没有明确"德育""智育""体育"的提法。严复介绍德智体的动机，并不是为了教育，而是揭示强国国民的基本条件，是表达他对强国国民条件的一种要求，并没有进一步谈到教育问题，自然他还丝毫没有现今人人共知的所谓"三育"的思想。②

1903 年，严复在《京师大学堂译书局章程》中的"教科分门"中，分别提到"德育"和"体育"，并未提智育。③ 他明确见诸文字的德育、智育、体育的提法是 1906 年题为《论教育与国家之关系》（在环球中国学生会的演说词）的文章中，提道"讲教育者，其事常分三宗：曰体育，曰智育，曰德育，三者并重。三者并举，顾主教育者，则必审所当之时势而为之重轻"④。并阐发智育重于体育、德育重于智育的观点。而此时德育、智育、体育的三分法早已成为流行的教育话语，在这种情况下说"严复把教育分为德育、智育、体育三部分，这在中国近代教育史上是最早的"⑤，是不合适的。

还有的学者提出，"1922 年胡毅用白话文重译出版了斯宾塞的《教育论》。从此，斯宾塞的智育、德育和体育的'三育'思想在中国教育界广为

① 严复：《严复集（诗文集）》，中华书局，1986 年，第 16—27 页。

② 王尔敏：《中国近代思想史论续集》，社会科学文献出版社，2005 年，第 140 页。

③ 严复：《严复集（诗文集）》，中华书局，1986 年，第 128 页。

④ 严复：《严复集（诗文集）》，中华书局，1986 年，第 166 页。

⑤ 孙培青、李国钧：《中国教育思想史（第三卷）》，华东师范大学出版社，1995 年，第 116 页。

传播"①。实际上，早在 20 世纪初的中国，"三育"思想在中国已经得到大范围的传播——虽然不是直接来源于斯宾塞。

（二）来自日本的兴学经验

据《汉语外来词词典》的考证，"德育""体育"都是日语借词。汉语的"德育"一词源自日语"德育"tokuiku；"体育"一词源自日语"体育"taiiku，乃意译自英语 physical culture。②虽然词典中并未收录"智育"一词，从清末的相关文献资料看，也应该是来自日语。"德育"和"体育"最早的提法，应在 1897 年，康有为在康同璧的帮助下翻译整理的《日本书目志》中。在"教育门"的"道德修身学"一纲下，列有《德育方法案》《德育原论》《德育新论》《日本帝国德育新论》等；在"实地教育"一纲下，列有毛利仙太郎、神保涛次郎同著的《体育学》。③目前最早可见的将"德育、智育、体育"并列的资料，见于 1898 年春，南洋公学学生编辑蒙学课本时，曾经介绍的"泰西教育之学，其旨万端，而以德育、智育、体育为三大纲"，从当时南洋公学仿照日本师范学堂设附属小学的举动看，也应与日本的兴学经验有千丝万缕的关系。1903 年，《新尔雅》将三词连释为："陶冶人之德性而使躬行实践者，谓之德育；发达人之身体而使坚强耐劳者，谓之体育；增长人之知力而使见理明透者，谓之智育。"④

1877 年，日本出现了超越教学的实用书籍范围，要求获得更加原理性、系统性认识的新动向。斯宾塞的思想在总括地研究教育与社会问题上产生了较大的影响。正如有的日本学者所指出的，"19 世纪后半叶，斯宾塞的思想在英国以外的两个国家——日本和美国引起了异乎寻常的巨大反响，一时之间在两国知识界广为流行并居支配地位"。从 1877 年起，斯宾塞的著作在日本得到了大量、持久地传播，《教育论》有多个版本出现，《斯氏教育论》

---

① 滕大春等：《外国教育通史（第四卷）》，山东教育出版社，1995 年，第 184 页。

② 刘正埮等编：《汉语外来词词典》，上海辞书出版社，1984 年，第 77，343 页。

③ 康有为：《康有为全集（第三集）》，中国人民大学出版社，2007 年，第 395，406 页。

④ 汪荣宝，叶澜：《新尔雅》，文明书局，1903 年，第 53 页。

(1880年,尺振八译)、《标注斯氏教育学》和《标注斯氏教育论》(1886年,有贺长雄译)等大量著作被翻译介绍出来。通过斯宾塞的著作,日本的知识阶层学到了社会进化论的观点。[1]在此期间,日本应是以日语德育、智育、体育意译斯宾塞《教育论》中的 Moral、Intellectual、Physical,并将智育、德育、体育的理论应用于学校教育,成为讨论教育问题的重要术语。

在日本,1890年《教育敕语》颁布之前,自由民权派、国学派、儒学派、洋学派围绕德育、体育等问题发生过数次思想论战。[2]被称为"日本近代教育之父"的福泽谕吉认为日本古代重德而轻智,明治前期又强调智育,忽视德、体,他指出:"人生下来之后,必须体育、智育、德育同时加以注意",主张总结历史经验,明辨教育历史中的精粗长短,把体育、智育、德育的均衡发展作为教育工作的根本宗旨。[3]福泽的这一思想在日本得到了广泛认同。这一点反映在日本教习在中国的日常演说中。1904年,日本教习内崛在山东教育研究公所月会演说,以德育、智育、体育三者的消长为主线介绍日本明治以来教育沿革。"以教育论,我国是从智育入手,然偏于知识一边,而未讲及体育一道","其后渐知智育与体育相为表里,遂谋改良之道";"尤有弊者,于体育之事既缺,而于德育尤缺。为世间一个人,并不独智识完具方为全完无缺,独立之国民,道德之教育万不可少。当时因求致用,学洋文洋语者,未免鱼目混珠,仁义道德不知为何物,能者转而教人,师生之间毫无一点情谊。为师者第知授人以技能;为弟子者仅以学技能起见,两无相关,只成一种买卖。如此等情,非教育之累乎?惟近十年来,研究教育渐有所得,于德育一道尤再三致意,智育、德育、体育三者合一,庶几渐臻于完全之教育。"[4]也就是说,日本是在1890年之后,达成了德育、智育、体育三者合一、均衡发展的共识。

---

① [日]筑波大学教育学研究会:《现代教育学基础》,上海教育出版社,1986年,第472页。

② 王桂:《日本教育史》,吉林教育出版社,1987年,第141—169页。

③ 滕大春等:《外国教育通史(第四卷)》,山东教育出版社,1995年,第447页。

④ 《师范学堂日本内崛教习演说》,载《大公报》,1904年7月15日。

　　作为小学教育法和国民教育法的"德育、智育、体育",很快成为日本的兴学经验传到中国,并被中国官员广为接受。1899 年,姚锡光考察日本学校过程中,认为"日本教育之法盖分为三类,曰体育,曰德育,曰智育,故虽极之盲哑,推及女子,亦有体操,重体育也,言伦理、言修身在德育也,凡诸学科皆智育也"。[①] 1902 年,吴汝纶赴日考察学务,在与长尾槇太郎笔谈时,曾问:"正德利用厚生,实括东西学之大成。贵国维新以后,德育、智育、体育三事并重,近来智育、体育皆著成效,德育今与古孰若?"[②] 1902 年 10 月严修在日本考察期间,日记中有《大隈伯论文明》一则:"余略问小学教育法,伯言,德育智育体育云云,亦所习闻。"[③] 1902 年 10 月,张之洞在其影响甚广的《筹定学堂规模次第兴办折》中提道"考日本教育总义,以德育、智育、体育为三大端,洵可谓体用兼赅,先后有序,礼失求野,诚足为我前事之师"[④]。也就是说,在日本,学校教育分为德育、智育、体育三大端算是常识,并且,吴汝纶、严修、张謇和张之洞等清国兴学的中流砥柱对此并不陌生,亦将之归为日本经典的兴学经验而奉为圭臬。

　　(三)国人对"德育、智育、体育"的认识

　　1. 承接"我前事之师"的"德育、智育、体育"

　　虽然自古以来中国并没有所谓的"德育""智育""体育"等词。但就三育的实质内容德、智、体来看,远在上古,儒家施教六大项目礼、乐、射、御、书、数的性质,恰恰完全包含三育宗旨。礼、乐是培养德性,射、御是锻炼体魄,书、数是教导智能。西汉戴德纂的《大戴礼记·保傅》中有云:"昔者周成王幼,在襁褓之中,召公为太保,周公为太傅,太公为太

---

①　姚锡光:《东瀛学校举略》,见吕顺长主编《教育考察记(晚清中国人日本考察记集成)》,杭州大学出版社,1999 年,第 14 页。

②　吴汝纶:《东游丛录》,见吕顺长主编《教育考察记(晚清中国人日本考察记集成)》,杭州大学出版社,1999 年,第 368 页。

③　严修撰,武安隆、刘玉敏点注:《严修东游日记》,天津人民出版社,1995 年,第 103 页。

④　张之洞:《筹定学堂规模次第兴办折》,见陈元晖主编《中国近代教育史资料汇编之学制演变》,上海教育出版社,1991 年,第 98 页。

师。保，保其身体；傅，傅其德义；师，导之教顺。此三公之职也。"[1] 三公之职，即在分掌太子的德、智、体三育。清末国人亦认同，"夫我中国德育之说，则固自邃古以降，范围曲成，世守其法，不敢变而号为地球道德教育之正宗。然智与体之宗旨，孔子亦尝发明之。有勇知方，则体育实功也；博文约礼，则智育极诣也"[2]。

虽然如此，我们仍不能勉强说德、智、体三育是创自中国古代，只能就实在情形说，中国古代教育项目的六艺已经完全符合三育的内容。也许是由于古代的"思想铺垫"，到了近代，中国人对于介绍进来的德智体观念与其意旨范畴，是普遍接受而没有任何排拒的，[3] 认为是"礼失求野"，并自觉以三育思想来比附、裁断传统典籍。1903 年 7 月，在科举考试经济特科的试题中，有这样一道题目："《大戴礼》：保，保其身体，傅，傅之德义，师，导之教训。与近世各国学校德育、体育、智育同义论。"[4] 以此可见，国人对从日语中借来的"德育""智育""体育"颇意领神会，欣然接受，并以之比附"我前事之师"。

2.用以塑造国民的"德育、智育、体育"

严复借斯宾塞以民之智、德、力来解释一国盛衰进退的理论对 1901 年之后的教育议论产生了深远影响。他虽未有"德育、智育、体育"的提法，但他德、智、力的分法，一方面国人接受德、智、体的说法提供了支持与呼应，另一方面，自从国人接受中文的"德育、智育、体育"之后，自动将严复民智、民德、民力的塑造归于智育、德育、体育，并加以发扬。

1902 年，蔡锷在《新民丛报》创刊号上发表题为《军国民篇》的著名政论文，其中提道"严子之《原强》，于国民德育、智育、体育三者之中，尤注重体育一端。当时读之，不过谓新议奇章，及进而详窥宇内大势，静究

---

① 王聘珍：《大戴礼记解诂》，中华书局，1983 年，第 49—50 页。

② 尹钧：《德育智育体育论》，载《秦中官报》，1905 年第 5 期。

③ 王尔敏：《中国近代思想史论续集》，社会科学文献出版社，2005 年，第 141 页。

④ 《考试经济特科题》，载《大公报》，1903 年 7 月 12 日。

世界各国盛衰之由，身历其文明之地，而后知严子之眼光异于常人，而独得欧美列强立国之大本也"①。并且，凡议及"教育"如何为"强国"作贡献的文章，其逻辑思路都多多少少受《原强》的影响。比较典型的是 1906 年初《大公报》刊登的一篇题为《强国之根本果何在？》的论说：

> 　　有国家即有竞争，有竞争即有强弱。弱肉强食、优胜劣汰，此天演之公例，莫能或逃者也。强国之道不外立宪法、开议院、复民权。而国之本在民，民之本在学，学之美恶、教育之优劣基之焉。夫所谓教育者，涵有德育、体育、智育三端，故欲国民之高尚，国力之强盛，非于民智、民体、民德三者求之不可。②强国之根本果何在？曰在于优美之教育是也。教育者，实一国政治风俗之元素也，具经天纬地参赞化育之功。……今我执政当权诸公不欲国强则已，果欲国强，则必须宏布教育，广铸国民。划除其劣根性，培植其新道德，务使通国之人皆具真实技能、勇毅气魄。如以上所谓智体德三者之教育兼备，始可庶物振兴，百废俱举，共登二十世纪之舞台也。③

　　文章以进化论的眼光，将"德育、智育、体育"置于"强国—强民—强智、体、德—智育、体育、德育"的竞争链条中。文章落款为"惠如女士"——女士尚且于德育、智育、体育对一国兴衰成败的感念至此，三育的普及程度可见一斑。

　　由此，用于"强国"的德育、智育、体育的三育论普及之后，与严复所倡"鼓民力，开民智，新民德"殊途同归，共同为国人提供了由教育到"强国"的逻辑链条。

　　3.作为学校教育法的"德育、智育、体育"

---

① 曾业英编：《蔡松坡集》，上海人民出版社，1984 年，第 21 页。
② 《强国之根本果何在？》，载《大公报》，1906 年 1 月 31 日。
③ 《强国之根本果何在？续》，载《大公报》，1906 年 2 月 1 日。

与来自日本的兴学经验相对应，国人每论及具体的教育问题，尤其是小学教育，"德育、智育、体育"也是很理所当然的切入口。1901 年，梁启超在《南海康先生传·教育家之康南海》中回忆康有为在万木草堂的教学，"其为教也，德育居十之七，智育居十之三，而体育亦特重焉"，在按照《长兴学记》的"纲领旨趣"制作的"学表"里，他将当年长兴学舍"学纲"的18 项课程分别归纳称为德育、智育、体育三类，很理所当然地用三育论分析康有为在万木草堂的课程设置，[①] 用以凸显康有为教学的"科学性"和"合理性"。

《钦定学堂章程》《奏定学堂章程》这两个学制章程，均吸收了日本经验，将学校教育分为德育、智育、体育三方面视为理所当然的前提，但在重要性方面，强调附带着国家意识形态控制的"德育"重于其他二育。"中国圣经垂训以伦理道德为先，外国学堂于知育体育之外，尤重德育"；外国学堂于智育体育外，尤重德育，中外无二理也。[②]

1904 年，张之洞亲自撰写《学堂歌》，第一段即阐发"德育—智育—体育"的要旨，刊印一万五千份，颁发至各学堂，令学生"熟读歌唱，以资感发"，务须人给一纸，不可遗漏。其歌唱曰：

> 天地泰，日月光，听我唱歌赞学堂。
>
> 圣天子，图自强，除去兴学别无方。
>
> 教体育，第一桩，卫生先使民强壮。
>
> 教德育，先蒙养，人人爱国民善良。
>
> 孝父母，尊君上，更须公德联四方。
>
> 教智育，开愚氓，普通知识破天荒。

---

① 梁启超：《南海康先生传》，见梁启超著《饮冰室合集（1）（饮冰室文集之六）》，中华书局，1989 年，第 64—65 页。

② 《奏定学堂章程》，见多贺秋五郎主编《近代中国教育史资料（清末编）》，文海出版社，1976 年，第 128，209 页。

物理透，技艺长，方知谋生并保邦。①

张謇亦十分信服三育在学校教育中的作用，1902 年开办的通州师范学校教员室里，悬有"求于五州合智育体育，愿为诸子得经师人师"的对联，②1904 年他在为扶海垞家塾拟定的章程中指出："谋体育、德育、智育之本，基于蒙养，而尤在就儿童所已知，振起其受教育之兴味，使之易晓而直觉"。③

基于梁启超、张之洞、张謇等人物的宣扬，加之《奏定学堂章程》的制度保障，"德育、智育、体育"的三分法，俨然成为办理学校教育的指导思想和操作方法。1904 年，《东抚周中丞蒙学简要教条三则》亦是以"东西各国学校德育与智育、体育并重"为依据，分"立德育之基""立体育之基""立智育之基"三则，引证古今中外先贤对蒙养教育提出建议。④另有论者在讲求普及教育法时设想如何落实三育论："普及教育之方法：德智体三育，有分教法，有合教法。合教即广设小学堂，是分教则随时演讲，勉人以公私之道德，略似西人讲教。中国乡约是德育也；设立体育会，练身体习兵操是体育也；设半日学堂或夜学堂教授应用之国文、书算以便作工子弟乘间学习是智育也。"⑤即便论证强调某一育的重要性，也必以学校教育的三育分法为前提。1904 年 12 月 28 日《大公报》有《论体育》一文，开篇提出"教育之方法有三，曰智育、德育、体育。体育者，智育德育之基础也"。

也就是说，20 世纪初，国内知识阶层已经形成以下共识："所谓教育者，必体育、智育及德育三者兼备，然后谓之为完全教育，三者缺一，则教育之义有未圆。"⑥

---

① 苑书义，孙华峰，李秉新：《张之洞全集（第六册）》，河北人民出版社，1998 年，第 4258 页。

② 张孝若编：《南通张季直先生传记》，文海出版社，1983 年，第 93 页。

③ 张怡祖编：《张季子九录（教育录）》，文海出版社，1983 年，第 1558 页。

④ 《东抚周中丞蒙学简要教条三则》，载《大公报》，1904 年 4 月 27 日，1904 年 4 月 28 日。

⑤ 《讲求普及教育法论》，载《大公报》，1906 年 12 月 2 日。

⑥ 《体育杂感》，载《大陆》，1904 年第 11 期。

4.进入教科书的"德育、智育、体育"

1904 年，德育、智育作为教育学课程的主要内容被写入《奏定师范学堂章程》，成为后来规范教育学内容的主要依据："教育原理，当讲明心理学之大要，及中国现在教育之宗旨，及德育智育之要义，并讲辨学（日本名论理学）及教授法之大要。"①

日本自明治维新起，其教育学界多崇尚赫尔巴特及其学派的教育学，许多教育学研究者把赫尔巴特及其学派的教育学融入自己的教育学著述中。清末国人所引进的教育学讲义、教科书大多都是赫尔巴特教育学的"目的—手段"模式的思路，②极少以"德育、智育、体育"为体系。偶有教科书单论各育，如立花铣三郎讲述、王国维翻译的《教育学》——国人引进的第一本教育学的全译本——其第二编为"教育之原质"，共三章，体育；智育；实际教育。③涉及体育、智育，却未及德育。亦有教科书兼论数育，包含此三育，如 1903 年由北京大学堂官书局出版的《垤氏实践教育学》（"垤氏"系奥地利教育学家 Lindner，Gustav Adolf，现译为林德纳），如陈黻宸在序中所言："垤氏此书列篇凡六首，二篇论体育，三篇论智育，四篇论情育美育，五篇论德育，六篇论教育通则，而于智育、情育、美育三者反覆指陈，而恐其为德累，则垤氏又注重德育者也。"④这两种情况并不多见，其影响也远不如三育论。

1906 年 3 月，学部咨文各省，"本部拟将中小学堂各种教科书及教授法参考书等详加审定，择其善者颁发各省，以便画一学制。凡书肆已印成之本及私家编辑稿本均可随时邮寄本部呈请审定"⑤，建立教科书审查制度。而

① [日]多贺秋五郎：《近代中国教育史资料（清末编）》，文海出版社，1976 年，第 329 页。
② 瞿葆奎：《教育学的探究》，人民教育出版社，2006 年，第 476 页。
③ 立花铣三郎讲述：《教育学》，王国维译，教育世界社，1901 年。
④ [奥]垤斯弗勒特力撰：《垤氏实践教育学》，[日]藤代祯辅译，[日]中岛端重译，北京大学堂官书局，1903 年。
⑤ 《学部示文来津》，载《大公报》，1906 年 3 月 10 日。

"教育学我国向无专家教科之书，亦无审定颁行之本"①，所以，教育学教科书的审查，除了《奏定学堂章程》的规定，审查人员认定的"公论"就显得极为重要。1910 年，《学部官报》发布《商务印书馆经理候选道夏瑞芳呈初级师范学校教科书教育学等四种俟改后再呈审定批》："查初级师范学校教科书《教育学》所论甚是，惟直译东文处，词句多欠修饰，应加删改。又自来教育学家多分体育、心育为二大部，心育中更别为德育、智育两门，故亦有分养护、训练、教授为三者。唯海尔巴特派之学说，不言体育。此书于体育未一言及，或即本之海氏。然为普通参考或教科书起见，自以兼言三育为宜"，"俟改正后再呈审定"。② 商务印书馆的这本初级师范学堂教育学教科书，应为吉田熊次著、蒋维乔译的《新教育学》。这时学部对于教育学教科书中应讲授的内容的评判，已经不单单是以《奏定学堂章程》中的规定去规范，而有了学理依据，对教育学说的流派也有了一定的了解。学部以体育、德育、智育的三分法为正宗，以"养护""训练""教授"能与其对应而给予"合法地位"。同时可以看出，德育、智育、体育三育论在中国已经获得了在官方、民间乃至学界毋庸置疑的"公理"地位。

以目前学界的公论，"德育、智育、体育"三育思想源于斯宾塞，同时默认中国"德育、智育、体育"是通过严复译自斯宾塞。事实上，19 世纪下半期，斯宾塞的教育思想在日本、美国都有很大影响，中国接受"德育、智育、体育"的途径，并不是唯一的，这一组概念在中国大行其是的影响因素是多方面的。中国传统教育中有类似德、智、体的分野（尽管有"后见之明"的嫌疑）；1895 年以来，斯宾塞的教育思想经由严复的《原强（修订稿）》被释为"鼓民力，开民智，新民德"而爆得大名，影响了一大批国人；戊戌时期，中日的教育交往频繁，以"德育、智育、体育"对应斯宾塞教育

---

① 《咨覆两江总督宁属初级师范学堂学生仍须五年期满准毕业其第十学期应使实地练习以补从前所缺文》，载《学部官报》，1910 年第 131 期。

② 《商务印书馆经理候选道夏瑞芳呈初级师范学校教科书教育学等四种俟改后再呈审定批学部官报》，载《学部官报》，1910 年第 134 期。

思想的单词，作为"日语借词"进入中文；戊戌之后，随着中国对日考察的增多，"德育、智育、体育"的三育分法作为日本重要的兴学经验被中国知识阶层奉为圭臬，频繁出现在严修、张謇、张之洞等大员的公文、奏折和章程中，成为国人耳熟能详的教育"术语"。"术语"流行后，又反过来整合严复的"鼓民力，开民智，新民德"，借助于《原强》的逻辑思路，将"德育、智育、体育"的影响范围进一步扩大。壬寅学制、癸卯学制以及后来的教科书审查制度，成功地完成了"德育、智育、体育"在中国教育理论体系中制度化、权威化的过程。

与上述各种因素相应，20世纪初国人对"德育、智育、体育"的理解和使用比较复杂。用"德育、智育、体育"论说教育问题的人，并不见得读过斯宾塞或对教育理论有什么深刻的了解，这么说、这么用的人，可能是读过斯宾塞，可能是直接受日本兴学经验影响，可能是真心以为是"我前事之师"，可能是道听途说人云亦云。不管其思想资源构成如何，在"救亡图存"的压力之下，"德育""智育""体育"以其字面意思凭个人理解流行于世，传播的人无论是深有所感或道听途说，都颇以为然，此六字便也逐渐成为国人言说教育问题的流行话语。于是，三育论不仅成为"强国"的一环，也是国人理解、议论、分析教育问题的理论工具，同时，还是实施教育的方法。这种情况并没有得到及时的澄清，反而在实践中得到强化，直到今天。

近代以来便流行的新概念、新名词，它们的含义，往往与中国的社会历史情境、时代问题紧密相连，它们的流行，往往是蕴含其中的新意义、新内涵所带来的影响力的社会化。现在，我们仅仅从理论层面进行辨析并不足以充分解读这些饱受古今中外影响的"老概念"，必须要回到历史的语境，方能读出其中独特的中国含义，建立中国的教育学概念体系。

二、《大公报》中的教育议论

自甲午战后，循着"强国家—造人才"的逻辑，"兴学堂"成为知识界的共识。在"教育"一词未兴之前，各种文本在论述教育问题常用的口号是"兴学育才"。如盛宣怀在《拟设天津中西学堂章程禀》所说:"自强之道,以作育人才为本。求才之道,尤宜以设立学堂为先。"① 新政之后,随着"教育"一词的普及,"兴教育"成了新的口号。

1904年6月,《大公报》刊布一篇题为《教育为立国之本》的论说:

> 今日之世界,竞争之世界也。物相竞争,优胜劣败,固天演之公例。而我中国不克优胜于世界者,其故何在?在愚弱而已。何以愚?不学则愚也。何以弱?不智则弱也。既愚弱,自危亡。欲救危亡,非学不可。故竞争风潮剧烈之时代,即学术发达之时代。近日欧美之日臻于富强,互争雄于二十世纪者,亦由学校之盛而已。故学校者,教育之地,人才所出之渊薮也。凡国家欲求存立,必以兴学校、隆教育为根本。……教育者,国家之基础,社会之枢纽也,先明教育然后内政外交文修武备工艺商业诸端始能运转,自由操纵如意。②

又如1904年的另一篇论说文《兴教育以养民为基说》:"今之关心时局者,见东西洋之日竞强盛,吾中国之日益衰弱,大都归咎于国民智识之不开,教育之不立,以致社会不见纯良,团体不能固结,而事事物物举皆退处人后,利益尽失而卒无收回之日焉。"③

类似的论述几乎在每篇论及教育的文章中都能看到。"兴教育"的出发点和立足点仍是挽救国家危亡。这时候"兴教育"已经是举国公理,关键是兴什么样的教育、怎么兴教育。教育之学亦随之被舆论界关注。

伴随着新学堂的建立,问题亦随之而来。一方面,维新开明人士仍在大力鼓吹建立新学堂,对"改换书院匾额每月仍考试策论""变易义塾名目每

---

① 舒新城:《中国近代教育史资料(上)》,人民教育出版社,1961年,第138页。
② 《教育为立国之本》,载《大公报》,1904年6月18日。
③ 《兴教育以养民为基说》,载《大公报》,1904年4月19日。

月仍教授经书"①的现象表示愤慨并冷嘲热讽；另一方面，新学堂设立之后并不如人意，设"有形式无精神之科目"②，学生崇洋媚外，学潮频发，而遭到口诛笔伐，"腐败""黑暗"诸词接踵而至，甚至有说"学堂不兴则已耳，兴则亡国之祸较前又若加速者"，新学堂为"养汉奸"之所。③

这些批评的背后，都有一定的应然尺度。纵观《大公报》中有关的教育议论，关于教育学的看法基本表现出两种倾向。对于中国应如何学习外国教育，"教育如植树，然播瓜之种必不能得豆，植豆之种必不能得瓜，此一定之理也。今之志士愤国家之日衰，痛诸事之腐败，恨不尽举西洋之文明移而植于中国。虽然此在各种物质上之学科，若尽数输入未始不为文明之助，而独至教育一科，各国有各国之历史，各国有各国之种族，各国有各国之本原。若不察其原，徒张冠李戴，削足适履，微论其处处牴牾也。将恐造成之人才必至崇拜外国而蔑弃祖国固有之特色，其弊害将来岂有涯既哉！今欲改良教育，必就本国固有之文明奋挥表扬，以立其大本，然后再立定一定之宗旨，举所设之学科悉趋于此点。"④主张教育改革要立足本国，教育之学的学习也要就"本国固有之文明奋挥表扬"。教育一科不同于"各种物质上之学科"，而具有价值倾向。

另外，舆论还常以"东西各国之学堂，其管理人员多以精通教育学者为之"⑤为依据，指责中国学堂的管理人员头脑冬烘，不通教授管理之学。学界中人则对学堂的学科设置、教授方法颇多非议。以某种教育学知识为依据，比如"大凡学校成立之要素有三（应为四，原文如此）：一曰学科之配置，二曰教授之得法，三曰管理之得人，四曰学生之人格。四者缺一则不足以为学校"⑥，对中国教育现实进行批判、分析。这些"依据"通常也能折射出国

---

① 《论中国教育宜急图改良之法》，载《大公报》，1904 年 12 月 10 日。

② 《论中国教育宜急图改良之法》，载《大公报》，1904 年 12 月 10 日。

③ 《痛哭中国学界之前途》，载《大公报》，1905 年 2 月 26 日。

④ 《论中国教育宜急图改良之法》，载《大公报》，1904 年 12 月 11 日。

⑤ 《痛哭中国学界之前途》，载《大公报》，1905 年 2 月 26 日。

⑥ 《痛哭中国学界之前途》，载《大公报》，1905 年 2 月 26 日。

人的教育学认知：教育学作为"学"能对现实的教育进行指导。

《大公报》言论一栏还有推介教育研究经验的文章，如《校长宜善用赏罚之术》，"此件为奉省学务处颁定小学校管理纲要之一种，以其尤关于蒙小各学，故特录之，以备研究教育者之采择云"；[①]"留美学生"稿《讲求普及教育法论》被记者评为"此论平易切实，亟录之以为研究教育者之一助云"。[②]这大约都算是当时的"教育研究"文章。

清末的"教育议论"并不是理论形态的教育学术，而是直接针对中国现实问题，发表议论。它们体现的是清末的知识人对他们的时代教育问题的感知，从中也可构建出教育学术在中国生长的文化"生态环境"。可以肯定的一点是，"教育学大众"并不是"教育学家"，也不是"教育实践家"。他们作为那个时代的当事人和观察者，将教育置于一幅由生理的、心理的、社会的、文化的、伦理的、经济的、政治的以及制度的等因素共同构成的画面中，就自身的经验和知识结构对教育现象和教育问题发表议论。或许这也算是早期的中国教育实践"研究"，只是缺乏专题性的深入评析。正如民国时期方惇颐总结的："我国在前清兴办新教育以前，根本没有把教育当作一种专门的研究，即使对于教育的理论和方法有所主张，也无非由各人观察点中演绎出来罢了。自从废科举兴学校以后，在学制方面直接抄袭日本，间接抄袭德法，教育学说方面也不外乎海尔巴脱的学说及其五段教学法而已。"[③]这些教育议论的作用也确不在于建立现成的理论体系，中国现代教育学术恰是在这样的社会、文化"生态环境"中、在舆论与制度的互动中踯躅前行，逐步生发出中国的教育学。

现代"教育"概念，是19世纪90年代之后伴随着西方国民教育体系的介绍及日本书籍的翻译而逐渐流行的。它理所当然地被定位在学校教育的层面上。

---

① 《校长宜善用赏罚之术》，载《大公报》，1906年6月2日。

② 《讲求普及教育法论（三续）》，载《大公报》，1906年12月4日。

③ 方惇颐：《现代教育研究的演进及其趋势》，载《广东教育》，1946年第1卷第2期，第24—27页。

与"教育"传统含义及现代含义相应，国人理解的教育学一方面是为教师职业训练所用的"教育弟子之法"的学问，一方面是关于学校教育的学问。这就先天地决定了中国现代教育学为国家富强所用、为教师职业训练所用的历史命运。

第二章　资治与育才：教育制度中的教育学

西方学术界历来对教育理论作二重划分，即"理论教育学"和"实践教育学"。其中"理论教育学"专指"科学"的教育学或"教育科学"。[①] 但在教育学传入中国之初，这种区分并不那么明显。教育是一种社会实践活动，作为以教育为研究对象的教育学来说，也无法离开社会的制约而存在。教育学作为一门外来学科在一个国家的传播，不仅仅取决于这一学科本身，同时还要受到特定社会背景和传统文化背景的制约。这种影响并不是依据哪国哪派既成的教育学理论，而是国家意志的自然加载。教育学的引进与传播，与中国近代教育制度的建立相始终。

教育学在中国的引进和传播，虽然直接表现在文本知识上，但究其深层次的原因，则跟社会传统、政治需要、文化心态等因素密切相关。需要阐明教育学术的引入及传播、生产机制与这些因素的相互关联，才能全面而深刻地理解现代教育学来到中国之初的历史境遇。

第一节　"新政"：从专制到立宪

1901年至1911年，清朝发动了一场大规模的政治变革，这就是通常所说的"清末立宪"和"清末官制改革"。清政府企图效法英、德和日本，变

---

① 陈桂生：《中国教育学问题》，福建教育出版社，2007年，第25页。

君主专制为君主立宪，通过政治制度的变更，实现王朝的自我挽救。^①1901
年 1 月，流亡西安的慈禧太后谕令军机大臣、大学士、六部九卿、出使各国
使臣、各省巡抚，"各就现在情形，参酌中西政要，举凡朝章国故、吏治民
生、学校科举、军政、财政，当因当革、当省当并，或取诸于人，或求诸
己，如何而国势始兴？如何而人才始出？如何而度支始裕？如何而武备始
修？各举所知，各抒所见，通限两个月，详悉条议以闻。"^②接着恢复"1898
年改革纲领"。1901 年 4 月，清政府设立督办政务处，作为变法和改革的领
导机构，任命奕劻、李鸿章、荣禄、王文韶、鹿传霖为督办大臣，两江总
督刘坤一、湖广总督张之洞为会办大臣，开始了清末十年的政治制度改革。
1901 年 9 月，诏令各省、府、直隶州及各州、县各将书院改设大、中、小
学堂。^③事实上，在 1901 年—1904 年间，清政府所实行的变法、改革，始
终"未出戊戌变法之范围"。指导思想既不明确，其"改政"也始终"未逾
救弊补偏"的范围，改革成效微不足道。这一阶段的改革，只是 1905 年—
1911 年间大规模改革的前奏。1904 年后，受日俄战争的刺激，清政府决定
效法西方、日本，改君主专制为君主立宪。^④

　　促使清政府把 1901 年开始的改革升级，同 1904 年—1905 年日俄战争
的刺激以及日俄战后列强加深对华侵略的严峻形势有关。1904 年—1905 年
间，日俄两国为了争夺中国东北，在中国土地上交战。战争初期，西方报纸
就指出"此战非俄日之战也，乃立宪、专制两治术之战也"^⑤。日胜俄败的结
果证实了西方的预言。这一结果对于当时正在寻求民族独立的中国，再次产
生了强烈的刺激，一时"立宪"二字，产生了极大魅力。日俄战争后，俄国

---

① 谢俊美：《政治制度与近代中国》，上海人民出版社，2000 年，第 284 页。

② 中国第一历史档案馆：《义和团档案史料》，中华书局，1979 年，第 944 页。

③ 《光绪二十七年八月初二日谕于各省、府、直隶州及各州、县分别将书院改设大、中、小
　学堂》，见陈元晖主编《中国近代教育史资料汇编之学制演变》，上海教育出版社，1991 年，
　第 6 页。

④ 谢俊美：《政治制度与近代中国》，上海人民出版社，2000 年，第 284 页。

⑤ 黄鸿寿：《立宪本末》，上海文明书局，1915 年，第 7 页。

宣布预备立宪，进一步激起了中国社会要求立宪的舆论。"立宪"为振兴中国的当务之急，在一定程度上成为舆论共识。①在朝野的强烈呼吁下，慈禧太后终于同意立宪。1905 年 11 月，督办政务处筹建立宪大纲，成立政治考察馆，并命载泽、戴鸿慈、端方、李盛铎、尚其享为首批考察大臣，分两路前往欧美、日本等国考察，从而拉开了立宪的序幕。②1906 年 7 月，慈禧太后下诏宣布"预备立宪"。"预备立宪"虽然要"俟数年后规模粗具，查看情形"才能兑现，但对国内外的立宪派毕竟是个鼓舞。于是他们纷纷组织团体，为"立宪"需要的各种基础积极做作准备。开民智是行宪政的重要基础。基于此，官制改革之外，教育制度的改革亦为重中之重。

清末教育制度的改革本也是政治制度改革的重要部分。19 世纪英、德、法、美各国的教育制度和教育学说"首推德国"。19 世纪初，拿破仑以兵力横扫欧洲，普鲁士在法国面前屡遭败绩。之后普鲁士在政治、军事、教育等各方面进行变革。在教育方面，意识到"欲保存国粹，非有道德坚确、意志强固之民不为功。丁是不趋重理论，注重实行国家教育，普及教育、社会教育于以发迹。其教育尤以授人生活上必须之智识技能以养成人能自立处世为要旨。此后教育以德育、智育、体育三者平均发达为主旨。普通教育广行诸邦，初等教育概用强迫，必使国无不被教之民而后已"。凭借教育养出的"少年国民"，1870 年到 1871 年，普鲁士在普法战争中获胜，一雪前耻。德意志的国民教育制度和理论遂为各国仿效。"国之强弱，系乎民智民德之发达"。各国亦认为"德国之国民教育实为强国导线"。"今世各国教育，皆趋向德制者"，以国民教育为强国利器。"普之败法，此力为多；法采其制，亦不失为强国；英美采之，故能雄长世界""日本复以之雄视东亚"。③19 世纪由国家力量主导建立现代国民教育体系以达到国家富强，在一定程度上成为

---

① 《读振兴中国何者为当务之急论书后》，载《大公报》，1905 年 4 月 27 日。

② 谢俊美：《政治制度与近代中国》，上海人民出版社，2000 年，第 285—288 页。

③ 孟世杰：《论近世纪以来英德法美教育学说之变迁及其特色（续前）》，载《教育周报》，1915 年第 89 期，第 1—11 页。

西方各国的共识。德国的经验使各国意识到：政府为各阶级人民利益所领导和提倡的教育与文化事业，是至关重要的；这种教育与文化事业大有助于国家本身力量的发展，甚至使之成为军事或经济的强国。[①] 清末的教育制度变革直接学习日本，间接学习德国的军国民教育体系。

与政治制度变革的起伏相一致，教育领域的变革也可以 1904 年《奏定学堂章程》的颁布为界。1904 年之前，虽明令改革，但实际未建立全国实行的学制，各省兴学各自为政，步伐有先后；《奏定学堂章程》颁布以后，以法令形式颁行全国统一的学制，各地兴学"有法可依"，尤其是科举废除、学部成立之后，国家对于学务的长期思维与经验以教育行政体系与学制体系配套结合的方式确定下来。

第二节 《江楚会奏》对教育学的影响

如前所议，新政初期是恢复"1898 年改革纲领"。[②] 如任达所言，1898 年的百日维新运动与其说是失败的，毋宁说是中国经受了一次世纪之交的转变，是"从传统走向现代"的第一大跨越。在不少重要方面，保守的改革努力都取得了成就。而 1901 年"新政"虽意在寻求外国知识以加强皇权、维持统治，但它所完成的，恰恰是帝制后中国所要做的事：向外部世界发出中国开放精神的信号。[③] 基于此，改良成为主流，朝野人人"欲避顽固之名"，维新成了时髦的名词。在教育领域的改革尤其如此。1901 年 9 月，清廷诏

[①] ［德］鲍尔生：《德国教育史》，腾大春、腾大生译，人民教育出版社，1986 年，第 183 页。

[②] ［美］李约翰：《清帝逊位与列强》，孙瑞芹等译，生活·读书·新知三联书店，1983 年，第 16 页。

[③] ［美］任达：《新政革命与日本——中国，1898—1912》，李仲贤译，江苏人民出版社，2006 年，第 16 页。

令各省、府、直隶州及各州、县各将书院改设大、中、小学堂，发展新教育。[①]并在诏书发布后严责各省督抚："目击时艰，当知变法求才，实为当今急务。其各懔遵迭次谕旨，妥速筹画，实力奉行，即将开办情形详细具奏。如再观望迁延，敷衍塞责，咎有攸归，不能为该督抚等宽也。"[②]以示朝廷真心兴学。新式学堂以其"新"获得了"话语权"。改革已是大势所趋，各地纷起兴学。

一、《江楚会奏变法三折》

1901 年 1 月，清廷发布变法上谕要求各级官员上变法条陈，湖广总督张之洞、两江总督刘坤一基于湖北、两江的经验，会衔连上三折，奏请变法。后合刻为《江楚会奏变法三折》。第一折提出参考古今，会通文武、育才兴学者四：设立文武学堂；酌改文科；停罢武试；奖励游学。第二折提出中法必应变通整顿者十二：崇节俭；破常格；停捐纳；课官重禄；去书吏；考差役；恤刑狱；改选法；筹八旗生计；裁屯卫；裁绿营；简文法。第三折提出西法必应兼采并用者十一：广派游历；练外国操；广军实；修农政；劝工艺；定矿律、路律、商律及交涉刑律；用银元；行印花税；推行邮政；官收洋药；移译东西各国书籍。清廷以其所奏"事多可行，即当按照所陈，随时设法，择要举办"。此后清廷所行新政，大多未逾此会奏三折范围。其中关于教育制度变革的建议，直接影响了近代教育学在中国的引入和传播。

大量中小学堂的建立，面临一系列问题，其中最急迫的是需要大量具有新教育背景的师资。张之洞、刘坤一提出如下解决方案："天下州、县皆立学堂，数必逾万，无论大学、小学断无许多之师，是则惟有赴外国游学一

---

① 《光绪二十七年八月初二日谕于各省、府、直隶州及各州、县分别将书院改设大、中、小学堂》，见陈元晖主编《中国近代教育史资料汇编之学制演变》，上海教育出版社，1991 年，第 6 页。

② 《光绪二十八年二月初二日谕于各省妥速筹划学堂并将开办情形详细具奏》，见陈元晖主编《中国近代教育史资料汇编之学制演变》，上海教育出版社，1991 年，第 8 页。

法。查外国学堂法整肃而不苦，教知要而有序，为教师者类皆实有所长，其教人亦有专书定法。凡立一学，必先限定教至何等地位，算定几年毕业，总计此项学业共须几年，若干时刻方能教毕，按日排定，每日必作几刻工夫，定为课程，一刻不旷，如期而毕，故成效最确，学生亦愿受教。而教法尤以日本为最善，文字较近，课程较速；其盼望学生成就之心，至为恳切"，"宜专派若干人入其师范学堂，专学师范，以备回华充各小学、中学普通教习"。① 此外，"欲采取各国之法，自宜多译外国政术、学术之书"，故应"多译东西各国书"。并提出译书三法："一令各省访求译刻，译多者准请奖。然经费有限，书不能多也。一请明谕各省举贡生员，如有能译出外国有用之书者，呈由京外大臣奏闻，从优奖以实官，或奖以从优虚衔，发交各省刊行，如此则费省矣。然外国要书，流播入中国者无几，不能精也。一请敕令出使大臣，访求该国新出最精最要之书，聘募该国通人为正翻译官，即责令所带随员学生助之"，并对留学生译书有硬性规定："限三年之内，每人译书若干种，每种若干字，回华缴呈，不得缺短；缺短及过少者，不准保举。"②

这些建议随着《江楚会奏变法三折》流传，成为各省兴学的重要参考。从某种意义上说，这些建议决定了现代教育学引入中国的方式：取道日本、以翻译讲义和教科书为主。而实际上，1904 年前，湖北、湖南、四川、直隶、江苏、浙江、山东等省，较早派学生赴日习速成师范；留日学生亦积极翻译讲义、教科书。国内也为译书而奔忙。对留日学生来说，这种规定译书任务的方式，势必使翻译的质量很难保证。

二、教育学为师范学堂必修课成为共识

基于张之洞在湖北的兴学实践，其对教科书极为重视。1901 年 11 月张

---

① 张之洞，刘坤一：《会奏变法自强第一疏》，见陈元晖主编《中国近代教育史资料汇编之学制演变》，上海教育出版社，1991 年，第 19—20 页。

② 张之洞，刘坤一：《会奏变法自强第三疏》，见陈元晖主编《中国近代教育史资料汇编之学制演变》，上海教育出版社，1991 年，第 23 页。

之洞致罗振玉信中说："连日与仲弢（黄绍箕）、念劬（钱恂）谈编教科书，此教育之根基，关系极重，著手极难，非亲往日本以目击为考定不可，似非专恃购来图书所能模仿。鄙人极注重于此，欲请阁下主持，率四五人如陈士可等，即日东渡，竭数月之力，见实事，问通人，创立稿本。回鄂后，鄙人再以全力速编成书，则期速而书适用。"① 于是1901年底，罗振玉以江楚编译局襄办身份，携湖北两湖书院监院刘洪烈，湖北自强学堂教习陈毅、胡均、田吴炤、左全孝、陈问咸等人赴日考察学务。罗振玉的任务是"考求中小学堂普通学应用新出教科书，董理编译事宜"；陈毅等五人的任务是广泛采访购买日本的"普通学"教科书，藉以编纂本国的教科用书，并详细考察日本各级学校；刘洪烈的任务是"考究教法、管学两事暨访购书籍"。② 1902年3月，罗振玉等考察回国后，将考察笔记《扶桑两月记》及亲自撰写的《日本教育大旨》《学制私议》交由教育世界社出版。其中《日本教育大旨》是他对日本教育的概括和总结。其中明确指出："师范之必修学科，曰教育行政，曰管理法，口教授学，曰教育学，曰教育史，此无论本科速成科均不可废者，因必明此数者，然后有师范资格也。"③ 强调教育学诸学科在师范学堂中的特殊地位。

罗振玉此行广受关注，并且影响很大。据罗振玉致父亲"尧钦公"信中提道"儿此次在鄂，承南皮宫保接见五次，学务一切顺手，并嘱于署学务处，为幕府及各学堂提调教习与守令演说教育事十天，所拟教育制度允商江督会奏，请颁行天下。到宁以后，新宁宫保以病卧不能接谈，由其幕府施君传语，亦深以此事为然"④，可见其中见解深得张之洞、刘坤一的赞赏。在湖

①　张之洞：《致上海罗叔芸（振玉）》，见陈元晖主编《中国近代教育史资料汇编之学制演变》，上海教育出版社，1991年，第116—117页。

②　张之洞：《札罗振玉等前赴日本编译教科书并派刘洪烈考察教法、管学事宜并咨会出使日本大臣》，见《张之洞全集（第六册）》，河北人民出版社，1998年，第4155—4156页。

③　罗振玉：《日本教育大旨》，见吕顺长主编《教育考察记（晚清中国人日本考察记集成）》，杭州大学出版社，1999年，第235页。

④　罗继祖：《庭闻忆略：回忆祖父罗振玉的一生》，吉林文史出版社，1987年，第32—33页。

北，张之洞不仅亲自听取汇报，还令罗振玉及其随行人员在总督府设讲座，为学务处官吏、地方官员、学堂教习等做报告，历时十几天。可以想象，罗振玉的考察成果不仅给张之洞和刘坤一留下了深刻印象，并且对当时关心教育的社会各界人士都产生了影响。

罗振玉带回的日本师范学堂的经验，也在早期师范学堂中得到贯彻和推广。1902 年 4 月，张之洞于武昌创办师范学堂，以梁鼎棻为监督，陈毅、胡钧为堂长，规定"师范课程，除普通学外，另外教育学、卫生学、教授法、学校管理法等科"[①]；1902 年，张謇在《通州师范学校章程》中规定"教育"课程包含教育史、教育学、教授管理法、教育管理实习等。这两所设立比较早的师范学校的创办者都与罗振玉保持着密切的联系，并都对罗振玉的考察结果抱有期望。1901 年底张謇筹建通州师范学堂，给缪荃孙的信中提道："师范不立，不特教法不齐，即管理法亦无从取，则恐非计之得。叔韫（即罗振玉）不日即反，至省即可订定，订后由江、鄂会奏，即亦不迟"（在此说的江鄂会奏，即张謇原本打算联合湖广总督张之洞、两江总督刘坤一上奏的以罗振玉所拟学制为蓝本的学制章程，后由于两江督署中胡延及吴重喜阻挠而未果。[②] 但罗振玉日本教育考察的影响在后来的《奏定学堂章程》中得以体现）。[③] 可以说，罗振玉的考察报告是这两所师范学堂课程设置的主要依据，而它们的学堂章程、课程设置又是后来设立的师范学堂的学习模板。于是自 1902 年以后，"教育学"明确了在师范学堂中的"必修课"地位。其后1904 年的《奏定学堂章程》中《初级师范学堂章程》规定："初级师范学堂与中学堂入学学生，学力相等，故学科程度亦大略相同。惟初级师范学堂著重在教育学，故特增此科，其钟点除经学外为最多，乃中学堂所无"。[④] "教

---

① 《光绪二十八年（1902）四月湖广总督张之洞在武昌创办师范学堂》，见朱有瓛，高时良主编《中国近代学制史料（一辑下）》，华东师范大学出版，1983 年，第 988 页。

② 罗继祖：《庭闻忆略：回忆祖父罗振玉的一生》，吉林文史出版社，1987 年，第 25 页。

③ 顾廷龙点校：《艺风堂友朋书札（下）》，上海古籍出版社，1980—1981 年，第 567 页。

④ ［日］多贺秋五郎：《近代中国教育史资料（清末编）》，文海出版社，1976 年，第 326 页。

育学"课程成为初级师范学堂与中学堂不同的标志而被特别强调。

中国创办师范教育之时，恰逢赫尔巴特学派教育学风靡于全世界之后，所以中国师范学堂的课程，自创办之日起就强调必修教育学科。还规定师范学堂必须设附属学校，供师范生实习，研究普通教学方法，促进教育进步，作为其他普通学堂的模范。同时师范学堂负有研究普通教育的责任。基于这种认识，教育学作为日本师范学堂的必修课，进入中国人的视野。在接下来的留学日本学师范的热潮中，引进货真价实而又实用的"教育学教科书"，成为各省的主要目标之一。作为师范学堂的教科书，是中国引进教育学的最大动力。

第三节 《奏定学堂章程》对教育学的规定

1904年，清政府颁行了由张百熙、张之洞、荣庆等奏拟《奏定学堂章程》，也称"癸卯学制"。它包括《学务纲要》《大学堂章程》(附《通儒院章程》)《优级师范学堂章程》《初级师范学堂章程》《实业教育讲习所章程》，以及《各学堂管理通则》《任用教员章程》《各学堂奖励章程》等。这是中国近代第一个以教育法令公布并在全国实行的学制。癸卯学制受湖北兴学经验影响极深，这已为国内外学术界所公认。[①] 相对《江楚会奏三折》，经过几年的兴学实践，张之洞将其湖北兴学经验更加细致地附加在《奏定学堂章程》中。

一、《学务纲要》对兴办师范学堂的经验推广

相对《钦定学堂章程》(壬寅学制)，《奏定学堂章程》更为切实，有较强的现实针对性。这种倾向和语气在《学务纲要》中体现得尤为明显。其总

---

① 董宝良：《从湖北看中国教育近代化》，广东教育出版社，1996年，第184—186页。

目中列有几十条细碎的小分目，各个之间并没有环环相扣的逻辑关系，多是针对 1901 年兴学以来出现的现实问题及可能出现的问题进行批评指导，对"如何"着手兴学事无巨细，循循善诱。

> 全国学堂总要：京外大小文武各学堂均应钦遵谕旨，以端正趋向，造就通才为宗旨，正合三代学校选举德行道艺四者并重之意。各省兴办学堂，宜深体此意，从幼童入初等小学堂始，为教员者，于讲授功课时，务须随时指导，晓之以尊亲之义，纳之于规矩之中。……外国学堂于智育体育外，尤重德育，中外无二理也。[①]

在"大小各学堂各有取义"一条，给师范学堂的定位是"师范学堂意在使全国中小学堂各有师资。因为各项学堂之本源，兴学入手之第一义"。基于这样的定位，"宜首先急办师范学堂"一条，督促各省速办各级师范学堂，并建议举办方法：

> 学堂必须有师，此时大学堂、高等学堂、省城之普通学堂犹可聘东西各国教员为师，若各州县小学堂及外府中学堂，安能聘许多之外国教员乎？此时惟有急设各师范学堂。初级师范，以教初等小学及高等小学之学生，优级师范，以教中学堂之学生及初级师范学堂之师范生。省城师范学堂，或聘外国人为教员，或辅以曾学外国师范毕业之师范生。外府师范学堂，则止可聘在中国学成之师范生为教员。查开通国民智识，普施教育，以小学堂为最要，则是初级师范学堂，造就教小学之师范生，尤为办学堂者入手第一义。特是各省城多有已设中学堂、高等学堂者，势不能听其自出心裁，致误将来成材之学生。则优级师范学堂，在中国今日情形，亦为最要，并宜接续速办。各省城应即按照现定初级师

---

① [日]多贺秋五郎：《近代中国教育史资料（清末编）》，文海出版社，1976 年，第 209 页。

范学堂、优级师范学堂及简易师范科、师范传习所各章程办法，迅速举行。其已设有师范学堂者，教科务改合程度，其尚未设师范学堂者，亟宜延聘师范教员，早为开办。若无师范教员可请者，即速派人到外国学师范教授管理各法，分别学速成科师范若干人，学完全师范科若干人。现有师范章程刊布通行，若有速成师范生回国，即可依仿开办，以应急需。而立规模，俟完全师范生回国，再行转相传授，分派各府县，陆续更换，庶不致教法茫然，无从措手，务期首先迅速举行，渐次推广，不可稍涉迟缓。

各省的师范教育体系应包括初级师范学堂、优级师范学堂及简易师范科、师范传习所，并且各级师范均应学习教育学及教授管理各法。这以制度的形式保证了教育学作为一门课程在中国传播的广阔空间。各级师范的大规模建立，在学部成立之后得以实现。1906 年，学部发《通行各省推广师范生名额电》。

> 各省将军督抚鉴：方今振兴教育以小学堂为基础，而教员亟须养成，故师范尤要。应请迅将省城师范名额尽力推广，至少设一年卒业之初级简易科生五百人，以养成小学教习，并设二年卒业之优级选科生二百人。选科中分四类，一历史地理，二理化，三博物，四算学。每类学生五十人，以养成府立师范学堂、中学堂教习。并须设五个月卒业之体操专修科，授以体操、游戏、教育、生理、教授等法，名额百人，以养小学体操教习。至如何筹办，先请电示其游学预备，如未设立，暂可从缓。现在请以全力注重师范。五个月内本部当派视学官分省巡视。①

---

① 《通行各省推广师范生名额电》，载《学部官报》，1906 年第 1 期。

四川、山西、陕西、江苏、闽浙、浙江、云贵、河南、广西、江西、新疆、贵州、黑龙江、吉林等，均回电学部汇报本地初级简易科、优级选科、体育专修科等人数和开办情形，除了新疆、黑龙江等边远地区，大部分省份均按要求建立了优级师范学堂、初级师范学堂及简易师范科、师范传习所等各级师范教育机构。

《学务纲要》还提出，各省办理学堂员绅宜先派出洋考察。

> 学堂所重不仅在教员，尤在有管理学堂之人。必须有明于教授法、管理法者，实心从事其间，未办者方易开办，已办者方能得法，否则成效难期，且滋流弊。各直省亟宜于官绅中，推择品学兼优，性情纯挚而平日又能留心教育者，陆续资派出洋，员数以多为贵。久或一年，少或数月，使之考察外国各学堂规模制度及一切管理教授之法，详加寻访体验，目睹外国教习如何教，生徒如何习，管理学堂官员如何办理，回国后分别派入学务处。暨各学堂办事方能有实效而无靡费。欧美各国道远费重，即不能多往，而日本则断不可不到。此事为办学堂入门之法，费用万不可省。即边瘠省份，至少亦必派两员，若仅至日本考校半年，所费尚不甚巨。倘不若此举入手，恐开办三四年，耗费数万金，仍是紊杂无章，毫无实得也。其边省不能多派官绅出洋考察学务者，亟宜广购江楚等省已经译刊之教育学、学校管理法、教育行政法、学校卫生学、师范讲义、学务报、教育丛书等类，颁发各属。俾从事学务之人，考究研求，则所办学堂不致凌杂无序，亦不致枉费师生功力，庶较胜于冥行歧误者。①

这一条基于教育改革实践，只耳闻不行，要去"目睹"，"外国教习如何教，生徒如何习，管理学堂官员如何办理"。而如果没有机会目睹，也"亟

---

① ［日］多贺秋五郎：《近代中国教育史资料（清末编）》，文海出版社，1976 年，第 211 页。

宜广购江楚等省已经译刊之教育学、学校管理法、教育行政法、学校卫生学、师范讲义、学务报、教育丛书等类"。且不论其推荐的教育学、师范讲义及教育丛书内容如何，能否起到指导管理学堂之人如何办理学堂的作用，这其中一个潜在的前提是，管理学堂之人应该就这些书"考究研求"。这也就是说，教育学在中国传播的契机不仅仅是作为师范学堂的必修课，还是从事教育改革实践管理者的必读书。

从中可以看出，中国对教育学的期望，不仅要"育才"，还要"资治"。

二、各级学堂章程对教育学的规定

《大学堂章程》对各科大学的课程作了规定，其中，经学科大学须修习中外教育史（旁注：上海近有中国教育史刻本，宜斟酌采用。外国教育史，日本有书可用），① 政法科大学以"教育学"为随意科目（大约相当于我们现在所说的选修课），在入学第二年选修，文学科大学各门都以教育学为辅助课，在入学第一年修习。②

《优级师范学堂章程》规定：优级师范学堂以造就初级师范学堂及中学堂之教员、管理员为宗旨，以上项两种学堂师不外求为成效。

> 优级师范学堂之学科分为三节，一公共科，二分类科，三加习科。……加习科者，因分类科毕业后，自觉于管理法、教授法其学力尚不足用，故自愿留学一年，择有关教育之要端，加习数门，更考求其精深之理法。公共科凡初入学堂之学生均须学习，至加习科，可听学生之便。③

优级师范学堂第二年教育学讲教育理论及应用教育史；第三年讲教育

① ［日］多贺秋五郎：《近代中国教育史资料（清末编）》，文海出版社，1976年，第231页。
② ［日］多贺秋五郎：《近代中国教育史资料（清末编）》，文海出版社，1976年，第231—239页。
③ ［日］多贺秋五郎：《近代中国教育史资料（清末编）》，文海出版社，1976年，第314页。

史、各科教授法、学校卫生、教授实事练习、教育法令。① 其中加习科也涉及教育学。

> 加习科学科，凡为十科，一人伦道德，二教育学，三教育制度，四教育政令机关，五美学，六实验心理学，七学校卫生，八专科教育，九儿童研究，十教育演习。但教育演习缺乏亦可。修加习科者，于此诸科目所选修，须在五科目以上，不得过少。毕业时须使呈出著述论说，以考验其研究所得如何。②

《初级师范学堂章程》对教育学科的规定则更为细密。其中"初级师范教育总要"中规定，一切教育事宜，必应适合小学堂教员应用之教法分际；尊君亲亲，人伦之首立国之纲，必须常以忠孝大义训勉各生，使其趣向端正，心性纯良；孔孟为中国立教之宗，师范教育务须恪遵经训，阐发要义，万不可稍悖其旨，创为异说；国民之智愚贤否，实关国家之强弱盛衰，师范生将来有教育国民重任，当激发其爱国志气，使知学成以后，必当劝学诲人，以尽报效国家之义务。③

在"初级师范学堂分科教法"中规定"四教育学"的讲授次序及内容。

> 四教育学：先讲教育史，当讲明中国外国教育之源流及中国教育家之绪论，外国著名纯正教育家之传记，使识其取义立法之要略，但外国历代教育家，立说亦颇不同，如有持论偏谬，易滋流弊者，万万不可涉及。
>
> 次讲教育原理，当讲明心理学之大要，及中国现在教育之宗旨，及德育智育之要义，并讲辨学（日本名论理学）及教授法之大要。
>
> 次讲教育法令及学校管理法，当据现在之教育法令规则，讲学校建

---

① ［日］多贺秋五郎：《近代中国教育史资料（清末编）》，文海出版社，1976年，第315—316页。
② ［日］多贺秋五郎：《近代中国教育史资料（清末编）》，文海出版社，1976年，第321页。
③ ［日］多贺秋五郎：《近代中国教育史资料（清末编）》，文海出版社，1976年，第327页。

置、编制、管理、卫生、筹计经费等事宜，兼讲关系地方治理之大要。

次则实事授业，当使该师范学生，于附属小学唐练习教育幼童之法则，盖初级师范学堂，在解说小学教育之理法，不可过驰高远，以实能应用为主。[①]

1901年—1904年，中国所创办的师范学堂大部分都是"初级师范学堂"，对"优级师范学堂"很少涉及。《优级师范学堂章程》对优级师范学堂的规定更多还是停留在设计层面。其对教育学课程说明没有像初级师范学堂那样周到，仅列名称未说明程度。就其名称而言，与初级师范学堂并无二致。而其中提到的"加习科"在清末并没有开设。至于《大学堂章程》中对教育学的规定，应是从日本大学仿照过来的。[②]据《日本学校图论》及《东游丛录》等考察日本学校的结果，日本文科大学（如官立东京帝国大学）哲学科、国文学科、汉学科、国史科、史学科、言语学科、英文学科、独逸文学科、佛兰西文学科等九科均须在第二学年开设"教育学"，[③]早稻田大学国语科、汉文科、史地科、经济法制科都须修习"教育学"。[④]中国到1908年才开始着手筹办分科大学，所以《大学堂章程》中对教育学的设置，亦属设想。至于在分科大学创建之后，有没有教育学的设置，暂不可考。

《奏定初级师范学堂章程》可以看作是这段时间师范教育制度学习的经验总结。其规定的教育原理，应包括心理学之大要、中国现在教育之宗旨、德育智育之要义、逻辑学及教授法。并不仅仅依据当时已有的教育学教科书，而加载了中国的教育目的；1895年之后就成为流行教育话语的"德

---

① [日]多贺秋五郎:《近代中国教育史资料（清末编）》，文海出版社，1976年，第329页。

② [日]多贺秋五郎:《近代中国教育史资料（清末编）》，文海出版社，1976年，第227页。

③ 关庚麟:《日本学校图论》，见吕顺长主编《教育考察记（晚清中国人日本考察记集成）》，杭州大学出版社，1999年，第179—182页。吴汝纶:《东游丛录》，见吕顺长主编《教育考察记（晚清中国人日本考察记集成）》，杭州大学出版社，1999年，第327—334页。

④ 关庚麟:《日本学校图论》，载吕顺长主编《教育考察记（晚清中国人日本考察记集成）》，杭州大学出版社，1999年，第197—198页。

育""智育"也得以"登堂入室"，成为"原理"。初级师范学堂内的教育学服务于"实能应用"，而这种"应用"主要是基于国家立场，服务于国家统一思想之用、为国家培养教师的教学技能之用。"实能应用"也成了五花八门的教育学期望进入教育学"原理"体系的依据。

此后初级师范学堂的教育学讲授，大抵也是遵循着《奏定初级师范学堂章程》的规定。即使后来优级师范学堂教育学教师在教学生"如何讲授教育学"时，也强调要按照《奏定学堂章程》的要求来讲授。"教育学者，讲教育之原理，并指示其应用，使人明了于小学堂之教育者也。《奏定学堂章程云》：'讲教育原理当讲明心理学之大要，及中学现在之宗旨，及德育、智育之要义，并讲辨学'。讲教育学，除心理学、辨学之外，犹必借资于伦理学、社会学、史学、生理学等之知识以助之。其所讲之事项，即始由儿童之性质，渐及于教育之目的、方法、制度者。特讲教授法之时，则唯将教授之原理置之教育学之中。又若特讲教育法令及学校管理法之时，则于教育学之中，唯讲其制度之理论及管理法之原理可也。讲授教育学之次序，亦可循预备、授与、应用之三段"。[1] 其讲授内容、次序皆以《奏定学堂章程》的规定为出发点。

不管其合理性如何，《奏定初级师范学堂章程》以行政力量给中国的教育学内容划出了比较清晰的范围及操作标准，从而成为国家规范师范学堂教育学内容的主要依据。

---

① ［日］中岛半次郎讲述：《新编教育学讲义》，韩定生翻译，东京合资会社富山房发行，1911年，附录第6—7页。

第四节　预备立宪时期的教育舆论

1906 年，考察东西方政治的五大臣回国，清廷即将立宪视为挽救统治危机的新药。立宪派积极响应，并进而主张以国民受教育程度为实行立宪的前提和基础。如果说 1905 年之前，兴教育的目的主要在于培养人才以挽救危亡，那么 1905 年之后，舆论宣扬的兴教育的目标则指向培养国民，并最终意在立宪强国。国人对教育功能理解的转变，也会影响到教育学的定位。

学部成立之初，即将"造就全国之民"置于教育宗旨中颁行全国。《学部奏学部初立请将教育宗旨宣示天下折》中提道："考之东西各国之学制，其大别有二，曰专门，曰普通。而普通尤为各国所注重。普通云者，不在造就少数之人才，而在造就多数之国民。……今中国振兴学务固宜注重普通之学，令全国之民无人不学，尤以明定宗旨，宣示天下为握要之图。夫教育之系于国家密且大矣，若欲审度宗旨以定趋响，自必深察国势民风、强弱贫富之故，而后能涤除陋习，造就全国之民。"① 也就是说，当时中国普通教育的目的在于"造就全国之民"，在这个意义上说，教育学是关于"造就全国之民"的学问。

造就什么样的国民？科举制度以儒家的政治标准和价值来选拔人才、凝聚人心并构成获取地位、名望和权力的基本途径。科举制度的废止，从长远来看，就使国家丧失了维系儒家意识形态和儒家价值体系的正统地位的根本手段。② 也有学者指出，科举制度的废除，破坏了经典教育，严重地削弱了传统价值的影响，代之以毫无章法可循的局面。③ 这种局面在之前的《大公

---

① 《学部奏学部初立请将教育宗旨宣示天下折》，载《大公报》，1906 年 4 月 1 日。
② 萧功秦：《从科举制度的废除看近代以来的文化断裂》，载《战略与管理》，1996 年第 4 期，第 15 页。
③ [美] 罗兹曼：《中国的现代化》，江苏人民出版社，1988 年，第 336 页。

报》中的教育议论文章中已可见一斑。对国家来说，最迫切的问题莫过于，怎么在新学堂注入国家意志。对此，朝廷官员多有议论。

孙家鼐奏称："中国开化数千年，自有所以立国之根本。近者世界交通事变日急，朝廷罢科举而兴学堂。然所罢者，词章帖括而已，非并纲常名教而亦弃之也。入学堂者多半急功近名之心，未免偏重西学，恐十余年后，经学渐荒，纲常名教日益衰微。"[①]

学部二等咨议官宋小濂主张教育应多设小学以谋普及，教育内容重经学以存国粹。他提道："教育为政之母，重在造就国民，非专为造就人才，亦即出其中必国民有普通知识，然后新政乃可推行，自强乃有根基。否则人才辈出，朝廷亦尽取之而尽用之，顾在上终居少数，在下之林林总总，方自安于不识不知，毫无国家思想，甚且以更张不便，群起反对，政界之阻力即学界之缺点。小学者，陶铸国民之炉冶也。欲国民知识渐开，非多设小学不可。""经学为中国国粹，政治礼教皆出其中。"[②] 所以在小学教育内容中应予以充分重视。

学部一等咨议官汤寿潜则将"注重德育"置于教育学理论体系中进行阐释，并将"德育"的落实寄于修身科。他提道："注重德育。教育学者，糅合伦理学、心理而成者也；德育者，实践此伦理者也；智育、体育，发达此心理、强固此心理者也。此说也，东西诸大教育家公认之。是以学科冠修身积分，兼学行、教授、管理、训练三大部，训练是总其成。各国虽异政体，不异秩序。论者谓海外无伦理，此井龟之识也。我国学堂糅杂甚矣，德育不讲，智育适以济奸，体育转以佐暴。谓为科学，有科无学；谓为人才，似才非人。剿袭之技，易于时文，名利之径，捷于科举。昔患学生之少，今转患学生之多。不图教育义务未普及，而败象已普及也。宜请大部注重修身科，颁布定章随时由校长演讲忠孝廉节之大义。其校风不良者，勒令停开，

---

① 《议复大学士孙家鼐奏学堂经费不敷教难普及折》，载《学部官报》，1907 年第 14 期。

② 《本部二等咨议官宋小濂呈》，载《学部官报》，1907 年第 11 期。

不必以歇学为嫌。教授修身科不得以外国教员任之，五千年国粹奚借才骎骎乎……"①

1906 年，两江总督端方会同考察政治大臣戴鸿慈也提到应注重德育："臣考察欧洲诸国，其教授儿童，即于德育一端再三措意……日本变法之初，民志稍近浮动，自教育家力注改良，趋重德育，大明其伦理、心理诸学科。"②

也就是说，从《钦定学堂章程》《奏定学堂章程》到教育宗旨的颁定，"德育"作为延续中国传统道德的新载体，与维护统治联系紧密。赫尔巴特重视道德、斯宾塞的德育，一旦落到中国的土地上，便加载上中国的伦理传统。

如何造就国民？朝野舆论一致指向"普及教育"。"教育普及则人人有道德思想，人人有法律思想，教案固可以永除，暴动亦可以息，而后实业工艺各种学堂可以普兴，铁路矿务各项大事可以共举。知有纳税之义务，而抗捐无人，知有当兵之义务，而国魂可振。民人程度日高，地方必能自治，然后行立宪政体如顺风而呼，顺流而下，国家之强、平和之福其在斯乎，其在斯乎？"③ 以教育普及作为立宪的前提和基础。

如何普及教育？则又回到普及教育—教师—师范学堂的逻辑。这点也是朝野共识。1906 年，山西巡抚恩寿在山西师范学堂优级选科及附属高等小学开学典礼上演说，即可为佐证。

> 吾国朝野上下，现正同心一志祝宪政之成立。然宪政之成立，非人人有国民资格不可，国民资格者，立宪国家必不可缺之要素也。顾国民资格以何因缘始能陶铸？则必赖有学堂，学堂之教育以何因缘始能完善？则必赖有教师。由是言之，学堂者，国民之洪炉也；教师者，国民之大匠也。以国民之大匠煽国民之洪炉，然则他日国民资格之良楛之究

---

① 《本部一等咨议官汤寿潜呈述学务管见十二则》，载《学部官报》，1907 年第 12 期。
② 端方、戴鸿慈：《考察政治端戴两大臣条陈学务折》，载《直隶教育杂志》，1906 年第 20 期。
③ 《论学部宜宣布教育宗旨于全国》，载《大公报》，1906 年 5 月 19 日。

竟，即他日立宪政体之良楷之究竟，凡所结果，皆将于此造因。专制国教育造士，立宪国教育造民 。造士之目的在养成特别人材，造民之目的在养成通常人格。①

于是，师范学堂被置于"教员之基，学生之母，国民之命"②的地位，成为立宪"造就国民"最重要的一环而被朝野重视。各国师范学堂因此成为研究和教育考察的重要对象。

1905 年，田吴炤（1870 年—1926 年）随五大臣出洋考察，回国后提交《考察教育意见书》，结合其在欧洲和日本了解的教育状况，联系朝野内外对学务的看法，针对学务现状，形成提出改进教育的建议。"教育之普及，舍预备师范无下手之方，此颠扑不破之理也"。报告重点引介德国学制，并据此针对中国"师范之学"的现状建议如下。

中国身为教员者，往往驰念于仕途。无他，学堂甫立，所以待遇教员之制度尚未议立，人皆视教员为学究之事，糊口之谋，不得已而为之者也。又凡为教员之人，本无师范之素养，亦不能遽律以教员之法度，即有加奉退恤之制，亦恐施行不当，反滋流弊。窃有两种办法，一则补救已有之教员，一则养成未来之教员。

其补救之法若何？则在各省提学使于教员会中特设一教员研究所，凡哲学、心理学、伦理学、教育学、普通学、教授法、教育研究之方法分门讲求，请日本教育名家以为讲师，月出讲义为各府州县教育研究之资，而于各府州县劝学所中皆附设教员研究所，即以此种讲义为课本，学说统一，更无意见歧出之患。再于各师范学堂有日本教员者，宜令现充教员者旁听其授业法以为模范。各教员教授之时，并当互相参观以资研究，

---

① 《山西师范学堂优级选科暨附属高等小学开学山西抚部训词》，载《学部官报》，19 年第 7 期。
② 《黄太史寿袭上前江苏学政唐春卿侍郎论学务书》，载《大公报》，1906 年 8 月 1 日。

而于一学期之终，各具其经验之意见上诸提学使，用集思广益之法，为改良进步之方。如此则已成之教员不致孤陋寡闻而教授可以有方矣。

其养成之法若何？则当严定师范之课程，而必以有名教育家为之师。盖师范为小学之根本，若所习不完全，所师不高尚，恐毕业之后能力必薄。德国师范学堂教育学科最为完备，师范教员皆系巨师，而其试验分口答、笔记二法，必经二次及格始许终身充当教员。今各省师范日见其多，凡有心教育者，皆知注意，惟省会中学堂尚有一二日本教员担任教育学科，然所授教均极简单；府州县中间有师范，其教育一科既无完善之课程，又无明师之指授，虽曰师范，亦不过略习科学而已。

夫科学教材者，而师范学乃学习教授之技能者也。无教授之技能，虽有教材不能灌输于儿童脑中，教育上之效益必有限。无故论为简易科，为选科，为完全科，不能专注于知识一方面，而忽于技术一方面，乃今日师范之最要义也。普鲁士国师范教育以特别传授教育之技能术为主，而以讲授教材之知识为副。今简易科办法年限既短，又无素养，其势不能不一面补习教材，一面联系技能。必有教育名家为之讲授纳一切科学于教育学中，则庶几乎可以有养成之望。至于选科、完全科，其于学术、技术二方面尤不可偏废，不待辨而更明矣。

以上二义皆注重于师范之学，至于为教员者教授之法善否，则又专在于实地经验。已成之教员既设研究，所以施补救，未来之教员又于师范学堂中延明师以传授教育技能。庶几凡为教员者，皆有担任教授之学力，启发儿童之技术。于是设立加奉退恤之制以示优待教员之意。而先加检定，其不堪为教员者退之，及格者录之。经一次检定则有一次淘汰。数年之后，受完全师范教育者卒业，有人人皆视教员有终身之志，而无出位之思。斯小学教育不乏师资，可有普及之明效矣。①

此时中国师范教育的学习对象已不仅限于日本，直接向欧洲各国的师范

① 《考察政治大臣随员田吴炤考察教育意见书》，载《学部官报》，1907 年第 14 期、第 16 期。

教育制度"取经"，从而深入了解到西方师范学堂的教育课程设置。田吴炤关于师范教育的建议，一为设教员研究所、教育研究所，以补充已成为教员的教育学知识；一为严定师范课程，尤其需注重教育学科、注重教育之"技能术"。同时在制度方面，建议优待教员，并对教员资格进行检定。这些建议在学部成立之后颁布施行的各项规章制度中，得到了不同程度的落实。

第五节　学部对教育学的规范

1905 年学部的设置，是清政府中央行政体制的重大调整和新政改革的重要一环，它的创建，使中国历史上首次出现正式、独立和专门的中央教育行政机构建制。[①]学部通过机构设置和职能划分，建立了与《奏定学堂章程》学制系统相配套的中央教育行政体系：在中央设学部，京兆有督学局，各省有提学使。并以劝学所、教育会佐理。并通过确定教育宗旨，修订完善各项章程法令，统一规划和调整各级各类教育的结构布局，重视建立与健全信息系统与调解机制，追踪世界各国教育发展趋势等一系列措施，发挥中央教育行政机构在新式教育和文化事业发展中的主导作用。同时，教育行政体系是国家权力部门为实行特定目的，根据一定的政策对教育事业进行组织、管理和领导而设置的。它不仅与学制体系紧密联系，而且由国家政治、经济制度、社会历史等综合因素决定。学部作为清政府的一个职能部门，其基本立场和态度是从属与维护清廷的，必然要体现清廷意志。在学部对全国教育改革的领导过程中，教育学作为教育改革领域重要的"育才"和"资治"工具，受到学部的重视。

---

① 关晓红：《晚清学部研究》，广东教育出版社，2000 年，第 28 页。

一、学部注重教育管理人员的教育学素养

秉承《学务纲要》中"学堂所重不仅在教员，尤在有管理学堂之人"的前情，加之舆论界对中国学堂的管理人员头脑冬烘，不通教授管理之学多有指责，针对"办理学务之员于教育学、教授管理诸法及教育行政、视学制度皆须随时研究以谋补充识力"的现状，学部尤其注重培训教育行政管理人员、办理学务人员的教育知识素养。

（一）要求各级教育行政机关设置研究会

学部成立后，首要任务是确定中央和地方的学务机构，建立与《奏定学堂章程》规定的学制系统配套的教育行政体系。

学部官制中，设有"学制调查局"，"专研究各国学制，以资考镜。预备随时改良章程"。《学部官报》中有"选译东西各国书报"一栏，追踪日本、德国、英国、美国、法国、奥地利、意大利等国家教育制度及教育学方面的报道、著作，应是出丁该局的手笔。学部还设教育研究所，"延聘精通教育之员定期讲演，以教育原理及教育行政为主。学部人员均应按时听讲。"① 1906 年 6 月，该所聘请担任京师大学堂师范馆总教习的服部宇之吉，"于本月初七日在学部公所内开讲教育行政，是日严侍郎以下悉如堂听讲，十学使亦均莅止。以后每星期开讲三日，每日讲二句钟，员司等均须往听，无得托故不到"② 可见教育研究所确实在培训学部司员和提学使的近代教育理论素养方面发挥过作用。学部编译图书局"遵照奏定章程附设研究所，随时研究，以增长局员编译教科书之知识。研究所创设之初，拟访聘精通心理学、教育学及教科书编纂法之人为本局讲演员，讲解以上各学，俾局员先明编译之大概"③。

1909 年颁布的《视学官章程》中规定"视学官以宗旨正大，深明教育

---

① 《奏拟本部官制暨归并国子监改定额缺折》，载《学部官报》，1906 年第 1 期。

② 《学部教育研究所开办》，载《时报》，1906 年 6 月 8 日。

③ 《第二次学部编译图书局备览》，载《学部官报》，1909 年第 95 期。

原理者为合格"。而"视学官奉派之后，得于一月内在部设视学事宜研究会。各司人员应轮流到会，俾该视学官得考询讨论各地方学务及风土人情，并研究教育行政法、教育学、教授法、管理法、视学规制方法及东西各国教育情形，以为视学之预备"[①]。

与学部官制中的教育研究所相对应，在各省学务官制中，也非常重视教育研究所的设置。"至现在风气初开，办理学务之员于教育学、教授管理诸法及教育行政、视学制度皆须随时研究以谋补充识力，其各厅州县，凡有劝学之所，皆当遵照章程妥善办理，城市乡镇一律推行，尤宜定期宣讲教育宗旨，俾资遵守。"[②]"各省设教育官练习所，由督抚监督，由提学使选聘本国或外国精通教育之员讲演教育学、教授管理诸法及教育行政、视学制度等以谋补充识力。每日限定钟点，自提学使以下所有学务职员至少每星期须上堂听讲三次。"[③]

《劝学所章程》中规定："各厅州县应于各本城择地持设公所一处为全境学务之总汇，即名曰某处劝学所，每星期研究教育即附属其中。""讲习教育：各区劝学员应先于本城劝学所会齐开一教育讲习科，研究学校管理法，教育学，奏定小学章程，管理通则等类，限两个月毕业再赴本区任事。以后每月赴本城劝学所会集一次，呈交劝学日记，由总董汇核。有商订改良各事即于是日研究条记，携归本区实行。"[④]

《酌拟教育会章程折》中提道"教育会设立之宗旨期于初补教育行政，图教育之普及，应与学务公所及劝学所联络一气"。教育会中应举之事务："一立教育研究会以求增进学识。选聘讲师定期讲演教育史、教育原理、教授法、管理法、教育制度及他种学科，会员一律听讲；二设立师范传习

---

① 《奏遵拟视学官章程折》，载《学部官报》，1909 年第 109 期。
② 《遵议各省学务详细官制办事权限并劝学所章程折》，载《学部官报》，1906 年第 2 期。
③ 《各省学务详细官制及办事权限章程》，载《学部官报》，1906 年第 2 期。
④ 《学部奏定劝学所章程（1906 年 5 月）》，见陈元晖主编《中国近代教育史资料汇编之教育行政机构及教育团体》，上海教育出版社，1993 年，第 60—61 页。

所。"①

这些规定并未落为一纸空文，设置教育研究所作为学部成立之初的重要举措被通饬各省实行。对此，《大公报》《申报》等报刊皆有报道。"闻学部现以各省学堂业经成立，所有关于教育之事尤宜逐加改良，以端学术。现拟通饬各省速设教育研究所一区，饬令各堂教员以及师范生等入所研究以资整顿学务。"②

就各地的教育研究会来说，并非肇始于《教育会章程》，在一些学务比较发达的地区，如直隶、湖北、两江等地，很早就有民间知识分子或地方学务倡导设立的教育研究团体。

（二）提学使的任命

学部成立后，在各省裁学政设提学使。"其提学使缺，应由学部博求深明教育、素有阅历者开单请简"。③关于提学使的任职资格，罗振玉曾记录学部堂官会议的讨论，"严侍郎（严修）首建议谓必须明教育者，盖意在曾任学校职员及曾任教习者，故已调天津小学教员数人到部行走。予议提学使与藩臬同等，名位属尊，拟宜选资望相当者。相国（荣庆）然之，因询何资望乃可，众未有以对。予曰：无已，亦但有仍如从前学政于翰院选之耳。严意不谓然。予曰：堂官谓以明教育者为断，不知何者为准？殆不外学校职员及教员已耳。今各省但立师范及中小学，其管理员及教员不外地方举贡生员，此等人亦未必即副深明教育之望，一旦拔之不次，骤至监司，恐官方且不知能必其果举职否。相国曰：然，亦但有于翰院取之。若谓翰林不明教育，俟奉简命后派往外国视察数月耳。"④

于是，提学使由"翰林院人员，品端学萃，通达事理及曾经出洋确有心

---

① 《酌拟教育会章程折》，载《学部官报》，1906 年第 3 期。

② 《饬设教育研究所》，载《大公报》，1906 年 4 月 24 日。

③ 《学部奏请简放直省提学使并陈未尽事宜折（1906 年 4 月）》，见陈元晖主编《中国近代教育史资料汇编之教育行政机构及教育团体》，上海教育出版社，1993 年，第 41 页。

④ 罗振玉：《集蓼编（甲集）》，辛巳秋印行本，第 20—21 页。

得，并京外究心（新）学务素有阅历之员，不拘资格一体擢用。其先任各省学政暨学务处总办，果系素谙学务、办事认真者，并由学部奏请改任提学使"①。根据"奏定学务纲要内载，各省学堂官绅，必先出洋考察"②，故除了已经出过洋及办理学务资劳久著者，其余提学使先派赴日本考查学校制度及教育行政事宜三个月，回国后方可赴任。并且，因为"学校制度东西洋均极美备"，各省提学使如尚须赴欧美，经费给与保证。③ 新任提学使于 1906 年 7 月底赴日考察学务。

　　此次考察，受到日本文部大臣的热情接待。学部奏陈："臣部奏派提学使及参议各员赴东考察学务，实欲审中国之情状而参以日本之成法，博采而精择之，以期因时变通。臣等于五六月之交与杨枢函电往复商议考察事宜，请日本文部遴员讲演，其讲演约分四端：一为日本兴学经验，二为欧美各国学制及其沿革，三为日本现行教育制度，四为教育方法及学校管理大要，并教科之性质及其关系。讲演事毕再行参观学校，考其建筑设备教授管理等事，为实地之研究。"④ 就其考察内容来看，可以深明荣庆"若谓翰林不明教育，俟奉简命后派往外国视察数月耳"的意思，作为地方教育行政的管理者，要具有关于日本兴学经验、欧美各国学制及其沿革、日本现行教育制度、教育方法及学校管理大要、教科之性质及其关系等知识，方算"深明教育"。简单地说，这里的"教育"，就是关于中国教育应该如何改革的见识。也可从中窥探清末文献中在界定委任资格时经常出现的"深明教育"中"教育"的含义。

---

① 《各省学务详细官制及办事权限章程》，载《学部官报》，1906 年第 2 期。

② 《学部奏陈各省学务官制折（1906 年 4 月）》，见陈元晖主编《中国近代教育史资料汇编之教育行政机构及教育团体》，上海教育出版社，1993 年，第 42 页。

③ 《附奏提学使司人员先派赴日本考查学校制度及教育行政事宜片》，载《学部官报》，1906 年第 3 期。

④ 《奏请给日本文部各官员宝星折》，载《学部官报》，1906 年第 9 期。

二、学部对师范学堂课程内容的规范

(一)通过视学制度监督师范学堂课程

视学官章程出台前后,学部正式派往国内各省视学的共三批。依据学部成立后颁布的一系列措施,对各地各级各类教育的推行情况进行大致的调查,并形成学务报告书。具体到学堂,视学的目的是"凡各学堂事务有与章程不合或未能实行,或所授教课于学科教授训练之次序方法未能合度者,视学官应详告该学堂监督堂长、教员,令其改正、整理,并通知该省提学使及省视学或府厅州县官及劝学所总董、县视学随时留心考察"①。

1906年,学部派罗振玉、田吴炤、刘钟琳、张煜全分赴直隶、河南、山东、山西四省视察学务,其中罗振玉视察直隶、山西。②师范学堂是其视察的重点。在统计各类数据的同时,重点检查各级师范学堂课程设置及各科分配钟点是否"合法"。对其不合规章之处进行指导,提出修改意见,令其整改。罗振玉在《奏派调查直隶学务员报告书》之"北洋师范学堂调查意见"中提道:"优级完全科所有课目大致遵《奏定学堂章程》,其变通之处亦斟酌得宜,而于分类科中地理、历史类加哲学,用意最合。盖哲学为教育探本之学,为师范学堂所不可少,且所习不过概论,至于精微高远之处,非大学专家不能深造有得,此为通知教育学理而设,实无流弊。"③当时该学堂监督是李士伟(?—1927年),早年赴日本早稻田大学学习,1906年回国后任北洋师范学堂监督。④"哲学"的设置大约跟他有很大关系。虽然罗振玉对此表示赞赏,以为"实无流弊"。实际上,学部在复浙江师范学堂订定课程的标准时,提到对北洋师范学堂增设课程的处理结果:"本年北洋师范学堂于选科简章四科之外增设文学教育一门,经部核准,自可援照办理。原表课程

---

① 《奏遵拟视学官章程折》,载《学部官报》,1909年第109期。

② 甘孺辑述:《永丰乡人行年录:罗振玉年谱》,江苏人民出版社,1980年,第30页。

③ 《奏派调查直隶学务员报告书》,载《学部官报》,1907年第18期。

④ [日]中岛半次郎讲述:《新编教育学讲义》,韩定生译,东京合资会社富山房发行,1911年,序。

所开有哲学一科，查光绪二十九年正月管学大臣议覆湖广总督会奏兴办学堂一折有'《钦定学堂章程》无取哲学者，所以防士气之浮嚣，杜人心之偏宕'等语，未可以意增设，致违成案。"[①]学部对师范学堂课程设置进行管理，并不是出于学科需要，而是以维护统治安全为第一考虑。

（二）严格核定课程变通

学部编辑发行了160多期《学部官报》，"文牍"一栏刊载了各地咨送学部的文件，包括本地开设各种学堂拟定的章程、对学堂各种规定遵办情况的汇报、所办学堂采用的讲义教材以及学堂学生的名册及课程表等。学部对各地学务的指导，一方面通过对各地督抚所送文件的咨复与新章的咨行，阐述或解释有关政策，强调对具体章程的贯彻执行，另一方面则在札复、札饬各地提学使的呈文中，对具体事项或特殊情况给予指导意见。[②]

根据学部的规定，如果地方学堂要立案或"另拟课程"，需要由该省提学使提交学部核定。如光绪三十三年七月二十六日，《咨复浙抚全浙师范学堂酌定课程文》中提道，浙江"全浙师范学堂"竣工后，"延聘监督，将应订章程、规则妥为酌定，拟办在案"，"邵监督咨以学堂设立先须订定章程，而章程中最要者莫如课程。参酌浙省情形，拟将优级选科之四科目略为变通。遵照奏定章程内优级本科办法改为国文英文科、历史地理科，数学理化科，博物科四项。订定科目、时间详列后表格。咨请转呈核定"。学部"查本部颁行《优级师范选科简章》，为急于养成初级师范及中学教员起见，较之《奏定优级师范学堂章程》分类科毕业年限缩短一年，所收学生既非由初级师范暨中学堂毕业，故课程不得不略为变通"。之后对该学堂监督所列之课程提出详细建议，并"另拟课程由提学使司详部核定"。[③]

江宁提学使李瑞清提交的《宁属初级师范学堂监督咨》以江宁地大物博、推行普及教育乏才为由，又有京师优级师范学堂缩短期限的先例，请求

---

① 《文牍：咨覆浙抚全浙师范学堂酌定课程文》，载《学部官报》，1907年第32期。

② 关晓红：《晚清学部研究》，广东教育出版社，2000年，第257页。

③ 《文牍：咨覆浙抚全浙师范学堂酌定课程文》，载《学部官报》，1907年第32期。

两江师范学堂优级本科生亦提前半年毕业、立案。宣统二年（1910 年）正月，《宁属初级师范学堂监督咨》交到学部普通司后，普通司要求"将历年所授各科秩序及增授科目、时间详细陈明"。李瑞清回复如下。

> 查师范以教育为主课。教育学我国向无专家教科之书，亦无审定颁行之本。敝堂开办伊始，延聘日本教习任此项功课，系采用日本文部省检定寻常师范所用之本，所有教育原理、教育史、教授管理法、教育法令等书，篇幅繁简不一。该教员按篇目支配每周授课时间，约计八学期即可授毕。如因部定教育钟点之多，勉为延长，亦徒旷日糜费，转足妨碍别项教科。
>
> 就学生习过之讲经读经及教育学科有可余出之钟点内，照部定时间略为核减，让出为别科授课之地。日本教育一科第一第二学年每周二小时，第三学年每周三小时，第四学年每周十六小时。而敝堂第一学年每周六小时，第二年每周三小时，第三年及第四年上学期每周四小时，较日本教育学时间已多四分之一。现查本科甲班所有教育原理、教育史、教授管理法、教育法令第八学期均可一律授毕，仍虑造诣未精，拟将本学期实习时间悉改为授课时间，并于单级教授详为讲解，至暑假期内再补习教育功课。

学部对此的批复措辞极为严厉：

> 查学务定有专章，各处学堂必宜一律遵守。该监督所陈各节，一曰延长一年适足贻守辙循途之诮，又曰因部定教育钟点之多，勉为延长亦徒旷日糜费，转足妨碍别项教科，迹近玩视定章。至所引各国学制，如美国师范就地方情形酌办，不拘毕业期限，以解胪举日本教育钟点之类。推其意不过欲缩短毕业期限，遂不顾中外情形，妄相牵引。须知一国有一国之学制，学制一日未改，即一日必宜恪遵。在条陈学务者，原

可广为证引，若毕业请奖关系教育行政之事，亦复强相比附，殊属不明大体！且教育钟点不足即宜及时补足，改订课程岂能以日本学制为口实？又实地练习教授为师范生所必宜注重之事，因欲减短期限亦遂视为无关重要，更与学理、定制均不相合。至将读经讲经量为减少，尤属有违定章。该提学使应饬知该堂甲班所欠钟点于第九学期内一律补足，如有增加科目，借用他科钟点者，亦应分别注明列为详表送部备核。至第十学期，应使该班学生专力实地练习，以补从前所缺。惟实地练习必须备有教授详细节目及教授案等，各成绩至满足十学期时，由该堂汇呈学司，按其成绩高下核定分数作为一门功课于复试时与各科分数平均计算。不得但凭本学堂空言考语即给底分，并不得将实习期限算入义务。[①]

这就是说，各级师范学堂的课程设置原则上皆须以清廷颁布的各项章程相合，并无私自增设改易的权力。学部亦通过不定期的视学及日常文牍往来对各级学堂进行监管。这样，师范学堂里教育学的传播方式、内容、授课时间，都处在学部的监管视野内。

（三）审定教育学教科书

1906年3月，学部咨文各省，"本部拟将中小学堂各种教科书及教授法参考书等详加审定，择其善者颁发各省，以便画一学制。凡书肆已印成之本及私家编辑稿本均可随时邮寄本部呈请审定"。[②]"查直隶学校司编辑各种教科学书及湖北官立学堂所出各门讲义甚为完备，应咨各该督即饬检齐送部，以便参酌采用"。[③]之后，学部陆续将审定教科书的意见和评语在《学部官报》上公布。如前李瑞清所言"教育学我国向无专家教科之书，亦无审定颁

---

① 《咨覆两江总督宁属初级师范学堂学生仍须五年期满准毕业其第十学期应使实地练习以补从前所缺文（宣统二年五月十六日）》，载《学部官报》，1910年第131期。

② 《学部示文来津》，载《大公报》，1906年3月10日。

③ 《咨取各省教科书》，载《大公报》，1906年3月25日。

行之本"①，关于教育学教科书审定的资料并不多，大约学部审定教科书初期主要着力于小学教科书。但是从为数不多的关于教育学教科书的批复中，亦可得见学部对教育学教科书内容的规范。

1909 年，学部批复《札复四川提学使前送师范讲义可作参考无庸审定文》，其中提道："教育学分上中下三篇，所论多属精要，下篇论教授，所举诸例虽非中国事实，阅者可师其意而善用之。其论养护、训练诸篇，尤见切近，可定为师范简易科及传习所用书。"② 同年，学部批复留学日本的女学生孙清如所呈女子师范讲义，提道："教授法平正切实，惟多为日本人说法，未合我国之用，均作为参考书。教育学简明适用，堪审作为女子师范教育教科书。"③ 也就是说，作为教科书，所用例子最好是"中国事实"，避免"日本人"说法。

1910 年，《商务印书馆经理候选道夏瑞芳呈初级师范学校教科书教育学等四种俟改后再呈审定批》中提道："查初级师范学校教科书《教育学》所论甚是，惟直译东文处，词句多欠修饰，应加删改。又自来教育学家多分体育、心育为二大部，心育中更别为德育、智育两门，故亦有分养护、训练、教授为三者。唯海尔巴特派之学说，不言体育。此书于体育未一言及，或即本之海氏。然为普通参考或教科书起见，自以兼言三育为宜"，"俟改正后再呈审定。"④ 商务印书馆的这本初级师范学堂教育学教科书，应为吉田熊次著、蒋维乔译的《新教育学》。这时学部对于教育学教科书中应讲授的内容的评判，已经不单单是以《奏定学堂章程》中的规定去规范，而有了学理依据，对教育学说的流派也有了一定的了解。同时可以看出，德育、智育、体育三育论在中国已经获得了在官方、民间乃至学界毋庸置疑的真理地位，因此教

① 《咨覆两江总督宁属初级师范学堂学生仍须五年期满准毕业其第十学期应使实地练习以补从前所缺文（宣统二年五月十六日）》，载《学部官报》，1910 年第 131 期。

② 《札复四川提学使前送师范讲义可作参考无庸审定文》，载《学部官报》，1909 年第 95 期。

③ 《留学日本女学生孙清如呈女子师范讲义请审定批》，载《学部官报》，1909 年第 106 期。

④ 《商务印书馆经理候选道夏瑞芳呈初级师范学校教科书教育学等四种俟改后再呈审定批》，载《学部官报》，1910 年第 134 期。

育学教科书也以"兼言三育为宜"。若未"兼言"则须改正。

三、小学教员检定对于教育学传播的影响

1909 年，清政府学部制定《检定小学教员章程》，规定对小学教员实行"检定"制度。这一工作，在京师和省分别由督学局和提学使司办理。《检定小学教员章程》详细规定了小学教员检定的范围和内容。

> 现在各处小学渐次设立，需用教员至为急切，而师范学堂设立无几，毕业者更属寥寥，势不得不通融聘用，以资教授。惟察之不严，则学术浅陋者不免滥竽充数；待之不优，则学有根柢者又或夷然不屑，舍而他图。甚非鼓励学人振兴教育之道。除初级师范学堂完全科毕业生，官立二年以上初级师范简易科中等以上毕业生，优级师范完全科毕业生及优级师范选科毕业生，在奏定奖励义务章程准充小学教员者，均无庸检定。①

该章程同时规定以下七类人应受试验检定：官立初级师范简易科毕业生年限在二年以下者；官立初级师范简易科年限在二年以上、毕业在下等者；毕业于民立初级师范简易科者；毕业于师范传习所讲习所者；在外国学习师范简易科及各种科学速成科毕业生年限在二年以下者；举贡生监中文明通及通晓各项科学，愿充小学教员者；有受无试验检定准充初等小学教员之资格而愿受高等小学教员检定者。

检定小学教员的试验科目与师范学堂的科目是一致的，检定高等小学教员试验科目有教育学，包括教育学及教授法、管理法；检定初等小学教员的教育学则要考教育学及教授法、管理法大意。只是《检定小学教员章程》一经实行，接触师范学堂科目内容的人群不再限于师范学堂，而扩充到所有想

---

① 《奏遵拟检定小学教员章程及优待小学教员章程折并单》，载《学部官报》，1910 年第 111 期。

当小学教员的人群。如此，则为检定科目的教科书的发售提供了广阔的消费市场。这点在商务印书馆、上海师范讲习社针对教员检定试验的师范讲义广告中体现得非常明显。

　　宣统元年奏定章程，如非完全及二年以上师范卒业者，必经检定得有文凭，乃许充当小学教员。然今日夫明文理者虽多，解科学者尚少，非有预备颇难检定试验，本社爰根据此项章程刊行"师范讲义"，分修身、国文、算学、教育、历史、地理、格致、体操等门又附课外讲义，检定指南、质疑、问答三门讲述，明晰肯切，阅之无不了然，分十二期出完，一年卒业。本社举行通信试验及格者，给予证书。又为鼓励自修者起见，特备银元三千元，并承商务印书馆捐助书籍，值洋壹万元。考列最优等，前三名每人赠壹千元，俾留学日本研究教育；第四名以下奖赠书籍自五百元至五元，仅壹万元书籍，分等匀派。

　　第一期现已出版，其中有教育史讲义（戴克敦）、教育学讲义（长尾槙太郎，蒋维乔）、检定指南、日本检定小学教员章程、日本检定小学教员之状况，另印简章，附学部检定教员章程。

　　　　发起人：严复、郑孝胥、伍光建、罗振玉、王季烈、夏曾佑、张元济

　　　　发行所：上海商务印书馆、各省分馆、上海师范讲习社 [①]

　　"师范讲义"中得到广泛传播的长尾槙太郎著、蒋维乔翻译的《教育学讲义》，全书分通论、教育之目的及主义、教师之责任及义务、正当之教育法、教育之理想五部分，主要普及关于教育学的知识，并没有明显的现实针对性。

　　小学教员检定制度对教育学的主要意义在于传播途径的拓展。如果说之前教育学传播还只是限于学堂管理人员、各级师范学堂的话，小学教员检定制度的出台，"必经检定得有文凭，乃许充当小学教员"的规定，大大拓宽了接触、接受、传播教育学的人群。以应试为目的的师范讲习社及教育学讲义也因此而具有广阔的市场。作为主要检验科目之一的教育学也因此具有了更为广阔的传播空间。

　　四、单级教授法的推广

　　由于"国民教育"主要面向小学生，教授法作为教育学在教学实践中比较实用的部分而被重视。三段教授法、五段教授法、单级教授法的理论和实践得以大范围推广。

　　单级教授法是当时日本小学界为普及教育而研讨的主要课题。清政府借鉴了日本的单级小学法，在《奏定初等小学堂章程》中规定："惟僻乡贫户，儿童数少，不能设一初等小学堂者，地方官当体察情形，设法劝谕，命数乡村联合资力，公设一所，或多级或单级均可。"[②] 但由于缺乏这方面的研究和教员，《癸卯学制》只有单级之名，而无编制之实。1905 年前后，关于宪政、教育普及的议论增多，为谋教育普及，清政府从日本引进单级教授。后学部

---

① 《师范讲义》（广告），载《大公报》，1910 年 8 月 12 日。

② 《光绪二十九年十一月二十六日（1904.1.13）奏定初等小学堂章程》，见朱有瓛，高时良主编《中国近代学制史料（二辑上）》，华东师范大学出版，1987 年，第 174 页。

曾就推广复式教学拟订了《奏拟订单级教授二部教授办法折》。奏折说:"查单级教授之法,与普通教授不同。普通教授,按年级相当之学生以分班次,各班须任一教员;单级教授,则合年级不同之学生若干班级为一级,一教员可兼教各班。两者相衡,一则须员多而费繁,一则编制简而效用广。"清政府的这一奏折,促进了单级教授在中国的推广。江苏教育会诸人认为:"欧西、日本之教育,所以能日新月盛者,大抵得力于单级教授为多。中国兴学伊始,地方财力既极困穷,兼之各校之内,学童人数无多,程度复不齐一,居今日而欲谋普及,舍单级教授,更别无审端致力之方。"①

1909 年,为解决推广复式教学的师资问题,江苏教育总会筹办单级教授练习所,首次选派办学成绩卓著的优秀教员俞子夷、杨保恒、周维城等人,前往日本考查单级、单级复式与二部制教学。1909 年 8 月,在上海正式创办单级教授练习所。一时间讲习单级教授法之风盛行。赴日考察的杨、周、俞 3 人频频应邀去各地演讲。其他省份也相继开设单级教授练习所。②在此影响下,清廷学部亦连连发文,提倡、推广单级教学法。1910 年 12 月,学部《奏复普及教育最要及次要办法》中,将拟订单级教授、二部教授列为"最要之事"。1911 年 3 月,学部通行各省初级师范学堂加授单级教授法,曰:"初级师范学堂为养成小学教员而设,自应视小学之趋势以定师范授课之方针……,其穷僻地方之初等小学,类皆人数无多,年级各异,编制之法概用单级,非熟习单级教授法之教员不足胜任。"③ 8 月 5 日,学部同时颁行《学部奏拟订单级教授、二部教授办法折》和《学部奏拟订临时小学教员养成所暨单级教员养成所简章折》。阐述了实行单级教学、两部教学的意义和

① 杨保恒,周维城,沈恩孚:《单级教授法》,中国图书公司,江苏教育总会,1911 年,第677 页。

② 戴长征:《清末民初单级教授练习所研究》,载《江苏教育学院学报(社会科学版)》,2007年第 5 期,第 66—69 页。

③ 《宣统三年二月二十四日(1911.3.24)学部通行各省初级师范学堂加授单级教授法文》,见朱有瓛主编《中国近代学制史料(第二辑下册)》,华东师范大学出版社,1989 年,第239—240 页。

目的。单级教授法遂在中国大面积推广开来。

在"教育救国"成为社会热点和朝野共识的背景下，教育改革与发展成了影响社会变革的规模、速度和样式的基础性制约因素。在此背景下，教育学的引入和发展与国家政治改革和意识形态是联系在一起的。甲午之后，按照"强国家—造人才—兴学堂—造教师"的历史需要，教育学作为培养教师的课程在师范学堂出现。1905 年废科举后，教育学作为师范学堂的重要课程，在"行宪政—造国民"的政治改革中扮演重要角色，受到各级教育行政机构的高度重视。1904 年 1 月，《奏定学堂章程》以政治力量强制规定初级、优级师范学堂教育学的课程时数、讲授内容与次序。学部成立后，颁布教育宗旨，以之为教育学的重要组成部分，并通过发布政令、派视学官、审定教科书、检定小学教员[①] 等方式，按照章程规定及对其对教育学的裁量来规范现有教育学的内容和传播。与被赋予的期望相应，此时教育学术的发展也有一定的倾向。与"培养国民"的目标对应，教授法、"德育"问题被充分强调。德育问题背后是一个政治问题：1905 年废科举之后，"德育"作为延续中国传统道德的新载体，与维护统治联系紧密。赫尔巴特重视道德、斯宾塞的德育，一旦落到中国的土地上，便被加载上中国的伦理传统。因教育与国家意识形态关系密切，伦理层面的争论也便会迅速折射到中国的教育学中。因"国民教育"主要面向小学生，教授法作为教育学在教学实践中比较实用的部分而被重视。三段教授法、五段教授法、单级教授法的理论和实践得以大范围推广。

现代教育学来到中国，一方面是既成的知识结构，冲击和改造着中国传统的教育思想和知识结构，乃至逐渐解构着原有的教育体制；但是另一方面，一旦与中国的"地气"接壤，便开始不那么自主地自我生长：中国对教育学保留什么、无视什么、改造什么、加载什么，这主要是通过制定制度来实现的。也就是说，构建思想和组织体系的过程中，思想和体制的因素是相互作用的。

---

① 《奏遵拟检定小学教员章程及优待小学教员章程折并单》，载《学部官报》，1910 年第 111 期。

第三章 教育学教科书的文本与学派

正如瞿葆奎先生所提到的,"教育学"的历史和师范院校的历史关系密切,师范院校为培养教师而开设教育学课程。而当"教育学"作为一门师资训练的必修教学科目时,具有"概论"的性质,就像"普通物理学""普通心理学"一样,它更多地以教材体系表现其内容,是一门教学科目(subject),很难说是科学体系中的一门学科(discipline)。① 学科是科学发展到一定阶段的产物,它反映的是客观事物的发展和内在联系,其知识的各部分间都有它内在的逻辑联系。学科知识的编排,只有一个参照系,那就是知识的逻辑序列,即知识从逻辑起点经逻辑中介再到逻辑终点的运行过程。而教材是根据培养目标、课程标准等编写而成的,它一方面反映学科的科学知识体系,使得某一部分知识总是建立在另外一些知识的基础上;另一方面也要考虑教育对象的年龄特征、接受能力及教育过程中的认识活动规律。一般地说,编写教材时总是要选择一门学科中最重要而又能为教育对象所接受的事实与理论作为内容。编写教材既要注重其科学性,与学科自身的发展逻辑相一致,又要注重其思想性,体现课程标准所要求的立场、观点和方法;既要注重理论,使教育对象掌握科学的、系统的基础知识,又要注重实际,培养他们运用知识的基本技能、技巧。教材涉及面广,牵涉事多,非学科所能及。② 教育学的学科体系与教材体系有着明显的区别,教材体系是经教学论要求改造过的学科体系。③ 但是,中国作为"后发外生型现代化"国家,教

---

① 瞿葆奎:《教育学的探究》,人民教育出版社,2004年,第26页。
② 瞿葆奎,郑金洲:《中国教育学百年》,教育科学出版社,2002年,第4页。
③ 瞿葆奎:《教育学的探究》,人民教育出版社,2004年,第336页。

育学赖以出现、生成的机遇，是按照强国家—造人才—兴学堂—造教师的历史需要，在师范教育实践中的必要一环。"教育学"中的"教育"理所当然地被定位在学校教育的层面上，而"教育学"也自然成了对教师进行职业训练、为教师所用的关于学校教育的学问。在这种情况下，"大学问""大学习"只能让位于"小学问"和"小学习"，这就先天地决定了中国现代教育学为国家富强所用、为教师的职业训练所用这样一种历史的命运。中国现代教育学就是以此为历史出发点而生成和发展的。①

在现代学术体制建立之前，教育学术领域并没有严格的"研究专著"与"教科书"的分野。我们现在看来的"常识"，在学科引进之初也是"新知"。各种类型的教育学教科书，可以说是清末中国教育学术水平的表征。那么，不论教育学教科书的学术水平如何，它们都是研究中国教育学术史的起点，也是不可跨越的关键部分。它们产生的背景、机制及其内容都不可避免地成为中国教育学术发展的胎记。

如已有成果的公论，清末十年是中国"直接向日本引进以介绍赫尔巴特教育理论为主的发展阶段"②。但我们并不能笼统地将"中国"和"日本"作为两个拟人化的主体，仿佛中国作为一个整体步调一致地学习面貌同一的日本，以此为想当然的前提展开对这一阶段教育学引进的论述。时代的号召一经提出，中国各色人等纷纷通过各种途径群起响应，以日本为主要学习对象。日本明治维新以来的教育改革充满着各种思想的冲突和调和，教育制度的学习对象发生了几次更易。1872 年日本模仿法国的大学区制颁布学制，但校内设备则模仿美国，教师多雇用美国人。1879 年日本废止《学制》，代之以承袭美国教育特色的《教育令》。因为受美国教育的影响，民权思想过于发达，使日本国是发生动摇，引发政府内外不满，爆发了以伊藤博文为首的西学派和以元田永孚为首的儒学派之间的"德育论争"。③1886 年日本颁

---

① 于述胜等：《从教育学史到教育学术史》，载《教育研究》，2005 年第 12 期。

② 叶澜：《中国教育学发展世纪问题的审视》，载《教育研究》，2004 年第 7 期。

③ 汤晓黎：《日本明治时期"德育论争"之刍议》，载《历史教学》，2002 年第 3 期。

布各种学校令，日本教育倾向采用德国的制度，教师则雇用英国人。1890年，作为西学派与儒学派"德育论争"的结果，明治天皇颁布《教育敕语》。除学校令采用德国的学制外，在学校里面，解雇英美的教师，而改聘德国人担任。在帝国大学里面，教育学讲座也请德国教育学者来担任教授，传播赫尔巴特及以齐勒尔（Eiller）为代表的赫尔巴特学派的教育学说。因为赫尔巴特学派的教育学说，注重道德观念，以养成有道德的人为宗旨，颇与日本人所尊崇的儒教相劳髯，所以赫尔巴特学派的学说，尤其是"五段教授法"一时风靡日本全土。1904年，日本取得日俄战争胜利后，日本的教育在制度层面模仿德国的学制，在教育理论方面，更吸收德国教育的精神，采用威尔曼（Willmann）、拿托普（Natorp）、白尔格曼（Bergemann）等人的社会的教育学，以及林特（Linde）、波特（Budde）等的人格的教育学，凯欣斯泰奈（Kerschensteiner）等的文化教育学，李特（Latt）办牾（Behu）等的现象学的教育学。[①]20世纪初中国向日本学习的学制经验，直接学的是日本，间接学的主要是德国，兼及法国、美国和英国。日本思想流派上有洋学派、国学派、汉学派，后来有自由主义和国家主义。日本教育亦有其历史与现实的纵横交错。不同身份、政治倾向、文化背景的中国人，其所针对的中国问题不一样，所能见到的日本问题不同，其取舍自然不同，与此相应，看到的教育学也不同。另外，经历过囫囵吞枣式的翻译、引入，积累了一定的教育学常识之后，对一部分中国人来说，裴斯泰洛齐、福禄贝尔、黑格尔、赫尔巴特、斯宾塞等名字不再只是某国稀奇古怪的人名代号，因被纳入教育学发展的历史轨迹而具有了意义。那么，在这种情况下，在什么意义上我们可以说传入中国的是"赫尔巴特教育学"？除了"赫尔巴特教育学"，清末中国教育学还有没有其他色彩？

---

① 姜琦:《从欧美日本的教育研究方法说到中国的教育研究方法的状况与趋势》,《中华教育界》,载1932年第19卷第12期。

第一节　各种类型的教育学教科书

对这一阶段中国通过日本引入的西方教育学著作的书目及数量，周谷平的《近代西方教育学在中国的传播及其影响》①及侯怀银的博士论文《20世纪上半叶中国教育学发展问题的反思》已经做过详尽的统计，在此不再赘述。本节的关注点在于，通过已经搜集到的各时期各种不同类型的教育学文本，来分析它们各是出于什么考虑，在什么情况下被引介到中国的。

一、各群体编译教育学教科书的动机

从本书目前掌握的教育学文本资料来看，翻译、编写教育学的群体有分别，其动机亦有分别。在中国流传的教育学教科书，其来源大致有以下几种。

（一）以"育才""资治"为目的的教育学文本

"育才"主要是指满足师范学堂开设教育学的教科书需要，"资治"则是指用于指导教育改革实践。

1.中国留日学生翻译的教育学

中国在日本的留学生翻译的教育学，或是其所在学校教育学教习的讲义，或是从日本当时流行的教育学教科书文本中自主采择。通常这类教科书、讲义的翻译、出版同这些留学生所在省的教育主管部门或教育会密切相关。学部成立后，虽设有教科书审定制度，但是主要审定初等、中等学堂教科书，对教育学教科书并未着力太多。况且直至清亡也未颁布全国统一的教育学教科书。故各省的教育学教科书问题通常需要自己"解决"。而各省派

---

① 周谷平：《近代西方教育学在中国的传播及其影响》，载《华东师范大学学报（教育科学版）》，1991年第3期，第86—87页。

往日本的留学生，任务之一就是翻译适用本省需要的教科书。这些讲义、教科书大多在日本排版印刷，然后在本省对应的学校发售、推广。在国内通常都由本省学务处印行。值得注意的是，清末的留学教育有两种特征，一为教授的内容是普通学科而非专门学科；二为教育的性质是速成教育而非正式教育。[①]并且，其翻译教科书多是同一省学生"分工"，于"功课之暇抽译"。他们对教育学可能并无研究，日语造诣也不深，只是做翻译工作。湖北、四川、直隶、江苏等省皆有"师范科丛编""师范讲义""速成师范讲义"，由各该省留学生合作分工编译后，在本省推行，且重版多次。[②]

还有少量译本的翻译，并非出于本省的"官方"要求，而是部分留学生出于对国家的责任感或个人研究兴趣，进行自主采择的结果。如本节下文将提到的王国维、季新益、陈清震等皆属此列。

2.在中国的日本教习的教育学讲义

这一类型与前一类型出版动机类似，都与各省师范教科书的需求相关。而且，日本教习教书的时候，几乎全用日语教授，故须由曾经留日或在日人所办学校读过书的中国人传译。固然中国话流利的日本教习可以不用传译，但为数不多。就这点看来，这种教学法和日本国内为中国人办的速成教习的教学法大致相同。[③]

（二）各种出版机构出版的教育学文本

主要是指国内外的出版机构，组织翻译、编辑的教育学。除了官方的译书局如北京大学堂官书局等，各省对教科书的需求也催生了国内及日本的出版机构的繁荣。国内各出版机构发售师范类、教育类教科书的情况，从《大公报》的书籍广告中可见一斑。但国内经销教育学的出版机构亦良莠不

① ［日］实藤惠秀:《中国人留学日本史》，谭汝谦，林启彦译，生活·读书·新知三联书店，1983年，第57页。
② 湖北教育部:《师范讲义》（两册），昌明公司发行，1901年6月初版，1903年2月再版，1906年4月三版。
③ ［日］实藤惠秀:《中国人留学日本史》，谭汝谦，林启彦译，生活·读书·新知三联书店，1983年，第76页。

齐。以天津孟晋书社为例，其广告中列师范用书若干，其中有"简明教育学"。但从"本社运售汉洋文图籍，科学仪器，中外纸札笔墨，南北各式帐簿……发上海译局及本社自译新学诸书，定价格外公道"①的自白来看，什么赚钱就经销什么，该社应是以盈利为目的的"书肆"。而位于上海棋盘街元字九十九号的"中国图书公司"则似乎专以"教育教科书"为意。②此外还有"专以改良各种教科书籍，使教育普及为目的"③的上海普及书局，等等。商务印书馆对教科书的关注已有研究，可谓汗牛充栋，不再赘言。

他们关注教育类书籍的动机也有不同。在我们现在看来，教育类书籍有专著与教科书的分野，但在清末知识人眼里，教科书在某种意义上就是"原理"，具有"科学"的价值和意义。故其关注教育学，并不一定仅仅是为了作为师范学堂的教科书，一般教育者亦可以其为指导教育改革实践的利器。所以有的团体或出版机构不以营利为目的，而将翻译、编辑、推广教育学为己任，以求早日普及教育、培养国民、实现宪政，从而最终实现国家富强；其他出版机构关注教育学的动机可能更为复杂，既要考虑市场需求，又要考虑教育的价值。市场需求问题在学部出台检定小学教员章程后，在商务印书馆推销师范讲义广告中体现得尤为明显。④

此外，还有日本的面向中国以营利为目的的出版社。面对中国教育改革的需求，日本东亚公司直接调集日本资源，编辑"师范科、普通科讲义录专科"，多由"宏文学院编辑，专门诸大家讲述"。其中教育学教科书选的是东京高等师范教授波多野贞之助的版本，由"宏文学院编辑部代表者"金太仁作翻译成中文，出版后在中国上海、天津、汉口、奉天、济南、扬州等地东亚公司分号或东亚书药局批发、零售。⑤

---

① 《孟晋书社（广告）》，载《大公报》，1904 年 6 月 3 日。

② 秦毓钧:《（师范用）教育学》，中国图书公司，1908 年。

③ 《上海普及书局开张广告（广告）》，载《大公报》，1906 年 4 月 3 日。

④ 《商务印书馆师范讲义（广告）》，载《大公报》，1910 年 8 月 12 日。

⑤ 宏文学院编辑部，东京高等师范学校教授波多野贞之助讲述:《教育学教科书》，东京东亚公司发兑，1907 年。

二、各种类型教育学教科书的成书经过

关于上文所述不同动机的教育学文本，它们是怎么被翻译、编辑出来的？这个问题，各教育学文本的"序言""译例"往往会提供比较生动的说明。这种序言，可能包括他人代序，自序，原著者、译者序，多说明译书的目的及成书经过；"译例"或"例言"则针对所译书的具体问题进行说明，包括所选译本的适用对象、其原作者所属学术派别或倾向、翻译过程中的译名问题，等等。

在此不拟作宏观考察，而以几本比较有特色的教育学文本为切入点，呈现清末不同类型、不同时间教育学教科书的状态和特点。几本教育学教科书的目录均在本书附录中呈现。

注：本节所引资料，因书籍版本距今时间较久，个别字迹模糊难辨，凡难以辨认者，在抄录时均以"□"代替。

（一）《埏氏实践教育学》①

（奥地利）埏斯弗勒特力撰、（日本）藤代祯辅译、（日本）中岛端重译，管学大臣审定的《埏氏实践教育学》，1903 年由北京大学堂官书局出版。这是由官书局出版的为数不多的教育学书籍之一。据《张百熙奏筹办京师大学堂情形疏》，京师大学堂译书局的设立，专为学堂翻译、编辑课本："译局非徒翻译一切书籍，又须翻译一切课本。泰西各国学校，无论蒙学、普通学、专门学，皆有国家编定之本，按时卒业，皆有定程。今学堂既须考究西政西艺，自应翻译此类课本，以为肄习西学之需。"张百熙进而提出："国家所以变法求才，端在一道德而同风俗，诚恐人自为学，家自为教，不特无以收风气开通之效，且转以生学术凌杂之虞。应请由臣慎选学问淹通、心术纯正之才，从事编辑，假以岁月，俾得成书。书成之后，请颁发各省府州县学

---

① ［奥］埏斯弗勒特力撰：《埏氏实践教育学》，［日］藤代祯辅译，［日］中岛端重译，北京大学堂官书局，1903 年。

堂应用，使学者因途径而可登堂奥，于详备而先得条流，事半功倍，莫切于此。"[①] 编辑《垤氏实践教育学》的"学问淹通、心术纯正之才"，是被誉为"浙江大儒""史学巨子"的陈黻宸，时任京师大学堂师范科教习。在此之前，陈黻宸自 1879 始，在书院任教，培植家乡子弟，历时 20 年。1898 年，他任上海速成教习学堂教习。1900 年，他任杭州养正书塾教习。1902 年 5 月发生学潮，他率学生马叙伦等数人离校，在上海主编《新世界学报》。1903 年，陈黻宸进士及第，授户部贵州司主事，寓居北京，任京师大学堂师范科教习。他对此书主要是"校"，并未参与翻译。此书先由日本人藤代祯辅将原著译为日文，又由另一日本人将日文译为中文，在中国由官书局出版，几经倒译，自然要由像陈黻宸这样的"学问淹通、心术纯正之才"来把关。

陈黻宸为《垤氏实践教育学》写的提要，基本可以得见本书的框架：

著目万别，二以纲之，曰归纳法，曰抽绎法。垤氏为欧洲十九世纪教育改良大家，宏才达识，被时崇仰。此书专重教育普及，因时变通，往往为中人指导，语挚而意显，以言归纳未知何如，然亦抽绎家之伟作矣。抑我又闻，教育家之恒言曰体，曰智，曰美，曰情，曰德，垤氏此书列篇凡六首，二篇论体育，三篇论智育，四篇论情育美育，五篇论德育，六篇论教育通则，而于智育、情育、美育三者反覆指陈，而恐其为德累，则垤氏又注重德育者也，洵乎其为改良家矣！书不及专门学校，盖为儿童教授言也，然以植大学之基础，大辂椎轮此其用矣。有志教育者或亦有味乎？斯言。

"垤氏"本人亦有序，阐释其著述的背景：

---

① 北京大学校史研究室：《北京大学史料第一卷（1898—1911）》，北京大学出版社，1993 年，第 54 页。

　　余著是书，实自职务上起见。我国师范学堂学生于教育下手颇略，予意欲以理论中教育学一小册子，资其研究，以为入门之基，而于日常口头所教授所启发一切教育要领，固已网罗无遗矣。然是书所揭，不过本州师范学堂教育学之一斑耳。此外别有关于身体精神之人性学、论理学二大纲领，以及教育学历史。普通师范全科教授法、管理法皆适于实际教授之指导演习，此其大体也。余又尝为豪太州小学制度高等视学官，因欲与视学官校主校长、教师诸人与余共事者，倾吐怀抱，告以教育教授主义。是书虽为余教育上之自叙，然断不偏于教育学一派，一以普通教育为目的。……夫教育之为事，错综无穷，为之规矩，示以准绳。苟原委之不知，基础之不立，余之所甚惧也。至于材料之搜采，又颇有异于向来学者所说者。盖由人生发达之方向径路，以体育、智育、审美教育、伦理、宗教之教育诸项为主要题目。而旧例所揭卷首普通解说，置诸结尾，则以普通之事必由特殊之事而始而后可理会也。①

　　另有日本译者藤代祯辅、中岛端所写"例言"：

　　此垤斯弗勒特力氏教育全书中教育教授要论也。全书分四部，第一部心理学、论理学，第二部教育教授要论，第三部国民学校教授法，第四部教育教授历史。"并介绍垤氏生平："垤氏以西历一千八百二十九年九月二十三日生，独逸国索逊州伊耳比耳斯格绿温。及长，游莱弗知畏大学，卒业后，从事教育，诱掖后进有年矣。一千八百六十年，选为泛尼都市理科中学高等文科学校副长，一千八百六十五年转豪太州学部参事官，兼师范学堂总理，越三年为澳国维纳府高等师范学堂总理。寻选为地方学部参事员兼国会议员，以辩论宗教，敢直言为人所忌。于

---

① ［奥］垤斯弗勒特力撰：《垤氏实践教育学》，［日］藤代祯辅译，［日］中岛端重译，北京大学堂官书局，1903 年。

一千八百八十一年致职去。是书乃在职时所著也。先是一千八百七十八年垤氏为教育杂志主笔，锐意改良教育，至今十六年犹一日，盖近世所罕觏也。"

　　垤氏之学属倍热杰派，与皮耳婆耳土派所见特异。著书多教育家言，论体育极详。在近代教育家，最以宏才达识见称。生平教育方法，私淑皮斯大禄秩、慈斯底耳越畀二氏，锐意主张教育普及，德望重一世云。是书于一千八百六十八年刊行，各国争译而传之。版经七易，每易版辄经订正补修，今盛行于欧美各国矣。①

　　从文中对"垤斯弗勒特力"的生平介绍来猜测，"垤斯弗勒特力"应该是奥地利教育学家 Lindner, Gustav Adolf（1828 年—1887 年），现译为林德纳。虽然其出生年份与文中所言相差一年，但佐以其他信息，尚属吻合。Gustav 还跟垤（die）有点近似。当时在日本，研究和讲授赫尔巴特教育学多数不是通过赫尔巴特自己的著作进行的，而是以克恩（H. Kern, 1823 年—? ）、林德纳 (G. A. Lindner，1828 年—1887 年) 等赫尔巴特学派 (主要是新派) 代表人物的著作为材料进行的。②"为了引导人们注重德性，倡导学术研究的体系性和阶段教学法，赫尔巴特、林德纳、赖因等的著作被一一介绍翻译。"③ 而其中奥地利的教育学家只有林德纳。京师大学堂官书局翻译教科书所采择的版本，必定是在日本流传较广且比较权威的。在这种情况下，"垤氏"指的很有可能是林德纳。

　　关于林德纳的资料，限于笔者学识及查阅资料的困难，对其学说并不了解。据有关著作的译注，其为"赫尔巴特教育学的鼓吹者"④。至于其所属学

①　[奥] 垤斯弗勒特力撰：《垤氏实践教育学》，[日] 藤代祯辅译，[日] 中岛端重译，北京大学堂官书局，1903 年。

②　周谷平，叶志坚：《赫尔巴特教育学在中国：一个跨越世纪的回望》，载《教育学报》，2006 年第 5 期，第 32 页。

③　[日] 筑波大学教育学研究会：《现代教育学基础》，上海教育出版社，1986 年，第 473 页。

④　[日] 筑波大学教育学研究会：《现代教育学基础》，上海教育出版社，1986 年，第 473 页。

派，"皮斯太禄秩"可以确定裴斯泰洛齐，由于两人生活的年代并没有交点，"私淑"，也就是说"垤斯弗勒特力"只是景仰裴斯泰洛齐，受其影响，而不是他的学生。也可能是出于笔者对西方教育学史的无知，但从其书的内容亦难以确认其学派。故"倍热杰派""皮耳婆耳土派""慈斯底耳越界"均难以推测所指。不知一个多世纪以前，对西方教育学史认识几乎空白的中国知识人在面对这些拗口的人名、地名时，是不是同样费解。

至于《垤氏实践教育学》有没有"颁发各省府州县学堂应用，使学者因途径而可登堂奥，于详备而先得条流"，《大公报》曾有一则小新闻：官书局出版的《垤氏实践教育学》《新体欧洲教育史要》《学校改良论》等书，"纸版虽佳，定价为免稍昂，是以销路不大畅"[1]。据此揣测，"倍热杰派"的《垤氏实践教育学》并没有得到大范围的传播。

（二）《教育学原理》[2]

由尺秀三郎、中岛半次郎讲述，季新益笔译的《教育学原理》，1903 年 3 月由设在日本的教科书辑译社出版。教科书译辑社是留日学生组织的以编译出版中学教科书为主的出版机构。"据留学日本生员陆世芬等禀称：窃生等在日本东京纠合同志，设教科书译辑社，编译东西教科新书，以备各省学堂采用。"[3]教科书译辑社成立后，组织译辑了大量的中小学教科书，其中又以中学教科书为多。季新益翻译的《教育学原理》就是其中一种。

关于译者季新益，能查到的资料很少，只知道他字铭文，江苏海门人，1910 年 27 岁时游学日本，在游学毕业考试中考列工科最优等，1911 年授工科进士。[4]1903 年他曾在《江苏》杂志上发表过《泰西教育界之开幕者阿里

---

①　《官书局出书：价昂销路不佳》，载《大公报》，1903 年 8 月 20 日。

②　季新益：《教育学原理》，教科书辑译社（东京），1903 年。

③　吕顺长：《清末浙江籍早期留日学生之译书活动》，载《杭州大学学报》，1996 年第 6 期，第 154 页。

④　中国第一历史档案馆：《宣统二年归国留学生史料》，载《历史档案》，1997 年第 2 期，第 57 页。

士多德之学说》。[①]他曾在通州师范学校做日语翻译。他1902年至1903年游学日本期间，他翻译了《教育学原理》。1906年江苏巡抚将该书作为江苏省"私家编纂"的教科书呈送学务大臣审定。[②]他翻译教育学并非出于谁的要求，没有什么"官方色彩"，而是根据国内需要主动选择。

此书翻译的大背景，仍是新政之后学堂初兴，兴学堂过程中，国内"管其事者，又未尝深知教育之故，徒取外国章程、科目为之亦步亦趋"，追逐管理制度之末，而少有涉及"原理"。而季新益翻译《教育学原理》的直接动机，就是为国内教育改革提供一定的准绳。

季新益自己所写的"译例"，颇能体现本书的特点：

一是书原为东京专门学校文学教育科讲义录之一，专述原理，若其方法则犹有教授法，管理法诸书在兹，特先译之以备有志斯学者穷本之资。

一中东文法不特点到不同，且详略各异，故是书间有增损之处，但其大旨则无不一一吻合，以符译本体裁。

一凡专门学问之书，所难译者，术语（即专门学术之名词也，即此一端已可概见其难）为最，人名次之，是书中之术语除已经通行及可以意会者（如社会学、伦理学及审美学之类）仍其旧，外其余则略参私意，概以小注解明之，或且附加西文人名，皆译音，而亦有原文，以供通外国文者参考。

一是书所参照之泰西书目列表于后。

参考书目：

洛夫苟来智教育哲学（Rosenkranz:The Philosphy of education）

按：洛夫苟来智以黑智尔（Hegel）派哲学为本，专重教育学之系统者也。

---

① 季新益：《泰西教育界之开幕者阿里士多德之学说》，载《江苏》，1903年第2期。
② 《各省复汇送学堂课本电》，载《学部官报》，1906年第2期。

来因教育学原理（Rein padagogik im Grundriss）

按：来因以黑排梯（Kerbart）派科学之教育学为本而稍加社会学之见解者也。

老乌里教育组织（Laurie Institutes of education）

按：老乌里虽有黑排梯派之余风，而以心理学为本创建不少。

值得注意的是，译例中的 Philosphy 应为 Philosophy，Kerbart 应为 Herbart。[1] 不知这样的错误是日本讲授者的口误，还是季新益的笔误，或者是出版社的排印错误。

该书第一页写着"尺秀三郎、中岛半次郎讲述，季新益笔译"，应该也属于讲义、笔记类译本。但应该不是季新益亲自去听讲，该书"原为东京专门学校文学教育科讲义录之一"。季新益是不是留学东京专门学校暂不可考，但肯定不是在"文学教育科"。如前所述，他所授的是"工科进士"，与师范及教育科并不相下。并且，木书是"专述原理"，"若其方法则犹有教授法、管理法诸书"，这些教授法、管理法他并没有再翻译，只译"原理"，"以备有志斯学者穷本之资"，颇有为他人作嫁衣的意思。据统计，在"国人据日原本译编、改编或自编的著作"里，录有 1907 年由广智书局出版的季新益著的《教育学教科书》，后注"原为上海第一师范传习所讲义"[2]。但是《教育学教科书》的内容，由于资料所限无从得见，未敢妄加评判。但其翻译的《教育学原理》，相对于其他译本，很符合"学术规范"，各种细节的处理显得很细心，确有"深思精研"的境界。尤其注意"术语"的翻译问题，若为音译，会附加原文，不致让人不知所云；列出该书的参考用书，并加按语，解释其学派渊源。这在所能见到的教育学教科书中是不多见的。

---

① 季新益：《教育学原理》，教科书辑译社（东京），1903 年。

② 周谷平：《近代西方教育学在中国的传播及其影响》，载《华东师范大学学报（教育科学版）》，1991 年第 3 期，第 80 页。

（三）《新编教育学教科书》①

本书著者日本人大濑甚太郎，曾任东京高等师范学校校长，是日本著名的赫尔巴特教育学派的倡导者。关于《新编教育学教科书》的情况，在其著者"绪言"中有所说明：

> 一本书为教育者及师范生等说述教育之平易理论及应用者也。
>
> 一著者曩尝公教育学教科书于世，今又与立柄教俊氏共著心理学教科书及教授法教科书，使之联络，或删除部分，或改正部分以出版也。
>
> 一本书与前著略同，不偏于一二学派之主张，折衷诸说，主于实用。而前所著书，皆依独国及佛国广行之教育学教科书。本书更参酌最近之教育书，即那特尔卑尔、曼连曼等诸氏之著书。
>
> 一本书脱稿后，与心理教科书略同，烦中根淑氏批正其文辞极为周密，此著者所深谢也。

其所参酌的"最近之教科书"，大约指的是针对赫尔巴特教育学而产生的社会教育学和实验教育学。"那特尔卑尔"应该指的是社会教育学代表人物拿托普（Natorp, P., 1854年—1924年），他于1905年著有《普通教育学》；"曼连曼"应该指的是实验教育学代表人物梅伊曼（Meumann, E., 1862年—1915年）。大濑甚太郎虽为日本赫尔巴特教育学派的倡导者，但其在学理上并未囿于赫尔巴特教育学派，而对当时世界教育学术的进展保持密切关注。

书中尚有湖北留日学生监督李宝巽的几句序言。

> 是书专为日本大濑先生所著，其教育之法就人之性质各为其分以相予无口杂无强迫，诚教育家之良方也。
>
> 伯獬诸人于课余之暇，同译是编，将以付梓。余既深佩大濑先生不

---

① ［日］大濑甚太郎：《新编教育学教科书》，闵豸、刘本枢译，日本印刷，1906年。

各其所学以授之学者，更嘉伯獬诸人之不私其所有而能以公诸人也。于是赞成其志并书数言以并其端。

李宝巽识于东京

该书的成书经过，译者在"叙"中有所指陈。

甲辰夏，仆等东游留学日京弘文学院肄习速成师范科。功课繁冗，时间短促，欲知各学科精义，非考究和文不能得其厓略。课余综览各教科书，于教育学为尤注意，同志共编讲义。仆等分认教育一科，弃短取长，力求精确。遂购东洋著名教育书十数种参观互证，不惮详求，选得教育名家大瀬君《新编教育学教科书》一卷，披阅数过，其用意微奥而其理论实平易近人，于现时风土人情体恤周至。即按之我国风俗习惯，亦极吻合。洵世界普通应用之善本编讲义时，兼译是书以资借镜，久之全书均经译出。虽词笔不无差别，而原意大略从同□是就译稿各录一通，置诸座右，以为研究教育之阶梯。继思教育当徵诸实施，非可视同秘籍。况内地需教育书孔亟，倘以此编输入，其于吾国教育前途或不无什一之裨益欤！爰付梓人以质诸海内留心教育诸君子。

光绪三十一年孟春月上浣译者识于日本东京

译者闵歝、刘本枢，书中并未有太多信息，但因为其作序的是湖北留日学生监督李宝巽[1]，故二人应该为甲辰年（1904年）赴日本宏文学院速成师范科留学的湖北留学生。另据统计，两人还译有波多野贞之助讲义《教育学》，1905年由湖北学务处印行。[2] 这应该是他们在宏文学院的听讲笔记，根据湖北学务处的要求翻译笔记并结集出版。而大瀬甚太郎的《新编教育学

---

① 浙江大学日本文化研究所：《中日关系史论考》，中华书局，2001年，第258页。

② 周谷平：《近代西方教育学在中国的传播及其影响》，载《华东师范大学学报（教育科学版）》，1991年第3期，第80页。

教科书》则是他们经过"购东洋著名教育书十数种参观互证,不惮详求"的自主选择,有诸多优点,可在其"例言"中窥得一二。

一此书依原著直译后经同志再三斟酌,意义固求周密,文气亦取流通,但不敢参以己见致失本旨。

一此书宗旨纯正,理解精通。查东洋近今教育家著述甚夥,或主社会或主宗教议论,虽各有所长,然不善解释恐不免于误谬而贻害匪轻。惟是编适合吾国之人情风俗,易以发展国民之性质而养成爱国之精神。

一此书原著多采泰西有名教育家若卢梭、康德、廓美纽司、苏格拉底、海尔巴脱诸说汇集而成,故皆体贴入微,发为不刊之论。热心教育者自知其大凡。

一此书综日本维新以来诸教育家理论而折衷之。如福泽渝吉之欲废孔孟,赖山阳之鄙夷欧美,各偏一是,于教育仍无进步。斯书破除此见,惟善是从。

一原书由著者实地经验逐渐改良,业经日本文部省检定数次,洵近今通行最完善之本,为师范学校教育科以及中小各学校教员讲习之用。

一此书原本系近日新编之教科书,与其前所著教育学不同,而教育之精义与方法较前尤详尽。

一原书中所有各名词,和文经见而汉文不经见者,其本意虽极妥贴,而阅者终难一目了然。故间以汉文适当之意义易之,其未易者则随以汉文解释注于句下以便参照。

一此书于功课之暇抽译而成,其中疑义虽质于教师,证诸友人,然考核未精当之处恐多不免,尚冀博雅君子匡所不逮,则铭感焉。

从中可见,其着眼点并不在于大濑甚太郎是否介绍了世界教育学术的新进展,考虑最多的仍是是否适用于中国的风土人情,"易以发展国民之性质而养成爱国之精神";是否能指导中国实践,作为中国师范学堂教科书是否可靠。经过一段时间的常识积累，与西方教育学发展密切相关的教育家卢梭、康德、廓美纽司、苏格拉底、海尔巴脱等，不再只是某国稀奇古怪的人名代号，因被纳入教育学发展的历史轨迹而具有了意义。

（四）《教育学》①

奥地利林笃奈尔著，日本人汤原元一译补，陈清震重译的《教育学》，1907年由京师第一私立中等商业学堂发行。

该书的原著者"林笃奈尔"应该同《垤氏实践教育学》的"垤斯弗勒特力"，为奥地利教育学家林德纳 (G. A. Lindner，1828年—1887年)。日本译者汤原元一亦为日本赫尔巴特学派的重要代表人物。②中国译者陈清震的资料目前没有很详尽的，只有据其留日归国在学部任职时的评价来推其一二："陈清震，年二十四岁，直隶人，由举人留学日本毕业生，于光绪三十二年八月经学部奏准以主事留部补用。""该员学有本原，办事切实，今拟补普通司小学教育科主事缺。"③1906年自日本归国后，他先在京师私立第一中等商业学堂任职，经严修推荐入学部④，先为补用主事，一年后补普通司小学教育科主事，后为实业庶务科员外郎。他在教育界活动频繁，1906年12月，他的《强迫教育私议》针对中国现实，提出了详细的强迫教育方法，在《大公报》上连刊7天。⑤就陈清震的学养及后续活动来说，可谓中国较早的"教育学者"。

为该书作序的是后来直隶省教育会会长张佐汉。

　　自去岁明诏预备立宪，上而枢廷，下至乡党自好之士，靡不斤斤然

---

① ［奥］林笃奈尔：《教育学》，［日］汤原元一译补，陈清震重译，京师第一私立中等商业学堂总发行，1907年。

② 周谷平：《近代西方教育学在中国的传播及其影响》，载《华东师范大学学报（教育科学版）》，1991年第3期，第82页。

③ 《验放王大臣奏遵旨验本部官缺折》，载《学部官报》，1907年第35期。

④ 关晓红：《晚清学部研究》，广东教育出版社，2000年，第209页。

⑤ 《强迫教育私议》，载《大公报》，1906年12月17日—23日。

以施行教育、注入国民知识为第一要义。然此非徒从事虚谭者所克有济也，必有物焉。示之方针，导天下青年趋重于是，如水之赴壑，其势沛然，不可□止，方足夺持国民程度不及之说者之气，而全国人士始唤醒，而惺惺然有所依归。其为物亦巨矣哉。吾友陈君伯寅，译日儒汤原元一氏之《教育学》一册，汉受而读之，此书乃以实用为主，而归重于修养自治服法之人格，彼国所以实行宪政，跻世界文明国者，殆以此书为先河也。今译而公之，于吾国鞭策国民，趋入宪政实行境地，其端赖此伟物软，抑尤足珍者。

比年以来，吾国东游学子，率以编译书籍为撷利之妙著，其文字雅洁意义通达者固多，亦或于一科学未悉门径，懵然从事于译界，横削假名，灾梨攘利。内地大夫愤愤然受而读之，竟至不能道其隻字。若此者良足慨矣。吾友向学东瀛，于教育一学研索有得，殊非率尔操觚者足顽顸，而文学高雅则寝馈于班马者久矣。侯官严氏所云，译有三难者，吾友此译拟诸雅与达，其庶几乎？顾译之不善害及学界，固宜引绳批根关其惑矣，而涸数月脑力，襄然成一伟著者，间不免为龃龉者一律卑视，夫又大可愤也。况此书方将依为陶成帝国宪政国民一伟器哉！嗟夫！吾读此译本，苦不能索一疵。吾甚恐天下之购是书者，率浅尝辄止，而不克潜心以领略其文字与意义为巨憾耳。脱令吾所憾者，付诸子虚，则固所甚祝祷者也。呜呼此岂第此书之幸也哉。

光绪丁未高阳张佐汉谨序于京师私立第一中等商业学堂

通常教育学教科书的序，总免不了对教育对中国的社会功能做一番强调。对教育学重要性的强调是在教育的社会功能的前提之下的。1906 年清政府宣布"预备立宪"之后，教育被认定为行宪政的基础，判断教育学好坏的标准也成为是否能"陶成帝国宪政国民一伟器"。也就是说，在预备立宪之后国人的心目中，教育学的功能和价值主要体现在能否为实现宪政服务。正因为陈清震所译的《教育学》"以实用为主，而归重于修养自治服法之人格，彼国所以实行宪政，跻世界文明国者，殆以此书为先河"，所以张佐汉认为此书对中国实现宪政也必然能起到作用。

陈清震的自序并未强调该书对实现宪政的作用，而侧重介绍林笃奈尔此书的学术地位与影响。

> 海巴尔脱派之教育学说，教育界宗之久矣。其以表象为精神生活之惟一要素，且摈体育于教育学之范围外，固为今之教育家所不取。然其采心理伦理为教育学之左右翼，俾教育学可以独立而为一科学，则其学说之特色，而为教育家所宜殚力研究者也。奥之大教育家林笃奈尔，本海巴尔脱派之教育主义，著有师范学校教科书一册，简而赅，精而有序，发行未几，重版六次，他国亦争以国语译之。其书之价值，为各国教育界之所公认也可知。惜林氏遵述而不作之旨，重表象，轻体育，一仍海氏说。洵所谓美哉犹有憾也。是书第六版刊行之翌年，林氏病殁。距是书发行时已数年于兹矣。此数年间，学术愈益进步，觉原书之所说，宜加订正者不少。于是发行者以增订之事，托之德国教育界著名博士扶廖利奥君。扶君乃参照心理学最近研究之结果，以为精神生活，即遗传与自然等势力，亦与有力焉，不独基于表象也。至如以感情欲望为表象之变形，尤为谬论。又说明身心二者相关之理，以见体育之重要，以防国民之流于文弱。撷海氏学说之精义而补其缺点，俾是书益臻于完善，斯则扶氏之功，而教育学界之幸也。余于日本得汤原元一氏一本，批阅再三，喜不自禁，爰重译之，以为我国从事教育者之一助。
>
> 光绪三十三年正月东阳陈清震序于京师私立第一中等商业学堂
>
> 凡例
> 一本书之译辑专以供师范学堂教科书及教育家参考之用。
> 一本书内容丰富，其篇次后先悉仍原书之旧。
> 一本书所用名词悉择习见易解者用之。

一原书所徵引概悉欧洲事实，汤原氏译本多以中国暨日本事实易之，本书将日本事实之为吾国人所不知者，易之以中国事实之吻合者，以期易解。

一本书出版仓促，鲁鱼亥豕在所不免，订正之事以俟再版。

光绪丁未五月　译者识

陈清震在自序中，清晰地梳理了林笃奈尔的学说与赫尔巴特学派的承续，学说的利弊得失，实不愧张佐汉"向学东瀛，于教育一学研索有得"的评价。这与前《垤氏实践教育学》不知所云的学派解析与译名翻译形成鲜明对比。这种现象一方面说明陈清震自身的教育学造诣较好，另一方面，也说明经历了几年的翻译、引介、学习，对中国知识人来说，西方教育学家的译名不再是没有生命力的音译、记号，它们也因被纳入教育学发展的历史轨迹而具有了学派的意义。教育学界的一些较常出现的译名还是达成了相对一致。

（五）《新编教育学讲义》[①]

由日本人中岛半次郎讲述，韩定生翻译的《新编教育学讲义》1911 年由日本东京合资会社富山房发行。

讲述者中岛半次郎为北洋师范学堂正教习，早稻田大学讲师，翻译者韩定生为北洋师范学堂副教习。为本书作序的李士伟（？—1927 年），早年赴日本早稻田大学学习，1906 年回国后任北洋师范学堂监督。

序

十八世纪之末，欧西诸教育家，各本其实地研究之心得而发挥教育之主义。时则有若边沁、斯宾塞则主实利，有若卢骚则主自然，有若休烈厄培尔则主审美，有若海尔巴德，有若裴奈楷（贝内克），则主道德，主人性导源分流，著述侈富。于是古代格言之教育，一变而为科学

---

① ［日］中岛半次郎讲述：《新编教育学讲义》，韩定生译，东京合资会社富山房发行，1911 年。

之教育。海斐二氏，当十九世纪之初，复由道德、人性之两主义，推演而倡心理教育派，以代前此之独断教育派。逮今十数年前，威尔曼、齐格烈、巴德、培格曼、讷特普之徒之新派教育学，则又进个人教育之见解，而达于社会教育之见解。学说之宗旨递变，其范围愈扩张，其组织也愈完密。然则处 20 世纪而言，教育其必注意于社会一般之心理无疑矣。丙午秋，士伟承乏北洋师范学堂监督之职，以教育学科之重且要，而教师之难其人也，乃特聘日本早稻田大学教授中岛半次郎君来津主讲席。中岛君主讲既三载，成绩称最，而其尤有裨于吾国教育前途者，则以所辑教育学讲义为能体察吾国社会之心理，而为适宜之教授也。夫人类之精神，由时代而殊，复由民族而异。民族各相集合而成社会，其历史，其风俗，其习惯，其势力，各有其所谓特质者在。考察社会之特质，因势利导，以期合乎实践教育之旨。而徒高谈教育原理，谓善是已足，吾未见其可。且兰因氏之论教育也，区理论、实地为二部，于教育之目的方法，则曰理论教育学，于教育之实地关系，则曰实地教育学，必兼是二者，教育始达完美之域。盖兰因氏固力矫专重理论之失者，其所称实地教育之学理，即社会教育之学理。吾于是益服中岛君之能窥新派教育诸说之深，而以社会教育见解，补个人教育见解之偏也。今本堂专修科各生既卒业，中岛君所授教育学讲义，亦□然成集，爰付□□，藉公当世，排印告竟，特识数以□首，愿与吾国复教育任者共讨论之。

大清宣统二年二月永年李士伟序

　　李士伟的序，可称之为简要的西方教育学史。顺着教育学术发展的逻辑，历数了从 18 世纪到 20 世纪初西方比较重要的教育学家。其后有关于"理论教育学"与"实地教育学"的阐述。或者可以说，李士伟的序与前几本教育学教科书的序有很大的不同。他没有将教育学放置在教育对国家的功能中进行评判，而是将该书放置到教育学自身的发展逻辑中进行考量。

该书的翻译者韩定生（1885 年—？）河北高阳人，时为北洋师范学堂专修科学生。该书即为中岛半次郎在北洋师范学堂时的讲义。韩定生之后随即留学日本东京高等师范学校，1915 年毕业后担任北京高等师范学校的教育学、教育史教师。他也是中国第一代比较有代表性的"教育学家"。

（六）中国图书公司的系列教育教科书

1908 年，位于上海棋盘街的中国图书公司发行了一套师范用教科书。该公司的"教育书目广告"很别致，将教育教科书分为统合教育教科书、简明教育教科书、教育研究书三类，分别包括以下书目。

统合教育教科书：教育学（秦毓钧编，沈恩孚，顾倬校订）、心理学（杨保恒编，沈恩孚，顾倬校订）、小学各科教授法（顾倬编，沈恩孚校订）、教育史（韦以黼编，沈恩孚，顾倬校订）、伦理学（编著中）、小学管理法（编著中）、教育制度（编著中）。

简明教育教科书：简明实用教育学（吴馨编，沈恩孚，顾倬校订）、简明小学校管理法（日本大久保介寿讲述，华振编录，顾倬校订）、学校卫生简说（顾型编，印刷中）、简明单级教授法（编著中）。

教育研究书：小学劣等生救济法（日本织田胜万、白土千秋合著，杨传福译，顾倬校订）、实验二部教授法（日本野顺海，木村田乎合著，缪文功、陶驷原合译，顾倬、华文祺校订）。

广告中各书均标明作者、校订者及内容提要。[①] 其中两本为教育学教科书：秦毓钧编的给师范学堂用的《教育学》和吴馨编的给初级师范简易科用的《简明实用教育学》。

秦毓钧在"《教育学》编辑大意"中提及该书的内容及编辑用意：

> 教育范围包罗甚广，本书备师范学校教材之用，故注重学校教育，而于家庭社会则非与学校有关系者，概不叙及。学校教育，以小学最重

---

① 秦毓钧：《（师范用）教育学》，中国图书公司，1908 年。

要，故本书发明学理，指示方法，均为小学教师计，以期适于应用。本书主义，在融会德智体三育，以造就完美之国民，故取材立论，均兼顾各方面，而不拘于一偏。本书共分六编，而教授管理二编，尤为精神所注。本书系著者即平时研究所得，复参考群书，取长舍短而告厥成。但学识浅薄，恐不无谬误，海内君子幸教正之。

秦毓钧（1873年—1942年），字祖同，号平甫，别号一鸣，无锡小娄巷人。1902年留学日本，归国后，曾在上海《申报》《时报》工作。该书编辑的目的、作用，作者说得很清楚，"均为小学教师计"，"以切合现今学界程度为准"。全书内容不涉及西方教育学流派及教育学史，但将德、智、体"三育"的精神注于"养育""教授""训练""管理"诸编中。

《简明实用教育学》的作者吴馨，上海秀才，江苏教育会会员，并担任会中重要职务。[①]《简明实用教育学》"即编者教授管理上之经验，按吾国学界程度及社会情形以立言，分精神、身休二主义以包括德、智、体三育；除总论外，分教师、生徒养育、管理、教授、训练各论，复互相联络，说明种种关系；理论事实处处比附，务使学者易起兴味而切于实用；本书最宜于初级师范简易科程度，以每星期三时计，可敷一年之用"[②]。该书的编辑思路与秦毓钧的《教育学》类似，"按吾国学界程度及社会情形"，将德智体三育论与"养育、管理、教授、训练各论"结合。或者我们可以这么说，这两本教育学教科书是基于中国教育"怎么做"的逻辑，在"用"的层次上消化吸收西方教育理论，以"兼顾各方面""不拘于一偏"的"理论"面貌呈现，以指导实践。

这套教育教科书还有比较引人注意的一点，这些书的校订者，绝大多数

---

① 戴长征：《清季的江苏教育会（1905—1911）》，博士学位论文，华东师范大学人文学院历史学系，2007年。

② 秦毓钧：《（师范用）教育学》，中国图书公司，1908年。

为沈恩孚[①]及顾倬[②]。1908年，沈恩孚的身份为龙门初级师范学校校长、中国图书公司总编辑、江苏教育总会主要代表人物、小学单级教授法的主要倡议者。[③]顾倬的身份为东林小学堂堂长、中国图书公司编辑。[④]就背景和身份而言，他们在教育界、出版界都有广泛的人脉。而其他书的作者如杨保恒为上海龙门师范学校教员兼属小学校办事员。他和吴馨都是江苏教育总会会员。据此，这套教育教科书应该是中国图书公司与江苏教育总会合作，顾倬与沈恩孚共同组织人员编写、翻译的结果。沈恩孚和顾倬作为初级师范学堂和小学堂的校长，关注的中心都是小学教师和小学教育方法。而且他们都去过日本考察、学习，归国之后长期从事教育实践，既明白理论层面的教育学，也知道中国教育改革的现实需要。可以说，他们算是有教育学知识的中国教育实践的领导者、研究者，当时在中国得到实践的教育学，在一定意义上说，正是由他们这一类人所选择、决定的。那么，体现他们意志的这两本教育学乃至这套教科书所表达的对中国小学教育强烈的针对性和实用性就不足为奇了。

三、教育学教科书的共同问题

（一）带着中国问题引进外国理论

与国人对"教育"和"教育学"的观念相应：教育学一方面是"教育弟子之法"的"原理"，一方面是关于学校教育改革的学问。国人翻译和编写

① 沈恩孚（1864年—1949年），字信卿，江苏吴县人。早年就读于上海龙门书院，后执教于宝山县学堂。1902年，为中国图书公司总编辑。1904年，与袁希涛等倡议改上海龙门书院为师范学校。同年，东渡日本考察教育。回国后任龙门师范学堂监督。1905年，龙门初级师范学校成立，为首任监督。同年，参与创办江苏学务总会（江苏教育总会前身），是江苏教育总会的主要人物，倡议施行小学单级教授法。

② 顾倬（1872年—1938年），号述之，无锡人。21岁考中秀才，后肄业于东林书院、南菁书院。1902年与侯鸿鉴一起由东林高等小学堂资送留学日本弘文学院师范科学习1年。归国后历任东林学堂校长、上海中国图书公司编辑、直隶提学使署教育科长等职。

③ 《苏州通史》编纂委员会：《苏州通史（人物卷下）》苏州大学出版社，2019年，第11—12页。

④ 尹艳秋：《近现代苏南教育家概览》，苏州大学出版社，2013年，第121—122页。

教科书，直接的意图是作为师范学堂的教科书，另一个潜在的动机，则是试图用外国的理论来指导中国教育改革的现实问题。这在作者自序谈及翻译动机时都有比较明显的体现。《埏氏实践教育学》的翻译主要因其"专重教育普及，因时变通，往往为中人指导"；《教育学原理》希望通过引进"原理"，改变国内兴学堂之后管理学堂人员只追逐外国章程、科目等管理制度之末，而不知教育原理的现象；《新编教育学教科书》一方面是因"内地需教育书孔亟"，另一方面也是为"吾国教育前途"；《教育学》更是被寄予"陶成帝国宪政国民一伟器"的厚望。在这种"用"的情绪中，译者和读者往往无暇也不愿对所引进理论的历史语境和来龙去脉进行深入细致的考察和理解，而是以尽可能简化的程序和形式来运用，以之界定中国问题、规划中国未来。

（二）译名问题

这些文本的序言、例言中大多都提到了日文新名词的中译名问题。如张佐汉在《教育学》序言中提出的关于译书较为普遍的问题："比年以来，吾国东游学了，率以编译书籍为撷利之妙著，其文字雅洁意义通达者固多，亦或于一科学未悉门径，懵然从事于译界，横削假名，灾梨攘利。"陈清震亦在"后序"中重申这一问题：

> 粹学问与文章为一，吾国旧习然也。欧学东译籍现夷改其书，理则犹是也，而文多不足以副之。缙绅先生、博闻笃古之士鄙事之，不一寓目，自是意译之说兴，而修辞愈益重矣。未几有群推为译界之泰斗者出，其文渊懿，其词雅奥，非昔之缙绅先生、博闻笃古之士所能及。故自庚子以后，昔之缙绅先生、博闻笃古之士亦稍稍批阅译籍。虽曰世变迫之，亦未始，非善译者有以迪其机也，继之者乃欲专以词胜颠□原书，惟文是适。君子曰："其父杀人报仇，其子必且行劫。"岂不信哉？夫饰椟所以重珠也，剖珠以嵌椟，椟美而珠亡矣。余译书以求达其原书之义为主，至于字经句子，苏韩潮海之文，余不敏，无能为役。
>
> 光绪丁未五月东阳陈清震又序

　　译名不统一是当时学界翻译西籍的普遍现象。《大公报》曾有评论："学界中亦有一极不便之事，学者用者两不经意，甚且标新领异，日见纷歧，其事维何？即翻译西籍于地名人名同字不同译是也。学者精神以专一为要，乃每读译编同一地名人名也，而此编与彼编所译不同，往往误认为两地两人，游移难定。"①对教育学书籍的翻译来说，尤其如此。几乎每个西方人名都被翻译得稀奇古怪，且每本都不一样。举个例子来说，王国维翻译的第一本《教育学》将第斯多惠（F.A.W.Diesterweg）译为"台斯脱儿樊希"②，而在其自编的《教育学》中则称之为"地斯台尔威"③。较为有心的译者会在音译名称旁标注原文，但大部分译者还少有这种意识，而直接译来了事。况且即使有标注，因文字不通，单词拼写也多讹误，很难作为有效参考。也就是说，单从翻译的教科书来说，西方各种学说学派也许很早就被介绍到中国来了，但在中国人还未勾画出西方教育学术谱系时，生硬地照搬照译各种奇异的译名，译者不明就里，读者更不知所云，视而不见。而这种翻译方式也反过来延缓、甚至阻碍中国对西方教育学术的理解和接受，同时也很难形成学术积累。

　　随着要求译名统一的呼声越来越高，学部成立编订名词馆，以审定各种学术名词，以严复为总纂。将各种名词分文实两科，分算学、博物、理化、舆史、教育、法政六门，其中教育一门，论辩学（逻辑学）、伦理学、心灵学（心理学）、教育学均属之。④但直至清亡，名词馆并没有什么成果发表。译名统一问题在清末并未实现。

（三）学派问题

　　学派问题与译名问题相联系，在较早翻译引入的教育学文本中体现得并不明显——虽然也有文本在序言中提到所译书著者的学派归属，但因译名混

---

① 《译书地名人名宜归一律说》，载《大公报》，1904 年 11 月 6 日。
② ［日］立花铣三郎讲述：《教育学》，王国维译，见教育世界社教育丛书（初集），1901 年，第9 页。
③ 王国维：《教育学》，福建教育出版社，2008 年，第 36 页。
④ 《奏本部开办编订名词馆并遴派总纂折》，载《学部官报》，1909 年第 105 期。

杂，对译者和读者基本都不具有学术谱系的意义。虽然中国对西方教育学的认识是转道日本，但同时代的西方教育学人物、派别及进展，几乎是同时被翻译、介绍到中国。因为日本密切关注西方教育学进展的同时，中国的大量留日学生也在密切关注日本，即使这两种"关注"的出发点不一样，也并不妨碍负载在教育学文本中的知识的翻译与传播。尤其是，日本的教育学教科书作者通常会在译例中对当时西方教育学界的学术派别做分析与介绍，这些学派随之以各种译名被介绍到中国。在稍晚出现的教育学文本中，卢梭、康德、廓美纽司、苏格拉底、海尔巴脱这些在教育学文本中出现频率比较高的名字基本获得了统一认识。同时，国人对西方教育学历史和进展也有了一定了解，尤其是对当时风靡世界的"海尔巴脱"教育学的内容有了更深的认识。

第二节　赫尔巴特教育学的传播

学界普遍认为，最初传入中国的教育学，是假道日本的赫尔巴特教育学派的教育学。因为当时日本以赫尔巴特学派的教育学为主流，传入中国的教育学文本所牵涉的日本作者（如牧濑五一郎、波多野贞之助等）都是日本赫尔巴特教育学派的代表人物，所以，中国当时翻译、介绍和接受的也以赫尔巴特学派教育学为主。①

明治后期，日本以德国为榜样确立了近代的国家体制，其学术界也绝对地倒向德国。在教育学方面这一倾向亦极显著。1886 年的各种学校令、1890 年颁布的《教育敕语》所体现的国家教育体制，反映了 20 世纪八九十

---

① 周谷平：《近代西方教育学在中国的传播及其影响》，载《华东师范大学学报（教育科学版）》，1991 年第 3 期，第 82—86 页。郑金洲，瞿葆奎：《中国教育学百年》，教育科学出版社，2002 年，第 10 页。

年代，强烈地吸引日本教育学者的是赫尔巴特的教育学。①1889年，东京帝国大学文科邀请哈斯克内特 (E. Hausknecht，1853年—1927年) 主讲赫尔巴特与赫尔巴特学派的教育学。随后，在其建议下，文科大学于1889年开设特约生教育学科，培养了谷本富、汤原元一、稻垣末松等一批教育学者，他们与留德归国的波多野贞之助、野尻精一、汤本武比古等一起构成日本赫尔巴特学派的中坚力量。赫尔巴特学派的教育学通过论著、讲习会广泛流布日本全国。为了引导人们注重德性，倡导学术研究的体系性和阶段教学法，赫尔巴特、林德纳、莱因等人的著作被一一翻译。在教育理论界，除大量翻译介绍德国赫尔巴特学派的著作外，又有日本学者依据赫尔巴特学说自己编著的大批教育学著作问世。同时，赫尔巴特教育学注重个人道德品质的培养及其建立在心理学基础上的具体、实用、操作性强的形式阶段教授方法，则成了日本初等教育的坚实基础。日本当时颁行的各种教育文件和教则大纲中也到处渗透着赫尔巴特学说的精神。虽然20世纪初，随着德国教育学说的变迁，日本又相继传入了德国社会教育学、实验教育学等流派，但"自明治三十年后一直到明治末年顷，教育出版界仍多海氏一派之论著"②。日本从19世纪90年代至20世纪初期，进入了"赫尔巴特学派教育学说全盛"的时代——此时，正是中国实行新政，向日本引入教育学时期。于是在同时期日本的教育出版界占主导地位的日本赫尔巴特学派的教育学著作，正好形成了中国的接受对象，并通过各种途径传入中国。③正如有的学者所提醒的，在日本，研究和讲授赫尔巴特教育学多数不是通过赫尔巴特自己的著作进行的，而是以赫尔巴特学派 (主要是新派) 代表人物的著作为材料进行的。而哈斯克内特个人的教育见解是极端国家主义的，且极为重视体育，这与赫尔巴特教育学"强烈的个人教育学色彩和体育的欠缺"又颇为不同。由此，很

---

① [日]筑波大学教育学研究会：《现代教育学基础》，上海教育出版社，1986年，第473页。

② 吴自强：《日本之教育出版界》，载《中华教育界》，1932年第20卷第2期，第79页。

③ 周谷平：《近代西方教育学在中国的传播及其影响》，载《华东师范大学学报（教育科学版）》，1991年第3期，第83页。

难说日本"先生"所谓赫尔巴特教育学能够完全地忠实于赫尔巴特学说的精义。①

那么，最初的"教育学"到底是以何种形象展现在中国学人面前的？我们现在的一般观点是，最初传入中国的教育学是赫尔巴特及其学派的教育学。通过翻阅大量中国早期的教育学文本（以讲义、教科书居多），再将其与原始的赫尔巴特教育学进行比较，我们不难发现，很难说它们在整体上属于哪个教育学流派，且不同文本之间差异很大。当然，它们也有一些共同点，那就是，与赫尔巴特学派的教育学的某一部分或形似或神似。

本文选取了中国较早的几个教育学文本——立花铣三郎讲述、王国维翻译的《教育学》，牧濑五一郎著、王国维翻译的《教育学教科书》，湖北游学日本师范生编《师范讲义》中的第一册《教育原理》，直隶留学日本速成师范生同编的《教育学讲义》，试图回答如下两个问题：一、在什么意义上我们可以说传入中国的是"赫尔巴特教育学"；二、这种赫尔巴特教育学的传入在路径和类型上有何差异。

一、在中国的赫尔巴特教育学

仔细阅读这四本教育学，我们将会发现，它们都没有明确宣称自己所传播的是"赫尔巴特教育学"；它们提到"赫尔巴特"时，都是以评论者的身份对赫尔巴特的有关观点进行或褒或贬的评论。

王国维翻译的《教育学》的讲述者立花铣三郎（1867—1901），曾去美国师范学校留学，当时美国教育界深受赫尔巴特学派的影响。《教育学》开篇便说："我国古代无固有之教育学，而西洋则学说甚多，颇难取舍，就中德国教育学，略近完美，故此讲义，以德国教育学家留额氏所著书为本"，"氏之说有不尽之处，闲（咸）加陋见，唯勉求不偏而已。"②据瞿葆奎先生的

---

① 周谷平，叶志坚：《赫尔巴特教育学在中国：一个跨越世纪的回望》，载《教育学报》，2006年第5期，第32页。

② [日]立花铣三郎讲述：《教育学》，王国维译，见教育世界社教育丛书（初集），1901年，第1页。

考证,"留额"旁边原注为"Ruegg"。① 未知今译为谁,全书提到赫尔巴特派的地方显然并没有把留额氏算在内:"培内儿氏等别教育之方便为二:一教育,二教授。海儿拔儿脱氏别之为监护、训练、教授三者。留额氏以此等分类为非,用海额老父氏之分类法"②,"留额氏分为体育、智育二者,然海尔拔尔脱派与此异,体育虽视为教育上之一要件,不别设项"③。可见,王国维当时也并没有意识到"留额"与赫尔巴特学派的关系,也不认为他所引入的就是赫尔巴特教育学派的教育学。他真正有意识地引入、传播赫尔巴特教育学派的教育学,是在主办《教育世界》、梳理出其学脉关系之后的事。

直隶留学日本速成师范生编辑的《教育学讲义》多次提到赫尔巴特,译为"显露柏罗都氏"。将赫尔巴特关于教育目的的主张归结到"道德主义"派中加以阐释,④而道德主义派只是该书关于教育目的的诸多学说之一,关于教育目的的结论并未明说以此学说为准。在"教材之结合"中提到显露柏罗都学派的"以历史、经典、宗教史三者为各科中心的中心凑合法"⑤;在阐释五段教授法时注明"此五段法显露柏罗都学派实主张之"⑥;在阐释实物教授法时提到显露柏罗都氏与裴司塔若籍(裴斯泰洛齐)的师承关系。⑦

值得注意的是,《教育学教科书》《教育原理》通篇并未提到赫尔巴特及赫尔巴特派。引入者也没有宣扬甚至没有意识到他们所引入的是"赫尔巴特教育学"。译名不统一,对"赫尔巴特"的翻译就千奇百怪,即使同一人阅读不同文本,也可能意识不到这些译名指的是同一人。这表明,当时引入教育学并没有什么学派的考虑,也没有计划。

① 瞿葆奎:《两个第一:王国维译、编的＜教育学＞——编辑后记》,载《教育学报》,2008年第4期,第4页。

② [日]立花铣三郎讲述:《教育学》,王国维译,见教育世界社教育丛书(初集),1901年,第13页。

③ [日]立花铣三郎讲述:《教育学》,王国维译,见教育世界社教育丛书(初集),1901年,第15页。

④ 直隶留学日本速成师范生:《教育学讲义》,直隶学务处,1904年,第8—10页。

⑤ 直隶留学日本速成师范生:《教育学讲义》,直隶学务处,1904年,第26页。

⑥ 直隶留学日本速成师范生:《教育学讲义》,直隶学务处,1904年,第27页。

⑦ 直隶留学日本速成师范生:《教育学讲义》,直隶学务处,1904年,第29页。

　　并且，参酌中国近些年翻译、出版的赫尔巴特的《普通教育学》《教育学讲授纲要》[①]两本著作，并没有出现"智育""体育""德育"这些词汇，而在本节选取的这几本教育学中，均不同程度地涉及并应用这些词来阐释问题。《教育学》直接将"体育""智育"分章讨论；《教育学教科书》则提道："文科、理科之教育，谓之知育，图画唱歌等，谓之美育，或以关文理艺三科之教育为知育，关修身科之教育为德育，关体操科之教育为体育，称知育、德育、体育之三者"[②]；《教育学讲义》中"倘智育、德育或有偏重，其结果使知、情、意三部分失其调和，则流弊滋甚"[③]。而且，中国古代的典籍和学者的名字也经常与西方的主义、学说同时出现，以中国的传统思想来阐释西方的新观念，这一点在《教育学讲义》和《教育原理》中体现得尤为明显。比如，《教育原理》在论述"道德主义"时，"德之显露柏罗都氏主张良知与意志合一之说"，将赫尔巴特的主张与中国的王阳明的良知与意志之说相附会。在论述"训练上之特性"时，"生徒之特性，必有所抉择，与世界之范围相合者，始使之发达，否则，遏抑之。若其合于世界范围，而又益于国家文明之进步者，尤当极力发达之，使达于极点。孔子进求退由之义，即因人而施也"[④]。以中国传统圣人言行、经典著作附会、解释新理论。

　　除了《教育学》，其余三本都是以教科书或讲义的形式出现。即使讲述者是日本赫尔巴特教育学派的代表人物，在讲述"教育学"时，对赫尔巴特教育学的主张和观点采取补偏救弊的姿态，糅合各家学说，折中转化为适于教科书的形式，尽量以"常识"面目、"公正客观"地加以呈现，从而模糊了其门派。对中国的引进者来说，面对陌生的新知识，自然要从已有的知识资源中寻找接收平台，这时已在中国社会流行的教育用语也成为资源之一。

---

① ［德］赫尔巴特：《普通教育学 教育学讲授纲要》，李其龙译，浙江教育出版社，2002年。
② ［日］牧濑五一郎：《教育学教科书》，王国维译，见教育世界社教育丛书二集，1902年，第13页。
③ 直隶留学日本速成师范生：《教育学讲义》，直隶学务处，1904年，第19页。
④ 湖北游学日本师范生：《师范讲义：教育原理》，1903年，第76页。（原书无出版者信息）

为中国学者和留学生所熟知的儒家传统，是日本教师向中国学生诠释新学问的工具，也是中国学生接受新知识的平台。这样，用这种方式从日本接收以教科书面目出现的教育学后，引进者转而基于各自的社会环境和知识背景用中文表述出来，就呈现出上述"丰富多彩"的面目。

另一方面，这些文本又有些类似之处。这不是指具体翻译内容的相近或相同，而是指结构的相似。这些文本的结构都很明显地遵循赫尔巴特教育学的"目的—手段"体系①，或是基于理论，或是基于实践，都极其强调教育目的（"教育宗旨"）的首要和重要地位，"手段"（"方法""方法论""方便""实行"）在各个文本中都占了很大篇幅，对手段中的管理、教学和训育几部分，虽表述各不相同，但都对"教学"作了重点介绍，其"教学"（教授法、教授论）部分的内容也极其相似。除了《教育学》，其他文本均详细介绍五段（四段）教学法，并示以运用五段教学法教授具体学科应注意的事项。并且，对比赫尔巴特的两本最主要的教育学著作《普通教育学》和《教育学讲授纲要》，我们会发现原汁原味的赫尔巴特教育学论述的许多问题在这些教育学文本中都能找到影子。②

根据上述情况，我们似乎可以说，中国最先引进的是赫尔巴特教育学派的教育学，其共同特点是其结构上的教育"目的—手段"体系，内容上的五段（四段）教授法。在具体内容的阐释上，则或折中各家学说，或取一家之言，但都是把各种学说纳入这个体系中进行说明，赫尔巴特教育学派的教育观点只得到了部分体现。正因如此，我们阅读这些文本的时候，其具体内容虽都不以赫尔巴特学派自居，甚至以赫尔巴特学派的某些观点为非，但其整体结构大体相似。

因此，如果我们把最早引入中国的教育学看作是赫尔巴特教育学的话，那还得加上如下限定：那是"赫尔巴特教育学派的教育学"，而不是赫尔巴

---

① 赫尔巴特《普通教育学》的副标题是"由教育目的引出的普通教育学"，详见文后附录。

② 《普通教育学》《教育学讲授纲要》及四本教育学的目录见附录。

特教育学本身；是进入到中国历史情境中的那部分"赫尔巴特教育学派的教育学"，而不是全部；它经过了中国人的理解、选择和诠释，而未必是其学说本身。

二、中国赫尔巴特教育学引进的两条路径

按照引进路径的不同，这四本教育学可分成两类：《教育学》与《教育学教科书》为一类，是由具有扎实日文功底的年轻学者翻译的日本教育学著作；《教育原理》与《教育学讲义》为一类，是由留日速成师范生整理编辑而成的听课笔记。

这两种类型的文本，在内容与风格上呈现出种种差异。前者是从文本到文本的翻译，体系比较严整，理论化程度较高，措辞也较为讲究，内容呈现与现实牵连不大，教育理论、教育经验多以"真理性常识"的面貌出现，不涉国别，贴近原著、原意。与前者相比，笔记体系较为松散，内容与现实联系紧密，言语通俗，可操作性强，"学"的痕迹比较明显，带有较浓烈的"日本色彩"和"师傅"味道，竭力宣扬、传播日本学习西方的成功经验，以日本的教育实际为摹本设定中国教育改革的目标，并对中国正在进行的教育改革提出建议。

（一）《教育学》：学理化的专著

王国维翻译的《教育学》与《教育学教科书》，是中国较早的两本教育学。《教育学》应是王国维于 1900 年 12 月至 1901 年 4 月在日本留学期间[①]得到的版本。时国内教育改革呼声日高，王国维的好友罗振玉此时正在武昌任湖北农务局总理兼湖北农务学堂监督，颇受张之洞器重。《江楚会奏》前

---

① 陈鸿祥：《王国维年谱》，齐鲁书社，1991 年，第 48—52 页。
　关于王国维留学日本的时间，颇有争议，袁英光，刘寅生在《王国维年谱长编》中认为王是于 1902 年二三月至 1902 年五六月留日，在此取陈鸿祥说。

夕，为满足张之洞在湖北进行教育改革的需要[①]，罗振玉酝酿"移译东西教育规制学说，为教育杂志，以资考证"[②]，于 1901 年 4 月创办《教育世界》。为给《教育世界》筹备稿件，罗振玉嘱在日本的王国维留意日本师范教育及所用教材，是很自然的事，而王国维出于自身对康德、叔本华哲学的兴趣[③] 以及自身学养，不从日本中等师范学校教科书中选择文本，而将眼光投向理论体系比较严密又颇具哲学味道的立花铣三郎的《教育学》（刊《教育世界》九、十、十一册），带回国内翻译，也是情理之中的。

《教育学》分三编四部分，总论提出八个问题界定"教育"及"教育学"的研究范畴，三编分别论教育之精神、教育之原质、教育之组织。[④] 其中教育之组织分为养育、训练和教授，只占大约十分之一的篇幅，几百字带过，没有提分段教授法。该书对国内最关注的"教法"亦没有直接提出可操作的办法。可以说，《教育世界》所刊登的《教育学》，除了名称，其余并没有和"培养教师"结合起来，它所显示出来的气质更多偏向学理，阐发一种学说，章节中充满了哲学的推演，运用大量王氏在翻译过程中自己斟酌的意译词汇，如"人间""自然""原质""直觉""留意""可能时代""自由时代"，等等。这种哲学气息浓厚的教育学，与王国维的学术兴趣相应，是以其学者的标准选择的结果。其后他在《哲学辨惑》（1903 年 7 月《教育世界》55 号）《论教育之宗旨》（1903 年 8 月，《教育世界》56 号）《教育偶感》（1904 年 8 月，《教育世界》81 号）《叔本华之哲学及其教育学说》（1904 年 5—6 月，《教育世界》75 号、77 号）等文章中一再强调教育学与哲学的子母关系，与

---

① 张之洞与罗振玉的关系参考的是：

　罗继祖：《庭闻忆略：回忆祖父罗振玉的一生》，吉林文史出版社，1987 年，第 23 页。

　甘孺辑述：《永丰乡人行年录：罗振玉年谱》，江苏人民出版社，1980 年，第 18—25 页。

　汪康年：《汪康年师友书札（第 3 辑中罗振玉来信）》，上海古籍出版社，1986—1989 年，第 3152—3179 页。

② 袁英光，刘寅生：《王国维年谱长编》，天津人民出版社，1996 年，第 26 页。

③ 陈鸿祥：《王国维年谱》，齐鲁书社，1991 年，第 43—47 页。

④ ［日］立花铣三郎讲述：《教育学》，王国维译，见教育世界社教育丛书（初集），1901 年。

其翻译《教育学》的动机是一脉相承的。

1902 年王国维翻译的《教育学教科书》，可能是罗振玉 1901 年到 1902 年赴日本考察学务带回来的教科书的一种，是比较中规中矩的"教科书"。总论部分介绍教育学定义、教育种类、教育学与他科学之关系、教育者及被教育者，本论部分则是教育之目的、方案、实行、手段四部分。风格与《教育学》大不相同，语言比较直白，《教育学》多理论的演绎，《教育学教科书》则多具体事实的叙述，以普及常识的面目出现。

《教育学教科书》应是日本中等师范学校的教科书，而《教育学》则应该是高等院校研究教育学的学者的专著。据吴汝纶的《东游丛录》，日本"高等学校、各种专门学校、大学校均用讲授，没有教科书"[①]，也就是说《教育学教科书》是选自中规中矩的中等师范学校教科书，《教育学》标明是立花铣三郎"讲述"，则应是来自日本东京的某个大学。据《日本学校图论》及《东游丛录》等考察日本学校的结果，日本文科大学（如官立东京帝国大学）哲学科、国文学科、汉学科、国史科、史学科、言语学科、英文学科、独逸文学科、佛兰西文学科九科均须在第三学年开设"教育学"[②]，早稻田大学国语科、汉文科、史地科、经济法制科都须修习"教育学"[③]。教育学在这些地方不是作为培养教师的工具，而是作为文科必修的一门学问被重视。在这个背景下，王国维即使是留学东京物理学校，仍有很大的选择空间。按照他当时的学术兴趣，《教育学》极有可能是从东京某高等院校得来的讲义（经瞿葆奎先生考证，立花的《教育学》乃是取自东京专门学校日语文学科第一

---

① 吴汝纶：《东游丛录》，见吕顺长主编《教育考察记（晚清中国人日本考察记集成）》，杭州大学出版社，1999 年，第 259 页。

② 关庚麟：《日本学校图论》，见吕顺长主编《教育考察记（晚清中国人日本考察记集成）》，杭州大学出版社，1999 年，第 179—182 页。
　吴汝纶：《东游丛录》，见吕顺长主编《教育考察记（晚清中国人日本考察记集成）》，杭州大学出版社，1999 年，第 327—334 页。

③ 关庚麟：《日本学校图论》，见吕顺长主编《教育考察记（晚清中国人日本考察记集成）》，杭州大学出版社，1999 年，第 197—198 页。

届一年级讲义录①）。如果这个推断成立的话，那么王国维的初衷是把教育学当作一门与文史哲并立的新学问来引进，而不是把它当作师范学校培养教师的课程来对待。可以说，王国维翻译《教育学》更多的是出于个人兴趣，而翻译《教育学教科书》则多是出于对国内教育改革的责任和对《教育世界》的义务。

王国维后来几年以《教育世界》为阵地，坚持了自己学者化的引进道路，与教育世界社同仁樊炳清、沈纮等一起，刊发了大量关于赫尔巴特及赫尔巴特学派的译文和论文：《费尔巴尔图派之教育》三卷，《海尔巴脱派之兴味论》《德国教育学大家海尔巴脱传》《德国海尔巴德派教育学会纪事》《兰因氏之教育学》《教育家之希尔列尔》，等等，比较全面地引进、介绍赫尔巴特学派的教育学说，介绍赫尔巴特学派的主要代表人物，关注、介绍赫尔巴特学派的哲学和伦理学基础。

同时王国维站在学者的立场，对中国引进教育学的方式提出质疑。"尤可异者，则我国上下日日言教育，而不喜言哲学。夫既言教育，则不得不言教育学；教育学实不过心理学、伦理学、美学之应用……谓教育学上之理想即哲学上之理想，无不可也。试读西洋之哲学史、教育学史，哲学者而非教育学者有之矣，未有教育学者而不通哲学者也，不通哲学而言教育，与不通物理而言工学，不通生理学、解剖学而言医学，何以异？今日日言教育，言伦理，而独废哲学，此其不可解者三也"，"专门教育中，哲学一科必与诸学科并立，而欲养成教育家，则此科尤为要"②。不仅如此，王国维基于对西方教育学历史的认识，并不满足于赫尔巴特学派的教育学，而提出教育学应随着哲学的进步而进步。他在《叔本华之哲学及其教育学说》中提道："自十九世纪以降，教育学蔚然而成一科之学。溯其原始，则由德意志哲学之

---

① 瞿葆奎：《两个第一：王国维译、编的＜教育学＞——编辑后记》，载《教育学报》，2008年第4期，第4页。

② 王国维：《哲学辨惑》，见姚淦铭、王燕编《王国维文集（三）》，中国文史出版社，1997年，第4—5页。

发达是已。当十八世纪之末叶，汗德（即康德）始由严肃之伦理学而说教育学，然尚未有完全之系统，厥后海尔巴德（即赫尔巴特）始由自己之哲学而组织完全之教育学。同时德国有名之哲学家，往往就教育学有所研究，而各由其哲学系统以创立自己之教育学"，并对赫尔巴特教育学充斥教育界表示了不满："教育学上无奉叔氏之说者，海氏以降之逆理说，乃弥漫充塞于教育界，譬之哥白尼既出，而犹奉多禄某之天文学；生达维之后，而犹言斯他尔之化学，不亦可哀也欤！夫哲学，教育学之母也。彼等之哲学，既鲜确实之基础，欲求其教育学之确实，又乌克得乎！"[①] 但是这种充满书生气的大声疾呼，很快淹没在不需要哲学的"轰轰烈烈"的教育改革中，不为人理睬。

可以说王国维是中国最早的赫尔巴特教育学说研究者，只是后来并没有在教育学术领域继续发展。对于他前期所从事这些工作，今天的研究者的评价似乎颇为公允：王国维及其主编的《教育世界》通过大量介绍赫尔巴特及其学派的教育思想，开创了近代中国导入赫尔巴特教育学说及理论的先河，这对于教育学作为一门独立的学科在近代中国的建立起到了推动作用。[②]

但仍需说明的是，目前没有确切证据表明王国维翻译的《教育学》在清末的师范学校中产生了实际影响。1901 年，师范学校的制度学习还在起步阶段，师范学校并未普遍设立，也未有专派留日学师范者，"教育学"是师范学校的必修课也还没有成为士人的共识，而"教法"则是公认的在师范学校承担培养教师任务的课程。对《教育世界》扶持最力的张之洞在教科书大规模翻译之前，1902 年在《筹定学堂规模次第兴办折》中，为应付各级学堂教科书急需，抄送了一个书籍目录给省内外学堂，作为暂定中西学课程之教材，包括中学 9 种，西学包括史地、理化、数学、动植物与教育等 72 种。其中教育类的有 3 种：《教授学》《学校管理法》与《学校卫生学》[③]，这 3 本

① 王国维：《叔本华之哲学及其教育学说》，载《教育世界》，1904 年第 75 号。

② 田正平：《中外教育交流史》，广东教育出版社，2004 年，第 350 页。

③ 《湖广总督张之洞：筹定学堂规模次第兴办折》，见陈元晖主编《中国近代教育史资料汇编之学制演变》，上海教育出版社，1991 年，第 105 页。

书均选自上海教育世界社 1901 年出版的《教育丛书初集》，而《教育学》也在此集中，张之洞不可能没有见到，只是他认为《教育学》既不足以承担起对教师进行职业训练的重任，又不能回答教育改革中遇到的问题（如前《江楚会奏》中所列具体问题），遂未列入。《教育学》因而失去了在学堂中大规模传播的机会，而着重介绍、演示五段教授法的《教授学》则在中国最早的官立师范学堂得以迅速传播。1902 年之后，随着赴日考察的日益频繁、留日学师范高潮的到来和来华日本教习数量的增多，"教育学是师范学校必修课"成为士人共识，留日学生编译的教育学讲义、笔记，以及日本教习的教育学讲义作为师范学校的教育学教科书大规模传播。《教育世界》是一份向全国发售的刊物，它刊登的《教育学》与《教育学教科书》充其量能在《教育世界》及《教育丛书》的发售范围内的师范学校起参考书的作用，而且据说"这个刊物，当时发行量不大，所以给社会上的影响也不深"，甚至"一般头脑冬烘的先生们对《教育世界》这四个字都不理解"[1]。在北方影响较大的《大公报》对新事物极其关注，一旦有新书新学问及新教科书面世即马上广告介绍，但从 1902 年到 1903 年 10 月《大公报》从未出现过关于《教育世界》的广告或介绍。可见《教育世界》在创刊的最初三年，并不像后来人们认为的那样，"发行量最大，影响也较大"。《教育丛书》在全国范围内由行政力量推行销售是 1903 年 10 月 18 日罗振玉上书朝廷推荐《教育世界》以后的事。[2] 侯怀银在其博士论文附录 "20 世纪上半叶中国教育学发展问题大事记"中提到，1903 年 4 月张謇聘王国维至通州师范学校讲授教育学。[3]

---

[1] 罗继祖：《庭闻忆略：回忆祖父罗振玉的一生》，吉林文史出版社，1987 年，第 23 页。

[2] 1903 年 10 月 18 日《大公报》刊登有罗振玉 "禀呈《教育世界》恳予立案并转咨各省购阅"，并附有张之洞表示赞同的批复。1906 年任职学部后，1909 年给汪康年的信中提到 "各省提学使三年前由部托销之《农书》《教育丛书》之价，未缴者尚多"（汪康年：《汪康年师友书札》（第 3 辑中罗振玉来信），上海古籍出版社 1987 年，第 3177 页。可见《教育世界》《教育丛书》确实曾以行政力量在全国发售，但并不是在其创办初期。

[3] 侯怀银：《二十世纪上半叶中国教育学发展问题的反思》，博士学位论文，华东师范大学，2001 年，第 159 页。

通州师范学校 1914 年所编《本校及附近各科前任职员录》中记录，王国维在南通时间约一年，实际授课为一学年，"授伦理、国文"①，应未担任教育学教习。而且，据南通师范学校首届学生管劲丞回忆，王国维是以"专攻西洋哲学"的"新派教员"来校任教，王国维以"秀才"资格教授"举贡生监"学生，"再加所写的讲义多从日本翻译过来，不能像一般古文那样顺眼，因而他在举、贡、生、监出身的学生们眼中，也没有得到尊重"②，其教学效果可想而知。1904 年 9 月王国维随罗振玉到江苏师范学堂，"主讲心理、伦理、社会诸学"③，留下了心理学、教育学、教授法 3 种讲义，由教育世界社印行。④ 王国维的《教育学》讲义内容与他翻译的两本教育学不尽相同。唯第三篇"教育方法学"着重介绍卫生、训练及教授，与其他流行的教育学版本基本一致。

　　《教育学》确实是在阐发、介绍一种学说，是一种学理、学科的引进。王国维在这种理论思辨中如鱼得水、乐此不疲，但对当时心急火燎的中国士人来说，面对培养师资的迫切需要，"怎么做""怎么教"比起"是什么""为什么"之类的理论推演更具魅力，全面系统的学理的引进未免太奢侈了。更何况，20 世纪最初几年并无所谓"教育学研究者"，师范学校则是教育学的主要"消费"场所。在急功近利的教育改革潮流中，作为学问和学术的教育学，只能栖身于哲学味道浓厚的"学术杂志"，而与作为主要"消费者"的师范学校无缘。于是，《教育学》这本赫尔巴特学派味道最浓的著作，因不适应清末师范教育的口味，还未进入主流，就被边缘化了。

　　（二）笔记：速成中的讲义纂集

　　与王国维翻译的这两本教育学相比，笔记类文本更"适合国情"。

---

① 陈鸿祥：《王国维年谱》，齐鲁书社，1991 年，第 57 页。

② 管劲丞：《通州师范的创办与发展》，见中国政协江苏省南通市委员会文史资料研究会编《南通文史资料选辑（第 2 辑）》，中国人民政治协商会议江苏省南通市委员会文史资料研究委员会，1982 年，第 77—78 页。

③ 陈鸿祥：《王国维年谱》，齐鲁书社，1991 年，第 74—75 页。

④ 王国维讲授：《教育学》，教育世界社发行，出版年份不详，第 47 页。

在笔记类文本中，"可操作性强"主要表现为对日本教育的详细描述和介绍。如《教育学讲义》论述教学问题时，遵循一定的模式。以"修身科"为例，其基本格式是：什么是修身—修身科的意义—德法美等国"修身科"的形式—日本如何教修身—教修身的注意事项。[①] 落脚点在日本对该问题的处理方法，旨在直接为中国的教育改革提供借鉴。《教育原理》的论调与此如出一辙，虽以"原理"为名，内容详细介绍了日本的学校分类、就学年限、课程安排，等等。

文本翻译与笔记编辑的不同风格，与留日速成师范生的留学目的、速成师范的授课方式及笔记形式有很大关系。对此，《教育原理》的序言作了很好的说明：

> 壬寅之夏，某等以学速成师范至日本，考其国学制之匡略及教授之方法，八阅月而毕，乃萃所听讲义，编次付梓。……虽然某等有说焉，教育之道深精广大，以彼教育家研究十余年尚苦其不逮者，而匆匆讲习数月间，乌足窥其蕴奥。况居东日浅，语言弗尽解，假舌人以从事，既不无隔膜之弊，而仓猝笔记，遗忘者又十之二三，间取资于他书以补之，恒苦失其原意，重编辑者非一人，彼此不无出入，体例不无参差，一切名词半沿用东文，未暇择其意义。具此数端，谓为完善之书，诚不免有遗憾矣。[②]

1902 年后，出于培养师资及建设国内师范学校的需要，湖北等新教育发展先进地区率先派出留日学师范的留学生，但多是留学日本的速成学校，在日本接受相当于中等师范水平的短期训练。各省早期派出的留日学生，大多是从当地著名的书院、学堂中选拔的"优等生"，是"旧学"根底深厚的

---

① 直隶留学日本速成师范生：《教育学讲义》，保定：直隶学务处，1904 年，第 31—32 页。
② 湖北游学日本师范生：《师范讲义：教育原理》，1903 年，第 1—2 页。（原书无出版者信息）

举、贡、生、监，基本没有接触过系统的"西学"训练。也就是说，在日本学习六到八个月就要实现从"旧学"到"新学"的跨越。对此广东留日速成师范生关庚麟在《日本学校图论》"叙"中以其亲身经历抱怨"速成"。

> 今夫当仓卒而求兴学之效莫不知师范之为急也，然而今日之所患者在速成师范之不可以言速成也。非特误个人之学力，而将大为小学之害也。日本知其非理而尝试于吾国需才孔急之日，彼其裁成师范者三年，而我之学者或一年或八月，甚者六月，此即中学卒业试验如格之生徒犹之不可，而况于慢然以使之？而欲必其人人有效乎？士大夫之舍旧业而求新学，不止于贾与儒之比也，贾者，弃其所业温习数月而为人蒙师乃称于人曰"吾速成"，"吾速成"此有误人之子弟已耳，岂理也哉？①

而日本的速成教育，是专门为日益增多的中国短期留学生而设，针对留日学生的水平和基础授课。《教育原理》中记录了较多讲授者对中国学生的告诫："诸君归国，既身任教育之事，当置国家教员资格之制于不问，仍以修养性格为要义"②，"诸君来游，乃为中国教育起见，予所讲授，不过教育中一绪而已，异日于中国有所措施，不可曰得此已足，盖教育学非他科学比，其理其法，原无一定，况古今沿革不同，地方情形各异，非多加考察，融会贯通，不足以尽教育之能事，愿持一言以赠回，无忘难"③。诸如此类的材料，颇能体现日本速成师范针对中国学生的教学特色，其讲授的理论水平本就不能与日本同类学校同步，教学时间又短（仅 8 个月或 1 年），且多数留日学生言语未通，需要"传译"（即"舌人"）随同授课④（如宏文学院，"此塾专

---

① 关庚麟：《日本学校图论》，见吕顺长主编《教育考察记（晚清中国人日本考察记集成）》，杭州大学出版社，1999 年，第 166 页。
② 湖北游学日本师范生：《师范讲义：教育原理》，1903 年，第 110 页。（原书无出版者信息）
③ 湖北游学日本师范生：《师范讲义：教育原理》，1903 年，第 116 页。（原书无出版者信息）
④ ［日］实藤惠秀：《中国人留学日本史》，谭汝谦，林启彦译，生活·读书·新知三联书店，1983 年，第 60 页。

为中国各省留学生不通日语者而设，每堂均有译员"①），师生之间不能直接交流，其听课效率与效果可想而知；最后形成的文本又是由多人分工编辑而成，体系松散、语言浅近且只关注直接需求，自在意料之中。

值得注意的是，各省早期的留日师范学生大多是由本省督抚为解决本省师资及教育管理等问题派出，回国后作为"通晓学务"的人才被马上安排进学务处等教育管理机关，一部分直接成为师范学校的教育教习，而这类由留日速成师范生编辑而成的教育学文本往往被直接用作留学生生源地的师范学校的教科书，以及简易师范、师范讲习所的教育学学习资料。比如参与编辑《师范讲义》的金华祝②、余德元回国后都在武昌的两湖师范学堂担任教育科教师。③ 在铃木正宏《关于清末留日学生回国后开拓历史教育的考察——＜支郡师范戊堂讲义＞第1—3期的概要和对中国史讲义部分的考察》一文中，提到的《支郡师范戊堂讲义》是湖北支郡师范学堂简易科戊堂的讲义，类似现在所说的"函授资料"，要分期分段发放给"函授学员"，其中有教育学、教育学教科书、教授法讲义、小学管理法等科目，编辑者是张继煦、金华祝、马毓福、汪步杨、纪鸿、余德元、李步青等，④ 绝大多数都是参与编纂《师范讲义》的湖北留日速成师范生——据《师范讲义》目录，编辑者有马毓福、黄轸（即黄兴）、余德元、沈明道、汪步杨、纪鸿、罗襄、左德明、冯开睿、李熙、卢弼、金华祝、李贵荣、周龙骧、张继煦、万声扬、王廷玉、李步青、喻怀亮。⑤ 也就是说，这帮留日速成师范生在回国后可以将所学全部、迅速地传达到各学堂"一线教师"。直隶的留学生归国后也成为直隶教育的栋材，充任各府速成师范讲习所的讲师。⑥ 他们带回来的教育学，由于是日本速成教育机构针对中国留学生而讲授，与中国改革实际需要相联

① 严修自订，高凌雯补，严仁曾增编：《严修先生年谱》，齐鲁书社，1990年，第142，154页。
② 《中国教育学百年》（第8页）中将"金华祝"误作"金祝华"。
③ 苏云峰：《张之洞与湖北教育改革》，"中央研究院"近代史研究所，1983年，第85页。
④ 田正平：《教育交流与教育现代化》，浙江大学出版社，2005年，第175页。
⑤ 湖北游学日本师范生：《师范讲义：教育原理》，1903年，目录。（原书无出版者信息）
⑥ 严修自订，高凌雯补，严仁曾增编：《严修先生年谱》，齐鲁书社，1990年，第142，160页。

系，可操作性强，而被认为已经是"中国化"的现成教材。他们编辑的"应时而生"的教育学笔记很可能是一些师范学校学生及小学堂教员接触的最初的"教育学"，他们在日本接受的速成教育学课程是在中国师范学校得到实际传播的教育学。赫尔巴特教育学在中国当然还有其他传入途径，如在华日本教习的教育学讲义、直接翻译的日本教育学文本，等等，它们在内容上可以相互补充，但总体上不脱"教科书"的范畴。

在 1905 年作为中央教育行政机构的学部成立之前，中国的教育改革虽有统一的"兴学育才"的大目标，却没有统一的计划，各省"兴学"基本是各自为政，不同地域的改革风格难免受当地主政和当地需要的影响，而呈现出不同的特色。作为教育改革的重要一环，教育学的引进是否也受到这些因素的影响？

三、引进中的地域差异：湖北与直隶

关于在清末教育改革中，湖北与直隶表现出来的不同风格，学界有称之为"湖北模式"与"直隶模式"，"所谓直隶模式、湖北模式，是指清末湖北和直隶以西方近代教育理论和日本近代兴学经验为指导及借鉴，结合本地方特点而在各自学务发展过程中形成的两种不同的教育发展模式"[1]。"两种模式虽然皆以日本近代教育的发展为蓝本，但彼此对'体''用'关系的理解，以及对西方、日本教育理论和实践的认识及运用却各有不同"，"湖北着重经世致用，在注重发展实业教育的同时，十分强调经学对统治基础的维护作用"，"直隶的兴学观念与具体做法和西方、日本的经验更为接近，以开民智为主要目标，大力推广国民教育"[2]。*Paul J. Bailey 在 Reform the People : Changing Attitudes towards Popular Education in Early Twentieth—century China* 中也提到湖北、直隶两地的差异。两省总督张之洞、袁世凯两人虽都认为

---

①　关晓红：《晚清学部研究》，广东教育出版社，2000 年，第 175 页。

②　关晓红：《晚清学部研究》，广东教育出版社，2000 年，第 176 页。

"人才"是解决中国问题的出路，但其不同出身导致了对"人才"标准的差异，张之洞因为出身科举，是"儒家精英"，所以对儒家传统更为眷顾，[①] 更倾向于用日本西方的东西来"补贴"中国；而袁世凯出身行伍，传统负担要轻许多，相比张之洞在改革中的表现更激进。张之洞死后，《大公报》对张、袁二人的风格做过比较，"张以愚直而好名，袁以强悍而务实"[②]。直隶、湖北两省的教育改革并不是由袁世凯、张之洞直接领导的，但是袁、张二人作为两省主政，都十分关心教育改革，其不同的经历和文化背景、办事风格，必然会映射到教育改革中来。具体到教育学引进这一事件，虽不能尽然反映"直隶模式"与"湖北模式"的所有差异，却也能见一斑。

清末留日学生多数是从各地集体前去求学，有很强的乡党观念，所以日本的速成学校如宏文学院，多以留日学生的地域分班，班名则冠以地名，如湖北普通班、四川速成师范科班等。[③] 对于省界意识在留日学生中的影响，《浙江潮》曾形象地描绘称："人人心中遂横一大梗蒂，闻一议、接一人、遇一事、谈一语，必首相叩曰是何处人。"[④] 并且不同地域培养方式也存在差异。四川速成师范生监督周凤翔在四川师范生编辑师范讲义序中提道："川督锡公以兴学之故，按照各府厅州县遣派学生一百六十三名，翔□□来东学速成师范，翔与宏文学院校长嘉纳治五郎商订课程，分为甲乙丙三班，一文科，一理化，一博物。其最要者为十八门。"[⑤] 另据严修日记记载，1904 年 8 月 5 日，范静生（即范源濂）来访，"谈约两小时。速成师范第二期当略仿四川新班之意，就普通而别专门。普通者：心理学、教育学、教授法、管理法、编纂教科书法，此为必修科。专门者分数类，汉文优者入国语汉文科或地理

① Paul J. Bailey：Reform the People ：Changing Attitudes towards Popular Education in Early Twentieth—century China，Vancouver ：University of British ColuMbia Press，1990 年，第 29 页。

② 《张袁政府之结果》，载《大公报》，1909 年 10 月 9 日。

③ ［日］实藤惠秀：《中国人留学日本史》，谭汝谦，林启彦译，生活·读书·新知三联书店，1983 年，第 46—47 页。

④ 文诡：《非省界》，载《浙江潮》，1903 年第 3 期，第 17—18 页。

⑤ 四川师范生编辑，《师范讲义（教育学）》，四川教育会发行，1906 年。

历史科；数学优者入数学理化科。他如音乐、体操、手工之类，各就所长而分习之，各一年为期。归国后则于每府开速成师范讲习所，即以此卒业生为讲师，不过二三年，教员不可胜用矣"①。严修的日记中也有多处与渡边龙圣（直隶的教育顾问）商谈如何培养直隶留日学生的记载。②可见各个地区的留学生在宏文学院有自主选择培养模式的权利，而其课程选择与本地区的教育改革需求关系密切。与此相应，不同地域的留学生所带回的笔记，带有明显的地域色彩。以湖北与直隶两地留日学生所带回的笔记为例，其笔记来源虽同为波多野贞之助，其内容、风格却有很大不同。

两湖游学日本师范生是 1902 年由张之洞为吸收日本经验、加速师范发展，亲自从经心、两湖书院选派的 31 名优等生③，留学日本宏文学院，肩负着"考其国学制之厓略及教授之方法"的重任，一要为张之洞修订学制提供参考，二要学习教授法为师范学校培养教师所用。与其目的相应，湖北留日师范生笔记的风格偏向实践的、制度的学习，用较大篇幅描述日本学制系统和教授方法。他们回国后编辑《师范讲义》4 册 14 种④，全面详细地报告了其在日本留学期间的讲义、讲座和参观活动。如果将《教育原理》放回到《师范讲义》中去考察，这种制度学习的倾向表现得更加明显。1902 年11 月 10 日《大公报》载，宏文学院校长嘉纳治五郎来两湖考察教育，于是两湖当局决定让两湖师范生毕业后再多留一月，等"嘉纳归与申论教育之事"。也就是说，同学习脱离中国实际的纯理论相比，湖北这边更倾向于让

---

① 严修自订，高凌雯补，严仁曾增编：《严修先生年谱》，齐鲁书社，1990 年，第 142，160 页。

② 严修撰，武安隆、刘玉敏点注：《严修东游日记》，天津人民出版社，1995 年，第 222 页。

③ 张之洞：《筹定学堂规模次第兴办折》，见陈元晖主编《中国近代教育史资料汇编之学制演变》，上海教育出版社，1991 年，第 98 页。
根据《教育原理》所列参与编次者，这 31 人包括毓福、余德元、汪步福、沈明道、黄轸（即黄兴）、纪鸿、李熙、张继煦、王廷玉、李步青、金华祝等人。

④ 包括《教育原理》《国家教育学》《学校种类及系统》《师范学校》《小学教育制度》《小学校教授法》《中学校》《德法英美教育制度》《法制大意》《经济大意》《地理大概》《理化概要》《生理卫生学》，附录：课外讲义、参观笔记。

留日师范生通过学习回答"当前的中国教育问题应该怎么解决"这个问题。与这种侧重相应,《教育原理》的框架由四大块组成:目的论、系统论、教授论、训练论。"目的论"篇幅很小,重点在说明后三者如何操作;系统论详细介绍日本的学制系统,包括普通教育与职业教育的区别与联系,各级学校系统,就学年限,女子教育,初等补习教育等;教授论则详细介绍教授目的,各门课程的选择、排列,教科书的编纂,教授时间的安排,五段教授法等;训练论则阐述了训练的目的、意义,训练与教授的关系,训练与家庭及学校的关系,训练中寄宿制、游戏及作业的价值,命令、赏、罚等手段的应用等。

　　直隶留学日本速成师范生的组成,通过其留学时间及留学学校的考证[①],可以确定是1903年严修所选派的学生李芹香(金藻)、胡玉孙(家祺)、刘竺生(宝慈)、刘芸生(潜)、陈筱庄(宝泉)、郑菊如(炳勋)、徐玉笙等人[②]。直隶留学日本速成师范生所编辑的笔记,非常注重日本和西方的教育思想和理论,甚至没有涉及学制系统,而以很大篇幅分门别类地介绍教育目的论"历史上的诸说""伦理上的诸说",各种"主义"接近20种(详见附录),可以说是简略的西方教育思想史。《教育学讲义》的结构颇为简单,仅有两大部分,目的论和方法论,目的论中如上所说,介绍各种主义;方法论分"养护"和"教授论",而无"训练论"之类。其教授论部分涉及的内容与《教育原理》大体相同,介绍有关教授目的的两种主义,科目的选择、排列,课程的选择、结合,教科书的编纂,教授时间的安排,五段教授法等。

　　简单地说,湖北的笔记内容偏向制度、实践,极少涉及"主义",而直

---

① 《教育学讲义》原书标"直隶留学日本速成师范生"集体编纂,没有具体编著者姓名。此
　书出版于1904年,其留学时间应为1903年;主讲者是波多野贞之助,与湖北师范生讲义
　的讲授者为同一人。据严修日记记载,1904年严修再次访问到宏文学院参观时,波多野贞
　之助仍在宏文学院,而且在日记中多次提到在宏文学院中的直隶师范生李芹香、胡家祺、
　陈宝泉等来访(《严修东游日记》第158—160页),与严修1903年派出的这批留日学生资
　料相符。

② 严修自订,高凌雯补,严仁曾增编:《严修先生年谱》,齐鲁书社,1990年,第150页。

隶的笔记则专以"主义"为重,极少涉及制度。两省学生留日时间仅隔一年,国内教育改革在 1902 年至 1903 年间并没有太大的突破,那么这种差异并不是时间上的,只能是地域差别。

张之洞作为两湖总督,以办洋务起家,在 19 世纪 90 年代就在湖北兴办了大量洋务学堂,培养某方面专门人才,对中小学堂的基础教育并不注意。湖北开始大量兴办中小学堂是新政之后的事。义和团运动期间,张之洞与刘坤一等发起"东南互保",使两湖地区免受战火蹂躏,两湖地区的士人没有受到什么冲击,仍然安于现状,对"新教育"没有特别的渴求,这就使两湖的教育改革一直处于一种"自上而下"的状态。张之洞作为"设计师",其兴学理念是"中学为体,西学为用",看待教育的着眼点是符合行政需要,维护统治安全,在兴学过程中严厉打击"易滋流弊"的"异端邪说"。以湖北模式为模版的《奏定初级师范学堂章程》中强调讲授教育学应注意事项:"先讲教育史,当讲明中国、外国教育之源流及中国教育家之绪论,外国著名纯正教育家之传记,使识其取义立法之要略。但外国历代教育家立说亦颇不同,如有持论偏谬易滋流弊者,万万不可涉及。"①1903 年 10 月,罗振玉上书推荐《教育世界》(《大公报》1903 年 10 月 18 日),恳予立案并转咨各省购阅。张之洞对此的批复为:

> 自奉明诏兴学,海内齐缨,咸自振奋,士夫之研究教育者著书立说不乏其人,究之未经实验轻为空论,异同之论浸涉偏颇,非胶执即恣肆耳。该员谓通东西之邮,即所以复古先之制,宜就欧美日本各邦学制、课书及教育家说参互考订以资镜而定取舍。洞见原理,淘能知要,所译书报名曰《教育世界》。据称再三审慎,凡与我国体教化风俗无害者始付译,一切新奇怪诞之作悉加屏弃等语,苦心抉择,尤以杜偏倚而遏嚣

---

① 《奏定初级师范学堂章程(1904 年 1 月 13 日)》,见陈元晖主编《中国近代教育史资料汇编之学制演变》,上海教育出版社,1991 年,第 403—404 页。

张。本大学堂前已列入暂定应用书目内，俾乡曲之士藉增知识，而教授管理诸记亦得有所依据，易于措手，教者、学者两可受益。咨据禀请立案并转咨各省，通饬各学堂购阅，应予立案，分咨以期行远。[1]

当时教育类书籍是各大书局、书社出版的主要品种之一，天津《大公报》几乎每日都有如商务印书馆、孟晋书社、北京第一书局等新书广告，教育类书籍是其中的重要组成部分。张之洞对此并不是全部认同，认为其中有"未经实验轻为空论，异同之论浸涉偏颇，非胶执即恣肆"，其认可的是将"古之先制"与已经被日本欧美实践证明了的学制、教科书、教育家学说相互参考后，制定出的适合中国"教化风俗"的教育学。与此相应，在直隶大刀阔斧地设立教育研究所、翻译教育书籍时，湖北却在大规模"查搜书籍"[2]。从中可以看出，"教育学"在张之洞那里，更多的是一种包括学制、教授法的知识或技能，而少有"思想"；它是维持统治必需的一环，而不是改易中国"古之先制"的火药桶。张之洞的湖北办学经验汇聚在《湖北督抚奏陈鄂省各学堂办法要折》中，《大公报》对此评论："以上所录皆张香帅得意之作，盖香帅自谓于办理学务确有把握，且又语语迎合政府意旨也。"[3]基于张之洞的这种指导思想，具体到教育学的引进，湖北模式所引进的这种偏向实践、制度的赫尔巴特教育学，也是必然的了。

"直隶模式"与湖北迥异。张一麐1903年初到天津时感叹天津小学之发达，"余初至天津时至小学参观，见每校学生数俱在三百人以外，询诸校长何以致此发达，校长曰：'此义和团之赐也。八国联军在京津一带气焰熏天，为家长者饱受刺激，知非兴学不足图存，又科举在拳匪区域俱已停止，旧日举贡生监均无出路，严范孙先生乃设师范讲习所，利用各校傍晚时间，一面多派出洋学生或短期师范，因之师生均努力于学，所谓贫贱忧戚庸玉汝于成

---

① 《大学堂牌示》，载《大公报》，1903 年 10 月 18 日。

② 《湖北：查搜书籍》，载《大公报》，1904 年 6 月 4 日。

③ 《湖北督抚奏陈鄂省各学堂办法要折》，载《大公报》，1903 年 1 月 11 日。

也.' 某校长洵知言哉"①。张一麐的这段话说出了直隶兴学的原因，庚子事变后，《辛丑条约》中规定了大量逞凶条款，其中一条是"诸国人民被戕害凌虐之各城镇，五年内概不得举行文武各等考试"②，天津是义和团运动的发源地和重灾区，这一惩罚条款自然在天津生效。经历过庚子之变后，家长们深切体会到"非兴学不足图存"，有兴学的需要和愿望；士人本以科举为生计，却被《辛丑条约》条款压服并夺其出路，这也迫使这部分士人从科举考试中抽身出来，在寻找新出路的过程中投身新教育。这两个条件使直隶的新教育改革有深厚的"群众基础"。这是"湖北模式"所不具备的。

1902 年 11 月袁世凯任直隶总督，但直隶兴学的直接领导者是严修。严修早在 1898 年在贵州学政任上就以《奏请设经济专科折》闻名，戊戌变法失败后辞官返乡，在天津以私人身份兴学。庚子事变期间他留守天津，目睹乱象，感叹"今年之乱，本是千古奇闻，亦遂为千古奇祸。北京及保定、天津，既已沦陷，此外畿辅所属，不糜于匪，则糜于兵，燎原之势，未知所极。幸南省当道有胆有识，力主剿匪，以保和约，是以南省俱获保全"③。痛定思痛，为开民智，严修在庚子之后创办了大批小学堂、工艺学堂、半日学堂等。1904 年 1 月他应直隶总督袁世凯之邀出任直隶学校司督办，主管直隶教育，成为直隶教育改革的领军人物。从《严修东游日记》及《严修年谱》的记载中，可见其交游极广，与政界、学界人物来往很频繁，尤其与留日学生保持着密切联系，经常一起讨论教育问题。或许可以这么说，严修是"教育救国论"的实践者。受其好友严复影响，要强国家必须"鼓民力，开民智，新民德"，实现这三样必须通过"国民教育"，而庚子事变中所见的"愚民"形象更是坚定了严修的这一信念。

直隶的教育改革以先设立众多小学堂为特色，而小学堂是最需要教育方法、教育理论指导的。为进一步了解新式教育，严修于 1902、1904 年两次

---

① 张一麐：《古红梅阁笔记》，上海书店出版社，1998 年，第 43 页。

② 王铁崖：《中外旧约章汇编（1）》，生活·读书·新知三联书店，1957 年，第 980 页。

③ 严修自订，高凌雯补，严仁曾增编：《严修先生年谱》，齐鲁书社，1990 年，第 129 页。

东渡日本考察各级各类学校，并亲自去课堂听讲，做详细笔记，与日本教育家、教师及教育社团保持着密切的联系。他不仅留心日本的学校设置，而且关注日本的教育研究机构。严修1904年7月26日的日记中记载了他赴日本"帝国教育会"之约的情形，对"帝国教育会"的设置章程极为留意："是会之设为研究教育学术之事项，调查教育上须要之事项，兼设书籍馆、学术讲义会、教育俱乐部，发行有关教育之杂志，印行有益教育之图书，此其宗旨也。"① 详细介绍了帝国教育会的人员组成、经费及活动。他归国后便在直隶积极实践。早在1903年前后，他为培养小学师资，在直隶境内设师范讲习所、教学研究所、教育研究所，"每周末集合小学教师及有志者，研究如何改进课程及教学方法"②。严修对此极为重视，经常参加研究会的集会，在其年谱、日记中有很多关于研究会的记载："研究毕，更举行各种运动，先生每次必到"③；"赴天津教育研究所，听诸君研究教授法"④，并亲自搜集国内外课本，带到教育研究会讨论，将有学识的教师编辑的讲义誉印出版；并于1904年底创办《教育杂志》（又称《直隶教育杂志》或《直隶教育官报》）。

在严修的带动下，直隶较早开始了教育问题的研究。严修选派学生留日学师范，与其在直隶的作为是相辅相成的。并且，在实践中，他比较早地设立"直隶理化专修科"⑤"普通教育研究所"。《大公报》曾记："今直隶学堂有大中小之分，复有师范、东文、蒙养各学堂之别，堂既林立，名亦繁多，项城宫保恐其事杂言靡也，更立教育研究所以考核之。"⑥1906年，第一批直隶留日速成师范生陈宝泉"联合同志，设立普通教育研究会，以期切实改良学务"："本会邀集从事普通教育之有志研究教育学及教授法、管理法大意，以

---

① 严修撰，武安隆，刘玉敏点注：《严修东游日记》，天津人民出版社，1995年，第218—219页。
② 严修自订，高凌雯补，严仁曾增编：《严修先生年谱》，齐鲁书社，1990年，第148页。
③ 严修自订，高凌雯补，严仁曾增编：《严修先生年谱》，齐鲁书社，1990年，第148页。
④ 严修自订，高凌雯补，严仁曾增编：《严修先生年谱》，齐鲁书社，1990年，第164页。
⑤ 《直隶理化专修科公启》，载《大公报》，1904年3月28日。
⑥ 《学堂进步改良议》，载《大公报》，1903年11月16日。

实地应用，随时改良为宗旨。本会聘请深谙教育之学者主任讲席，按期讲演。"① 在这种氛围中，为满足教学研究所的理论指导需要，直隶留学日本速成师范生所编辑的笔记偏向教育思想、理论，也是必然的。

虽然有上述不同，但是两地对"教授法"的需求是统一的，都把它作为介绍的重点。像张之洞等在《江楚会奏》中号召的那样，到日本学习"教法"，成了各地留学生的共同首要任务。而除了教授论，其余各部分，单看文本，很难认定这是由同一个人讲授的同一门学科。这种不同，恰恰证明了另一种相同，不同地区的留日学生是以本地区的需要，各取所需，并没有统一的"学科意识"。

此外，这两地改革教育的分歧非常明显地体现在学部的日常中。学部成立后，张之洞幕僚罗振玉受荣庆调派入学部。当时学部有两侍郎，一为张仁黼，一为严修。据罗振玉回忆，两公主张相左，张仁黼以保守国粹，严修以兴办教育、废除科举。

围绕是否废国子监，以南学为京师第一师范学校，两派观点不同。罗振玉认为，历代皆有国学，今各学未立，先废太学，于理似未可。严修认为，现以养成师范为急。南学向莅国子监，新教育行，国子监无用，不如早废止。罗振玉反驳，师范虽急，京师之大，似不至无他处可为校地，何必南学？即用南学，似亦不必遽废国子监。之后张仁黼说："相国以君为明新教育，特奏调来部，乃初到，即说此旧话。某已顽固不合时宜，意在部不能淹三数月，君乃不欲三日留耶？"罗振玉初到学部，惊讶于严修之思想新异，张仁黼之牢骚玩世，均出诸意外。之后学部讨论官制，罗振玉提议设国子丞及各郡县学留教官一人奉祀孔庙。自此，学部皆视罗振玉为顽固。② 围绕各省提学使的简任资格，严修建议，"必须明教育者"，意在曾任学校职员，及曾任教习者。所以调天津小学校长及小学教员数人到部行走（陈宝泉等人）。

---

① 《设立普通教育研究所》，载《大公报》，1906 年 9 月 25 日。
② 罗振玉：《雪堂自述》，江苏人民出版社，1999 年，第 26 页。

罗振玉认为，提学使与藩、臬同等，名位甚尊，应选资望相当者，建议仍如从前学政，从翰林院当中选。严修很不以为然。罗振玉对严修的用人也不满，"堂官谓以明教育者为断，不知以何为准？殆不外学校职员及教员已耳。今各省但立师范及中小学校，其管理员及教员不外地方举贡生员。此等人，亦未必即副深明教育之望。一旦拔之不次，骤至监司，恐官方且不知能必其果举职否"？罗振玉荐举湖北一系的沈曾植、黄绍箕、叶尔恺等人担任提学使。[①]再者，关于留日速成教育问题，两系亦有龃龉。各省派遣的留日学生，大多肄习速成法政、速成师范，日本特意为接收留日速成师范生设置弘文学院。严修与范源廉支持留日速成教育。罗振玉认为学无速成之理，于是于参事厅提议，谓无益有损，请学部奏请停止。严修认为派遣短期留学，实是因需才孔亟，亦具苦心。且谓为无益或可，若云有害，非某所知也。罗振玉回："需才孔亟，亦如七年之病求三年之艾，在早蓄之而已。若惮三年之岁月，而以数月之艾代之，其不能得效，三尺童子知之矣。且学术非可浅尝辄止速成求学所得者，一知半解而已。天下事误于一知半解者实多。若全无所知，必虚心求怜；略知一二者，则往往一得自矜，最足害事。"所以罗振玉意在非截止不可。严修默然，既而曰："所言亦持之有故。"[②]

王国维翻译的《教育学》算是有较高的起点，但这种远离现实的学理引进，在实际传播时，终究要让位于"如何实施"的常识引介，没有机会把那些学理播种在广大教育工作者的头脑里。而在中国得到实际传播的教育学，引入的直接动机是作为师范学堂的教科书来传授教法、培养教师，引入的蓝本是以赫尔巴特教育学部分观点为基础的、日本中等师范学校的教育学教科书，引入的过程以"速成"为特色。它不可避免地造成大量信息流失，以简化了的教科书形式呈现在中国师范学校的课堂上，并通过师范学校迅速、大规模传播，以其"目的—手段"体系和分段教授法在中国师范学堂学生的

---

① 罗振玉：《雪堂自述》，江苏人民出版社，1999年，第27页。

② 罗振玉：《雪堂自述》，江苏人民出版社，1999年，第27—28页。

思想中扎根，先入为主地塑造了中国第一代新式教师和教育学者的"教育学"常识。

第三节　清末民初赫尔巴特教育学的中国面相

19世纪后期至20世纪初，赫尔巴特教育学在不同历史时期、以不同方式、在不同程度上对世界广大地区的教育发展产生了广泛和深远的影响。学界普遍认为，最初传入中国的教育学，是假道日本的赫尔巴特教育学派的教育学。[①] 这一点自清末民国教育学界就有共识。1906年冬，蔡元培在《为自费游学德国请学部给予咨文呈》中提道"以我国现行教育之制，多仿日本。而日本教育界盛行者，为德国海尔伯脱派"[②]。1958年常道直也确认"当我国废科举兴学校的时期，正值赫尔巴特学派盛极一时。教育文献证明最早的有系统地被介绍过来的西方教育学就是属于赫尔巴特和他的学派的"[③]。此是我们的后见之明。那么，就清末民初的国人而言，冠之以"赫尔巴特"或"赫尔巴特学派"的教育学是以何种面相出现的？他们是如何理解和接受赫尔巴特教育学派的？考究清楚这些问题，是我国的教育学史研究的分内之事，同时也有助于补齐赫尔巴特学派在世界范围内流传的中国境遇。

一、不统一的译名："赫尔巴特"的中国称谓

"赫尔巴特"最早何时来到中国，实在难以考求。19世纪末20世纪初，

---

① 周谷平：《近代西方教育学在中国的传播及其影响》，载《华东师范大学学报（教育科学版）》，1991年第3期，第82—86页。
　　郑金洲，瞿葆奎：《中国教育学百年》，教育科学出版社，2002年，第10页。
② 高平叔：《蔡元培全集（第一卷）》，中华书局，1984年，第394页。
③ 常道直：《赫尔巴特的教学论的再评价》，载华东师范大学学报（人文科学版），1958年第3期。

在编译西学、东学书籍蔚然成风之际，学界有一普遍现象：译名不统一。当时有论："学界中亦有一极不便之事，学者用者两不经意，甚且标新领异，日见纷歧，其事维何？即翻译西籍于地名人名同字不同译是也。学者精神以专一为要，乃每读译编同一地名人名也，而此编与彼编所译不同，往往误认为两地两人，游移难定。"[①] 如前所议，直隶省教育会会长张佐汉也对留日学生的译书粗糙有所批评。几乎每个西方人名都被翻译得稀奇古怪，且各个文本都不一样。较为有心的译者会在音译名称旁标注原文，但大部分译者还少有这种意识，而直译了事。况且即使有标注，因文字不通，单词拼写也多讹误，很难作为有效参考。来自德国途经日本的"赫尔巴特"的译名，便是这种乱象的明证。

20 世纪初，我国最早创办的教育杂志《教育世界》及教育世界社较早地从日本翻译、介绍了赫尔巴特教育学派的学说、学派代表人物。1901 年教育世界社"教育丛书初集"中王国维翻译、立花铣三郎讲述的《教育学》中，将"赫尔巴特"译为"海儿拔儿脱氏"[②]，赫尔巴特派译为"海尔拔尔脱派"[③]。1901 年，同是"教育丛书初集"中原亮三郎的《内外教育小史》中赫尔巴特的译名为"海鲁伯尔"[④]；1903 年左右，"教育丛书三集"中收录北美合众国查勒士德曷而毛著、日本中岛端译《费尔巴尔图派之教育》三卷，将赫尔巴特译为"费尔巴尔图"。到 1904 年之后，《教育世界》在《海尔巴脱派之兴味论》（1904 年第 75 号）、《德国教育学大家海尔巴脱传》（1904 年第 80 号）等文章中才相对固定地将赫尔巴特译为"海尔巴脱""海尔巴德"，王国维撰写的《叔本华之哲学及其教育学说》中，亦以"海尔巴德"[⑤]（1904 年

① 《译书地名人名宜归一律说》，载《大公报》，1904 年 11 月 6 日。

② ［日］立花铣三郎讲述：《教育学》，王国维译，见教育世界社教育丛书（初集），1901 年，第 13 页。

③ ［日］立花铣三郎讲述：《教育学》，王国维译，见教育世界社教育丛书（初集），1901 年，第 15 页。

④ ［日］原亮三郎：《内外教育小史》，沈紘译，见教育世界社教育丛书（初集），1901 年。

⑤ 王国维：《叔本华之哲学及其教育学说》，载《教育世界》，1904 年第 75 号。

第 75 号）称呼赫尔巴特。

　　《教育世界》之外，1903 年，季新益在《教育学原理》的序言中提道 "来因以黑排梯（Kerbart）派科学之教育学为本而稍加社会学之见解者也"[①]。值得注意的是，Kerbart 应为 Herbart。 不知这样的错误是日本讲授者的口误，还是季新益的笔误，或者是出版社的排印错误。1904 年，直隶留学日本速成师范生的《教育学讲义》将赫尔巴特译为 "显露柏罗都氏"，赫尔巴特学派则译为 "显露柏罗都学派"。[②] 在工具书层面，1904 年，张绪光、徐用锡翻译日本育成会编辑的《教育词汇》，其中收录 "卑尔排德学派（Herbartische Schule）"，言明 "此派祖述德意志哲学者之富立伊卑尔排德诸氏之学派也"[③]，并在 "五个之道念" "教育学" "普通教育学" 等条目中屡次出现。这些译名仅是研究者就手边的资料翻检考究而来，并未穷尽当时所有资料。现代的研究者以后见之明，据已有的学术谱系可以推断这些直译自德文或日本的译名可能是谁，并给予各种意义。对于 20 世纪初教育学文本的读者和接受者来说，估计很难想象 "黑排梯" "显露柏罗都" "卑尔排德" 等系指一人。这些拗口的译名至少意味着，在未勾画出西方教育学术谱系之前，"赫尔巴特" 对此时的国人来说，只是 "信息"，远未达到形成可辨认的知识面相的程度。

　　"赫尔巴特" 的译名到 1904 年前后有了相对的统一，以海尔巴托、海尔巴脱、海尔巴德等指称。有可辨识的译名，对于翻译者和读者来说，才有可能产生将其固定为学派的联想，才意味着赫尔巴特对国人有了学术谱系的意义。

　　二、《教育世界》及教育世界社对赫尔巴特及赫尔巴特教育学派的译介

　　学界公论清末十年是中国 "直接向日本引进以介绍赫尔巴特教育理论为

---

① 季新益:《教育学原理》，教科书辑译社（东京），1903 年。

② 直隶留学日本速成师范生:《教育学讲义》，直隶学务处，1904 年，第 8—10，26 页。

③ 徐用锡译，《教育词汇》，京师译学馆文典处发行（东京印刷），1904 年，第 293 页。

主的发展阶段"①。日本明治维新以来的教育改革充满着各种思想的冲突和调和，从思想流派上有洋学派、国学派、汉学派，后来有自由主义和国家主义等。以帝国大学"哲学科"为中心的学者群体，如金子马治、蟹江义丸、波多野精一、桑木严翼等，致力于将哲学、教育学等作为纯粹的学问来研究。②他们的相关研究得到了以学问本身为目的，专注于纯哲学研究的王国维的青睐。自 1903 年起，便以《教育世界》为平台翻译、介绍明治三十年代日本最纯粹的学问成果。《教育世界》对赫尔巴特及其教育学派的引介内容及思路，实迥异于他途。从文本层面上，可以这么说，教育世界社及《教育世界》通过大量介绍赫尔巴特及其学派的教育思想而开创了近代中国导入赫尔巴特教育学说及理论的先河。③

1901 年，教育世界社发行"教育丛书初集"中日本人原亮三郎的《内外教育小史》，在"西洋近世"中以"海鲁伯尔"为题简要地介绍赫尔巴特学说，并给予高度评价："海鲁伯尔诚教育改良家之泰斗也。教育之法，传统编定，其全体闳深肃括，其各部周匝致密，升教育学于科学之地位，而创立今日之教育学，民力之盛，可谓壮哉。国家教育，必以心理学、伦理学为本，此义亦海鲁伯尔所创获，前未闻也。文成数万，无隙可寻，学教育学无舍是而他求矣。"④

1903 年左右，教育世界社出版的"教育丛书三集"中收录"北美合众国查勒士德曷而毛"著、中岛端译的《费尔巴尔图派之教育》三卷，是目前资料所见最早也是唯一一本专门介绍赫尔巴特教育学派的中文著作。该书所依据的版本应为 1895 年美国人德加谟（Charles De Garmo）的 *Herbart and*

---

① 叶澜：《中国教育学发展世纪问题的审视》，载《教育研究》，2004 年第 7 期。

② 钱鸥：《王国维与〈教育世界〉未署名文章》，载《华东师范大学学报 (哲学社会科学版)》，2000 年第 4 期。

③ 肖朗，叶志坚：《王国维与赫尔巴特教育学说的导入》，载《华东师范大学学报 (教育科学版)》，2004 年第 4 期。

④ [日] 原亮三郎：《内外教育小史》，沈紘译，见教育世界社教育丛书 (初集)，1901 年。

the Herbartians。[1]日文翻译者中岛端在序言中即表明："此书所以作，在纪费尔巴尔图之行事大略，并示其所倡教育学说，与其门徒所绍述之梗概。夫费尔巴尔图学说之体统也，至今英美二国学者，犹未能脱论述范围。且无论何等学说，统体结构得宜，规模宏大，自初学观之，未得邃窥其间奥必也先由其门户。苟欲审此派宗旨，与其所以推行之法者，由此书求之，则于知其原委思过半矣。全篇所说不涉费氏纯正哲理，且论述教义过于精细，又恐致纷乱，因而特擢其骨髓，提其要领，并举其门徒新开生面者，与其所发明，但就其中二三人，纪其大略而已。盖欲使今之教育家知此派学者所求果何事、所欲为果何事也。"[2]此书是 20 世纪研究赫尔巴特教育学派权威著作 *Herbart and the Herbartians* 唯一的中译本。只是从《费尔巴尔图派之教育》的封面和封底中，并不能确定将此书译为中文的是中岛端，还是另有其人。此书中，至少提到了赫尔巴特教育学派的戚勒（讷乙士浑秩耳列耳）、斯托伊（福尔克马尔西多乙）、莱因（维尔皮仑罗因）及弗里克（屋多夫栗克）。

《费尔巴尔图派之教育》目录

北美合众国 查勒士德曷而毛著　　日本中岛端译

卷上

序

第一章　皮士达禄秩所贻费尔巴尔图者果何等事业

第二章　费尔巴尔图传（附著作）

第三章　费尔巴尔图之心理学

第四章　费尔巴尔图之伦理学

第五章　兴趣论

---

[1] Charles De Garmo, Herbart and the Herbartians, New York: Charles Scribner's Sons, 1895.

[2] [美]查勒士德曷而毛:《费尔巴尔图派之教育（三卷）》, [日]中岛端译,见教育世界社（本书为"教育丛书三集"中之一本,原书未标明出版年,约 1903 年）。

第六章　　　教授及其材料进路方法

卷中

第一章　　　讷乙士浑秩耳列耳及福尔克马尔西多乙二派

第二章　　　讷乙士浑秩耳列耳

第三章　　　秩耳列耳之开化史的阶级说

第四章　　　秩耳列耳之诸学科集中说

第五章　　　教授方法　教授形式的阶级

第六章　　　博士维尔皮仑罗因　实学说于初等学校

第七章　　　博士甲勒兰牙自觉论

第八章　　　博士甲勒福尔马尔西多乙　保守费尔巴尔图派之巨擘

第九章　　　弗兰凯学校长博士屋多夫栗克　始应用费尔巴尔图学说于

中等教育

卷下

第一章　　　费尔巴尔图协会

第二章　　　学科联络之三方案

第三章　　　教育之新时期

第四章　　　科目并行基础之方案

　　1904 年,《教育世界》陆续刊登了一系列介绍赫尔巴特、戚勒、斯托伊的文章及照片。主要有《海尔巴脱派之兴味论》(1904 年第 75 号)、《德国教育学大家海尔巴脱传（附司脱伊、秩耳列耳)》(1904 年第 80 号)、《秩耳列尔氏之品性陶冶论》(1905 年第 96 号)《德国海尔巴德派教育学会纪事》(1906 年第 120 号)、《兰因氏之教育学》(1906 年第 134—142 号),并配发了“德国教育学家海尔巴脱”(1904 年第 80 号)“德国教育学大家秩耳列尔”(1905 年第 106 号)“德国教育学家兰因氏”(1905 年第 105 号)的照片。

　　但是,从“赫尔巴特”在《教育世界》及教育世界社出现过的译名来看,至少在 1903 年前,很难说翻译者、读者对赫尔巴特及赫尔巴特教育学派有了理性的认识和了解。而且据说"这个刊物,当时发行量不大,所以给社会上的影响也不深",甚至"一般头脑冬烘的先生们对《教育世界》这四个字都不理解"。[①] 也可以这样推断,《教育世界》并不是国人理解和接受赫尔巴特及赫尔巴特教育学派的主要途径。

三、赫尔巴特及赫尔巴特教育学派在中国流传的主要载体:教科书

自 1902 年"教育学"明确了在师范学堂中的"必修课"地位以后,师范学堂(校)成为教育学的主要"消费"和传播场所。在教育学、教育史及教授学等课程中,皆有可能见到赫尔巴特及赫尔巴特教育学派的身影。目前,学界对清末民初中国教育学的发展阶段基本达成共识,认为这一阶段在内容上基本以德国教育学家赫尔巴特的学说为依据和框架,是直接向日本"引进"以介绍赫尔巴特教育理论为主的发展阶段,是近代教育学在中国的初建阶段。[②] 他们直言赫尔巴特及其学派教育学的引进与国人翻译、编著教育学,形成了中国教育学百年中的第一次热潮。[③] 比较有意思的是,在研究者搜集的教育学教科书或讲义中,没有一本宣称讲述的是赫尔巴特学派的教育学,有的从头到尾都不提及赫尔巴特,提到者则对赫尔巴特教育学的观点采取补偏救弊的姿态,并不带有"学派"特色。可以设想,这些教育学教科书的接受者并不认为他们接受的是赫尔巴特的教育学。那么,在这些教科书里,赫尔巴特及赫尔巴特教育学派是什么样貌?

(一)教育学著作中赫尔巴特及赫尔巴特教育学派

德国教育史家鲍尔生认为:"在 19 世纪前半叶……在很长的时期里,人们便把'赫尔巴特教育理论'和'科学教育理论'作为同义词。"[④] 这种认知在 20 世纪初教育学教科书文本中得以体现。"赫尔巴特"以各种译名出现

---

① 罗继祖:《庭闻忆略:回忆祖父罗振玉的一生》,吉林文史出版社,1987 年,第 23 页。

② 叶澜主编:《二十世纪中国社会科学教育学卷》,上海人民出版社,2005 年,第 4 页。

③ 郑金洲,瞿葆奎:《中国教育学百年》,教育科学出版社,2002 年。

④ [德]鲍尔生:《德国教育史》,滕大春、滕大生译,人民教育出版社,1986 年,第 165 页。

在教育成为"科学"的历史追述中，"至显露柏罗都出，而教育之壁垒一新，补从来心理学说之不备，力矫自然能力之说，发明心之显象，总归一元。使教育之跻于科学者，氏盖有褴褛之功焉"[①]；"德意志又有肥儿巴儿德者出，研究之务以心理学法定教育大本，自此以后以为教育为科学而研究之者渐众，至晚近其法益为发扬进步"[②]；"至海巴多者，十八世纪末十九世纪初之教育家也，辅从前心理学说之不备攻破能力说，尽一切心之现象于一元。其教育学之方法论实基于此。更由氏之伦理思想、哲学思想以开教育之目的。而教育一科学，乃得具有完全组织"[③]。除了莱因在阶段教学法及教育学分类部分被提及，其他赫尔巴特教育学派代表人物很少出现。

各种教育学教科书要么甚少提及赫尔巴特，偶有提及，仅提及代表性观点，非详细介绍。如前所议，1901年王国维翻译、立花铣三郎（1867年—1901年）讲述的《教育学》和1904年直隶学务处发行的直隶留日速成师范生所录波多野贞之助讲授的《教育学讲义》中，两书都仅罗列赫尔巴特派的观点，并不宣称主张赫尔巴特派的观点。

也有翻译日本学者所著的《教育学》，对赫尔巴特的观点明确表示不赞同，在批驳其"谬误"时罗列赫尔巴特及赫尔巴特教育学派的相关观点。如民国初年再版多次的蒋维乔翻译的吉田雄次的《新教育学》。书中反对赫尔巴特的教育学学科基础说，批驳莱因的教育学分类法，认为"教育学当自经验上言，哲学者流多依据哲学原理以论断教育学。颇不得当，实则教育学之原理，非可以哲学妄加论断者。如海尔巴脱派之学者，以不免有此谬误"。在教育学分类方面，作者认为"赖因为现代海尔巴脱派之殿"，他将教育学

① ［日］大濑甚太郎讲述：《实用教育学》，杨彦洁译，载《学部官报》，1906年第6期，第143—145页。

　　［日］大濑甚太郎讲述：《实用教育学》，杨彦洁译，载《学部官报》，1906年第8期，第184—185页。

② 宏文学院编辑部，东京高等师范学校教授波多野贞之助讲述：《教育学教科书》，东京东亚公司发兑，1907年，第1—9页。

③ 宋嘉钊，张沂编译：《（讲习适用）教育学教科书》，中华书局，1924年，第3页。

分为"历史的教育学"和"系统的教育学",又分系统的教育学为"理论的教育学""实际的教育学",把分为理论的教育学分为"教育之方法论(心理学)""教育之目的论(伦理学)",吉田雄次直言"昔人谓教育学由伦理学与心理学而成立,即此分类法本也,海尔巴脱夙持此说,余意则否"①,并对"历史的教育学""理论的教育学"的概念进行批驳。

官方的教科书审查,亦未给予赫尔巴特特殊地位,并极力规避教科书中的学派私见。1910 年,学部批复商务印书馆呈报的初级师范学校《教育学》审查结果:"自来教育学家多分体育、心育为二大部,心育中更别为德育、智育两门,故亦有分养护、训练、教授为三者。唯海尔巴特派之学说,不言体育。此书于体育未一言及,或即本之海氏。然为普通参考或教科书起见,自以兼言三育为宜。"②

教科书之外,各类期刊对赫尔巴特的关注不多。1917 年,于忱翻译了日本文学士大濑甚太郎的文章《海尔巴脱以后之教育说》,主要介绍了赫尔巴特教育学派的代表人物莱因的著作。在"总说"部分提及"海尔巴脱本其丰富之哲学伦理及心理上之思想而论教育,当时德人群谓得真正之教育学者"。赫尔巴特去世 70 年后,赫尔巴特教育学派"无能自建设一学说者,惟自称英雄割据于诸方而已,并无霸者之力也",介绍"现今教育界之泰斗属于海尔巴脱派之系统者为来因。氏主任编辑之《教育辞书》,其中所自担任教育及教授原理之事项。于海尔巴脱之教育思想拥护甚力"。他提到来因所著《系统的教育学大体系》,对赫尔巴特"伦理说之为教育目的之处亦颇参酌社会之新思想"。大濑甚太郎进而认为莱因所编的《教育辞书》为赫尔巴特之后"过渡时代最著之产物",其中"纯粹之海尔巴脱思想有之,社会的

---

① [日]吉田雄次:《(师范学校、中学校用)新教育学》,蒋维乔译,商务印书馆,1918 年,第 11 页。

② 《商务印书馆经理候选道夏瑞芳呈报初级师范学校教科书教育学等四种俟改后再呈审定批》,载《学部官报》,1910 年第 134 号。

教育说有之，新教育说有之"①。

进入民国以后，教育学多元化趋势经由日本介绍到中国。国人看欧美教育学说更迭"正如观潮钱塘，前波未平而后浪继作，其进步正未艾也"②。赫尔巴特及赫尔巴特教育学派的代表性观点，实如钱塘江潮的前波，并未在清末民初师范学校（堂）的教育学教科书中占据优势地位。在这种钱塘观潮的心态下，教育学教科书中赫尔巴特给人印象最深刻的，便是将教育学跻于"科学"之列的"褴褛之功"。

（二）教育史教科书中呈现的赫尔巴特及赫尔巴特教育学派

相对教育学教科书的"冷眼旁观"，教育史教科书或专著对赫尔巴特的译介较为系统、全面。其内容或简或繁，在学说要点上有着高度的一致性。

1903 年张竞良编辑《新编万国教育通史》，在"西洋近代教育考"的第21 章以"海尔巴脱略传"为题介绍赫尔巴特。"海氏为近世德国有名哲学者之一……以己之心理说与伦理说为主，而旁参廓美纽司、裴司塔若藉及康德之教育思想，以立崭新之教育思想说，组织以科学，使之完全无缺。本伦理学以定教育之目的，因心理学而论定教育之基础方法，实教育史上一新时期也。"海氏"教育之意见自其哲学间接而来。置科学的教育学之基础于心理学。""海氏教育之旨不以家族及国家为目的，而唯国人个各完美其身以成道德之世界。故氏伦理学定教育之大目的。有道义的道念五。以心理学论定教育之手段方法。说心意发育之顺序理法。其使教育学进于科学之地位也。"海氏"分教育之作业为教导、教授、及训诫三事。因之教育学亦为三大品分，即教导论、教授论、训诫论是也。盖氏使教育学进于科学之地位。有完美教育法之功。于教育学说史上固可特笔大书者也"，并介绍五道念：诚意、完全、好意、正义、报赏，以及教育儿童的三大教育方法——第一教导，第

---

① ［日］大瀬甚太郎:《海尔巴脱以后之教育说》，于忱译，载《南通师范校友会杂志》，1917 年第7 期。

② 孟世杰:《论近世纪以来英德法美教育学说之变迁及其特色》，载《教育周报》，1915 年第 8 期。

二教授，第三训诫。①

　　1905 年，商务印书馆编译所编纂的初级师范学堂教科书《教育史》，将赫尔巴特译为"海鲁伯儿"，列为第二篇"西洋教育史"第十三章"教育改良家传第八"，共计 7 页。书中强调"君以伦理学定教育之目的。以心理学示教育之法则"，着重介绍海氏教育之三大方法：抑制，教授，训诫。最后评价"海鲁伯儿实教育改良家之泰斗也。教育之法，因系统而编制，既概括整顿其全体又联合关系其各部分，周到细密，升教育学科科学之地位，而创立今日教育学。君又谓国家教育以心理学、伦理学为基。此等学说，虽非无隙可寻，然学教育学者不可不玩味深究焉。特如知觉类化说，五段教授法，可谓一种特得之见识而大变教育家之思想方案。世人之所知也"②。

　　1907 年，中国图书公司出版韦以黻编辑的师范学堂教科书《教育史》，简要介绍赫尔巴特的地位及主要观点。书中称赫尔巴特为"科学的教育学建设之祖"，"氏之教育组织法以伦理学为教育学之基础，以心理学为教学之方法。故欲之氏之教育学，宜先知氏之哲学要点及伦理学心理学之大要"。书中着重介绍赫尔巴特的五道念，以及三类"教育事业"："曰监视，曰教授，曰训诫"。在"教授"部分介绍四段教授法及"多方之兴味"。③

　　1914 年，商务印书馆出版杨游编纂的师范学校新教科书《教育史》，为当时流传较广的教育史教科书版本，到 1918 年已经出版 9 版。此书将"海尔巴托"放置在第二编"西洋教育史"第四章"近世期教育之改良家"中进行介绍，题名"科学的教育学之建设：海尔巴托"，共 5 页。开篇即提到赫尔巴特为"建设科学的教育学者"。"氏以伦理学定教育之目的，以心理学定教育之方法，故教育学有整然之系统。预究氏之学说，当先知其心理学伦理

---

① 张竞良编：《新编万国教育通史》，中国老上海老巡捕房东首惠福里明权社总发行，1903 年，第 1 页。

② 商务印书馆编译所编纂：《(初级师范学校教科书) 教育史》，商务印书馆，1906 年，第 36—39 页。

③ 韦以黻编：《(师范用) 教育史》，沈恩孚、顾倬校订，中国图书公司，1907 年，第 94—110 页。

学之要点。"书中重点介绍五道念，并评价"五观念实与吾儒之仁义礼智信暗合。故西洋伦理即东洋道德也"①；介绍赫尔巴特的三大"教育主义"：监视，教授，训诫；重点介绍"教授"，"多方之兴味"。

1918 年师范讲义社张华年编纂供师范讲习科用的《新体教育史讲义》，用 4 页的篇幅简单介绍"海尔巴脱"。"氏为首创科学的教育学之人，其教育组织法以伦理学为教育学之基础，以心理学为教育学之方法，故欲研究氏之学说当先知其伦理学心理学之大概。"该书评价赫尔巴特的五道念"绍康德之遗绪，而参以己见。稍与中国儒家相近。谓教育之目的，即扶植五种观念以养成品性坚定之人。知识技能不过供品性陶冶之用而已"。书中认为"氏平时所持教育主义可分为三端。一管理，二教授，三训诫，此三大端已成为教育界之通论"②，并相对详细地介绍了兴味论及四段教授法。

从以上 5 个版本中，不管内容详略，基本都构建着一个这样的赫尔巴特的教育学体系和赫尔巴特的地位——科学的教育学的创始人。他将教育学建立在伦理学和心理学的基础上，故要研究他的学说，必先知晓他的伦理学和心理学观点；伦理学定教育目的，以五道念为主；心理学定教育方法，赫尔巴特将教育方法分为三部分：管理（监视，抑制，教导），训育（训诫），教授，重点介绍教授；教授部分重点介绍兴味论（多方之兴味）、四（五）段教授法。

值得注意的是，教育史中关于赫尔巴特教育思想的介绍，不但服务于师范学校的教学，同时也是后来期刊中"研究"赫尔巴特的主要资料来源。可以说，教育史教科书是这一时期在中国传播赫尔巴特教育学的主要载体；国人正是据此接受、认识、描摹赫尔巴特教育学派的中国面相。

---

① 杨游：《教育史（师范学校新教科书）》，商务印书馆，1918 年，第 61—65 页。

② （师范讲义社）张华年：《新体教育史讲义（师范讲习科用）》，商务印书馆，1919 年，第 105—109 页。

四、清末民初国人对赫尔巴特教育学的理解和研究

大抵在 1904 年前后，随着赫尔巴特译名的相对统一，以及师范学堂教育学、教育史课程的开设，国人对西方教育学说的历史有了一定的了解，逐渐知晓了赫尔巴特的地位和主要观点，并开始在翻译著作的序言、演说及文章写作中介绍、援引。

1904 年，王国维在《叔本华之哲学及其教育学说》中追述西方教育学史时提道："自十九世纪以降，教育学蔚然而成一科之学。溯其原始，则由德意志哲学之发达是已。当十八世纪之末叶，汪德（即康德）始由严肃之伦理学而说教育学，然尚未有完全之系统，厥后海尔巴德（即赫尔巴特）始由自己之哲学而组织完全之教育学。"[①]1906 年，蔡元培直言"日本教育界盛行者，为德国海尔伯脱派"[②]。此时，赫尔巴特教育学派的教授学与教授法已经成为师范生的常识。同年，在北京八旗学务处的演说中，一位普通的师范生演说"教授学"时，数次援引赫尔巴特及莱因的观点："教授者，技术之事也……赫露巴尔德有言：予不能无教授之教育概念。盖教授者，教育主要之事业也。……至德儒赫露巴尔德氏，乃专就心理发达之次第调和于二说，而两用之。即近时德国来因等之学派也，析而分之，一曰教授泛论，论述教授公同之法也；一曰各科教授法，论述各教科应用之术者也。我辈担荷教育事业，不讲此学未有可以尽教授之责者，墨守此学仍未有能尽教授之妙用者。"[③]闵豸、刘本枢等在《新编教育学教科书》序言中介绍"此书原著多采泰西有名教育家若卢梭、康德、廓美纽司、苏格拉底、海尔巴脱诸说汇集而成，故皆体贴入微，发为不刊之论。热心教育者自知其大凡"[④]。这一句"热心教育者自知其大凡"道出了 1906 年前后这些人物的学说观点在中国的接

---

① 王国维：《叔本华之哲学及其教育学说》，载《教育世界》，1904 年第 75 号。

② 高平叔：《蔡元培全集（第一卷）》，中华书局，1984 年，第 394 页。

③ 《八旗学务处第一次研究会演说文》，载《大公报》，1906 年 5 月 26 日。

④ ［日］大濑甚太郎：《新编教育学教科书》，闵豸、刘本枢译，日本印刷，1906 年。

受情况。

这其中比较难得的是陈清震，如前所议，1907 年他重译"奥国林笃奈尔原著，日本汤原元一译补"的《教育学》。该书的原著者"林笃奈尔"为有世界影响的赫尔巴特教育学派代表人物——奥地利教育学家林德纳 (G. A. Lindner，1828 年—1887 年)。日本译者汤原元一亦为日本赫尔巴特学派重要代表人物。[①] 陈清震在自序中清晰地梳理了林笃奈尔的学派承续，学说的利弊得失。1903 年，北京大学堂官书局曾出版同是译自林德纳的《埏氏实践教育学》，陈黻宸为此书撰写提要时对"倍热杰派""皮耳婆耳土派"[②] 则显然未有这种学术自觉。

民国初年，国人进而开始援引赫尔巴特的观点撰写研究性质的文章。1911 年，华超在《新教育》杂志发表《赫尔伯脱、福禄培尔与朱子、王阳明教育学说之比较》，对朱熹、王阳明、赫尔巴特、福禄贝尔四人的学说进行比较研究。文章关于赫尔巴特思想的部分，主要参考"西洋教育史"。介绍他的著作时，不是用的译名，而是直接呈现英文——这至少意味着，关于赫尔巴特的研究资料已不再单纯依靠日文——On the point of view in judging the Pestalozian(疑为 Pestalozzi) method of instruction ；On the moral revelation of the world as the chief function education；The science of education；Outlines of educational doctrine. 文章提道"赫尔伯脱是个哲学家，而又长于心理学，故教育的成为科学，实实在在是他的功劳"。接着文章把赫尔巴特的教育学说分为五条进行介绍："观念与统觉说"，"教育之目的——道德的"，"多趣"，"学科""教授法——训练之步骤"。[③] 他罗列了朱熹、王阳明、赫尔巴特、福禄贝尔四人的学说主张之后，在文章最后进行了小篇幅的比较，并作结论：

---

① 周谷平:《近代西方教育学在中国的传播及其影响》，载《华东师范大学学报（教育科学版)》，1991 年第 3 期，第 82 页。

② [奥] 埏斯弗勒特力撰:《埏氏实践教育学》，[日] 藤代祯辅译，[日] 中岛端重译，北京大学堂官书局，1903 年。

③ 华超:《赫尔伯脱、福禄培尔与朱子、王阳明教育学说之比较》，载《新教育》，1911 年第 2 期。

"从大体上说，朱子的教育学说颇似于赫尔伯脱；王阳明的教育学说颇似福禄培尔。""朱子说'格物致知'要到万物上研究万物之理；一切理都在东西里头，所以要实地的观察。这跟赫尔伯脱主张知识由外入，官能的感觉将种种现象吸收进来以成观念，因而着重教授法之说，岂不是相同呢？""所不同的是，朱子、王阳明没有系统的论述，教育方法亦不完备，后人研究他们的学说无从下手；赫尔伯脱和福禄培尔多发挥他们的学说成就一个系统，且方法亦是有定，后人读他们的书，容易分明了解。"论到这四人教育学说之得失，"赫尔巴脱注重感觉之训练，教授的方法——这是他的长处。而全不注意各个人内在之特性——这是他的短处"。① 这是目前所能查到的关于赫尔巴特最早的比较研究性质的文章。将朱熹与赫尔巴特的教育思想相比对，亦可见当时国人解读赫尔巴特的特殊方式。

　　1914 年，欧化在《中华教育界》发表《十九世纪大教育家海尔巴脱之学说》，以学术史的眼光阐释赫尔巴特教育思想产生的历程，呈现了赫尔巴特各个历史时期的著作及创作背景。学说的内容则几乎与教育史教科书一致。文章以"欲知海氏之教育学者，当先知其伦理学及心理学"开场，接下来简单罗列赫尔巴特的观点，之后继续介绍赫尔巴特学派的几位领袖间的渊源。齐勒"将海氏之教育学发挥而广大之"，主张"教科集中"，并将赫尔巴特的四教授级中的明晰一级分为分析及综合二级，变四级为五级。而施推（Stoy，现译斯托伊）拥护赫尔巴特反对齐勒的新学说，用赫尔巴特教育学说改良小学，其支持者威支（Waiz）及司特吕恩培（Strumpell）皆主张以心理学为教育根本。雷因（Rein）则以赫尔巴特齐勒之学说输入小学；弗里克（Frick）以其学说输入高等学校。② 这是继《费尔巴尔图派之教育》后国人撰写的第一篇比较详细地叙述赫尔巴特教育学派代表人物的文章，其资料极有可能来自英语的教育史。

---

① 华超：《赫尔伯脱、福禄培尔与朱子、王阳明教育学说之比较》，载《新教育》，1911 年第 2 期。
② 欧化：《十九世纪大教育家海尔巴脱之学说》，载《中华教育界》，1914 年第 19 期。

　　这些现象意味着，经历了几年的翻译、引介、学习，中国知识人逐渐接受并有意识地运用、研究赫尔巴特及赫尔巴特学派的学说、概念；对国人来说，赫尔巴特的译名不再是没有生命力的直译、记号，它们因被纳入教育学发展的历史轨迹而具有了学派的意义。只是，借以研究的材料并非源自赫尔巴特及赫尔巴特教育学派代表人物的原著，或对他们的研究性著作，而更多的是依据各种语言的教科书性质的教育史。由此赫尔巴特教育学派所呈现的中国面相，大体不脱教育史教科书的框架，只是在不同场合出现的眉眼大小不同而已。

　　赫尔巴特来到中国的契机，是在强国家—造人才—兴学堂—建师范—培养教师—教育学的逻辑链条中服务于近代中国的启蒙与救亡。在这样的大背景下，虽然王国维曾留意日本帝国大学哲学科相关学者的研究成果，意在将教育学等作为纯粹的学问来研究，在《教育世界》较为系统地引介过赫尔巴特及赫尔巴特教育学派代表人物的照片、传记及观点，但并未在中国形成太大影响。中国从未像美国、日本等其他国家赫尔巴特运动那样大量翻译赫尔巴特代表作及相关研究著作。国人对赫尔巴特面相的描摹，不是通过他们的著作，而是通过与师范学校培养教师的实践需要关系密切的教育学、教育史教科书。而赫尔巴特的教育理论传播到中国时，至少经过了三次转化：一是从德国赫尔巴特到赫尔巴特教育学派的转化；二是明治时期日本学者对德国、美国、奥地利等国赫尔巴特教育学派的选择与理解、转化；三是中国早期留日学生及师范生对日本赫尔巴特教育学派的理解与转化。每一次转化都是出于不同情境的需要，对赫尔巴特教育体系和教育思想进行筛选和简化。赫尔巴特教育学到中国则浓缩至教科书中多则十几页，少则几十字的简介：科学教育学的创始人—教育目的（伦理学）—五道念—教育方法（心理学）—管理、训育、教授。可以说，赫尔巴特教育学呈现在中国的面相只是一幅简笔画：它只是进入中国历史情境中的那部分赫尔巴特教育学，而不是全部；它经过了多重转化及中国人的理解、选择和诠释，而未必是其学说本身。

　　即便是对这幅简笔画，国人亦经过译名混乱的朦胧，才看到相对清晰的眉眼。国人接触了世界教育理论的多元发展之后，便以"观潮钱塘"的心态，追逐更"科学"的教育学，赫尔巴特教育学则成为相对稳定的常识栖身于工具书、教科书中，少有文献翔实地探究历次转化之前的赫尔巴特及赫尔巴特教育学派的教育学说。其原因可能如庄泽宣所说"中国的学术还未独立，对于西洋的古代文字又没有研究，无从直接去选择原文的史料，只好到现在通行的西洋书籍里去求间接的材料，其结果恐怕有许多地方被他们所蒙蔽"[①]。赫尔巴特及赫尔巴特教育学派所栖身的教育史教科书，无不是这种情况。即使期刊中对赫尔巴特教育学派的"研究"亦停留在教科书式的观点呈现阶段，只不过是借鉴日本的西洋教育史还是参考欧美的教育史的区别而已。"钱塘观潮"的心态，加之语言史料所限，国人看到的赫尔巴特教育学始终是一幅简笔画，且满足于简笔画。在这种心态的影响下，作为"舶来品"的中国教育学不仅对中国的教育学术传统的视而不见，对西方现代教育传统的解读方式亦难形成学术积累。这么说起来，要建设中国的教育学、中国的教育学派，的确还有很远的路要走。

---

① 庄泽宣：《西洋教育制度的演进及其背景》，中华书局，1928 年，绪论。

第四章　清末教育学的"学"与"术"

　　阮元曾言："学术盛衰，当于百年前后论升降焉。"教育学术在中国最初十年的盛衰，已经到了可以论升降的时节。在中国学术发展历程中，清末是承前启后的重要时期，也是中国教育学的起步阶段。这一时期教育学"学"与"术"、"中"与"西"的分野必然有其特殊的时代烙印。这种特殊的时代烙印，对之后教育学科的发展方向和路线都可能产生直接和持续的影响。这需要我们在知识与社会密切关联的历史变动中，界定清末中国教育学术在知识版图上的特定意义和功能，从而获得教育学真正的中国经验。

　　如前所论，在教育学观念上，清末国人对"教育"一词的认知，是理解"教育学"的基础。当教育被赋予国家富强之基的重任，作为教育之学的教育学，一方面是师范学堂对教师进行职业训练的教科书，另一方面也包含国人迫切需要其指导解决中国问题的期望。与国人的教育学观念相应，教育学的引进与传播，与中国近代教育改革和教育制度的建立相始终，在某种意义上可以说是一种国家行为。尤其是学部成立后，在其对全国教育改革的领导过程中，教育学作为教育改革领域重要的"育才"和"资治"工具，受到重视。学部在注重培训教育行政管理人员的教育知识素养的同时，按照章程规定及其对教育学的裁量来规范师范学堂教育学的内容和传播，并通过制定检定小学教员等制度拓展教育学的流布空间。这样的制度环境催生了大量的教育学教科书。它们或服务于"育才"和"资治"，或以迎合市场需求追逐利益为目的。在这种背景下，有论者谈及清末教育学"还是一种混沌状态的教育学，论与史、学与术是纠结在一起不分彼此的"[1]。一个时代有一个时代的

---

[1]　瞿葆奎，郑金洲：《中国教育学百年》，教育科学出版社，2002年，第14页。

学术，学与术的定位不是一成不变的。清末作为中国教育学的起步阶段，其"学"与"术"的分野有其特殊的时代烙印。

第一节　教育学之"学"与"术"的混杂

一、清末新政时期的"学"与"术"

中国近代以前，"学术"是一个词，西学东渐之后，受西学影响，才有"学"与"术"的分野。1911 年，梁启超在《国风报》撰《学与术》一文，专论当时中国"学"与"术"的含义、关系，及中国的误区。

> 吾国向以学术二字相连属为一名辞，《礼记·乡饮酒义》云"古之学术道者"，《庄子·天下》篇云"天下之治方术者多矣"，又云"古之所谓道术者恶乎在"。凡此所谓"术"者即学也。惟《汉书·霍光传赞》，称光"不学无术"，学与术对举始此。近世泰西，学问大盛，学者始将学与术之分野，厘然画出，各勤厥职以前民用。试语其概要，则学也者，观察事物而发明其真理者也；术也者，取其发明之真理而致诸用者也。学者术之体，术者学之用。二者如辅车相依而不可离。学而不足以应用于术者，无益之学也；术而不以科学上之真理为基础者，欺世误人之术也。"
>
> 倭世之言如此，读此而中外得失之林可以见矣。我国之敝，其一则学与术相混，其二则学与术相离。学混于术，则往往为一时私见所蔽，不能忠实以考求原理原则；术混于学，则往往因一事偶然之成败，而胶柱以用诸他事。离术言学，故有如考据帖括之学，白首矻矻，而丝毫不

能为世用也；离学言术，故有如今之言新政者，徒袭取他人之名称，朝颁一章程，暮设一局所，曾不知其所应用者为何原则，徒治丝而棼之也。知我国之受敝在是，则所以以救敝者其必有道矣。

近十余年来，不悦学之风，中于全国，并前此所谓无用之学者，今且绝响，吾无取更为纠正矣。而当世名士之好谈时务者，往往轻视学问，见人有援据学理者，动斥为书生之见。此大不可也。夫学者之职，本在发明原理原则以待人用耳；而用之与否，与夫某项原则宜适用于某时某事，此则存乎操术之人。必责治学者以兼之，甚无理也。然而操术者视学位不足轻重，则其不智亦甚矣。今世各科学中，每科莫不各有其至精至础之原则若干条；而此种原则，大率皆经若干人之试验，累若干次之失败，然后有心人乃参伍错综以求其原因结果之关系，苦思力索而乃得之者也。故遵之者则必安荣，犯之者则必凋悴，盖有放诸四海而皆准，俟诸百世而不惑者。①

梁启超指出中国各改革领域存在"学与术相混""学与术相离"的现象，教育学术作为清末学术的重要组成部分，也有类似的问题。而且中国教育学"学"与"术"的纠结尤甚于别的学科。

此外，严复也多次论及学与术的含义与关系，在翻译《原富》时，在按语中提及学与术的关系：盖学与术异。"学者，考自然之理，立必然之例。术者，据既知之理，求可成之功。学主知，术主行。"②他在《政治学讲义》一书中谈到西方科学时说："学者，即物而穷理……术者，设事而知方。"③梁启超与严复对学与术的阐释可谓殊途同归，与"学"相关的范畴有"知""穷理""真理""体"等，与"术"相关的则有"行""致用""方法""用"等，而学术发展的理想状态当然是学与术相结合。

---

① 梁启超:《清代学术概论》，夏晓虹点校，中国人民大学出版社，2004年，第271页。

② 严复:《严复集（四）》，中华书局，1986年，第885页。

③ 严复:《严复集（五）》，中华书局，1986年，第1248页。

但是清末学术转型时期的学术状况，并不如严复、王国维、梁启超等学者所想。日本在明治维新后通过一系列军事、外交和政治活动向中国展示了它的巨大成效，清末新政期间，在朝野人士的鼓动下，中国主要是通过日本来学习西方，通过"东学"学习"西学"。具有欧洲留学背景的严复对这种学术移植方式大为不满，他认为"学术之事，必求之初地而后得其真"[①]，靠翻译来学习西学，已经是"隔尘弥多，其去真兹远"的最下策，更何况是转译日本的译作。1903年他在给熊季廉的信中痛斥"东学"的急功近利："须知今日天下汹汹，皆持东学"，"上海所卖新翻东文书猥聚如粪壤。但立新名于报端，作数行告白，在可解不可解间，便得利市三倍"，进而规劝学生"必无以东学自误"[②]。王国维在《论近年之学术界》中也对当时学风表达愤懑，认为对西洋学术的学术引介"非出于知识，而出于情谊"，各种译著与杂志、留学界等引进媒介皆是"以学术为一手段，而非以为一目的"，"庚辛以还，各种杂志接踵而起，其执笔者，非喜事之学生，则亡命之逋臣也。此等杂志，本不知学问为何物，而但有政治上之目的，虽时有学术上之议论，不但表剽窃灭裂而已"，并断言"欲得学术之发达，必视学术为目的，而不视为手段，而后可"，"未有不视学术为一目的而能发达者，学术之发达存于其独立而已"。[③]梁启超则在《学与术》中痛心清末中国各改革领域存在"学与术相混""学与术相离"的现象，"近十余年来，不悦学之风，全于中国，并前此所谓无用之学者，今且绝响"，如若不能在改革中"学""术"结合，则终不能免"不学无术"之讥。[④]

教育学术是现代学术的重要组成部分。在中国传统学术向现代学术形态转型之初，在中国早期系统介绍西方近代学科体系和科学知识系统的文字中，教育学术便占有一席之地。1898年，东文学社教习西山荣久译《新

① 严复：《严复集（三）》，中华书局，1986年，第561页。

② 孙应祥：《严复年谱》，福建人民出版社，2003年，第194—195页。

③ 王国维：《论近年之学术界》，载《教育世界》，1905年，第93号。

④ 梁启超：《清代学术概论》，夏晓虹点校，中国人民大学出版社，2004年，第271页。

学讲义》，向中国学术界介绍德国学者冯特、美国博士克丁极司等人的知识分类体系，将"教育学"归为心理科学、规范科学。[①] 宋恕在《代拟瑞安演说会章程》中，将学术部分为总、别二科，将"教育学"列为别科 30 目中的一目，并拟将"经部"典籍中的《语》《孟》入于伦理、政治、教育诸学。[②] 1901 年，蔡元培在《学堂教科论》中，接受了日本学者井上甫水的分类法，将"教育学"放置在"无形理学"—"群学"—"政事学"的类目中。[③]"教育学"作为"教育之学"，理所当然地在西学系统中占据位置，其"学"的位置为国人所认同。

在清末新政之季的学术氛围中，具体形态的教育学是借道日本而来的"东学"，而不是严复所希冀的来自"初地"；它是作为救亡图存的重要手段，而不是王国维所期盼的以学术本身为目的。即便如此，教育学在清末"号为最有用之学"[④]，颇有显学之势。这么说起来，是清末教育学不存在梁启超所谓学与术相混、相离的现象，达到了"有用"与"学"的结合，还是教育学的"学"与"术"有着特殊的纠结？

二、作为"术"引进的教育学

1901 年 9 月，清政府诏令各省、府、直隶州及各州、县各将书院改设大、中、小学堂。[⑤] 与戊戌时期的思想铺垫相应，开办师范学堂作为教育改革的首要任务被提上议程。1904 年，报刊恰切地形容了当时国内改革的情状："今日中国之言革新者，不论保守党、进步党、急激党，莫不公认教育为当今惟一之问题。即教育而论，不论官立学堂、民立学堂，莫不公认师范为当

---

① 吴汝纶：《桐城吴先生日记（上）》，河北教育出版社，2002 年，第 445 页。

② 宋恕：《宋恕集（上）》，中华书局，1993 年，第 350—351 页。

③ 中国蔡元培研究会：《蔡元培全集（第一卷）》，浙江教育出版社，1997 年，第 334—336 页。

④ 王国维：《奏定经学科大学文学科大学章程书后》，载《东方杂志》，1906 年第 6 期。

⑤ 《光绪二十七年八月初二日谕于各省、府、直隶州及各州、县分别将书院改设大、中、小学堂》，见陈元晖主编《中国近代教育史资料汇编之学制演变》，上海教育出版社，1991 年，第 6 页。

今惟一之急务矣。"① 教育学在中国出现的动机在于此。

如前所议，1901 年 11 月，张之洞派罗振玉等东渡日本考察，1902 年 3 月，罗振玉等考察回国后，在《日本教育大旨》中明确指出："师范之必修学科，曰教育行政，曰管理法，曰教授学，曰教育学，曰教育史，此无论本科速成科均不可废者，因必明此数者，然后有师范资格也"②，强调教育学诸学科在师范学堂中的特殊地位。在这种逻辑的驱使下，中国通过各种形式从日本大规模引进教育学，以备兴办师范教育之需。

除了作为师范学校培养教师之用，国人对教育学的认识，基本是在"本"与"末"、"理论"与"实行"两相对照中，将"教育学"置于教育之"本"、"理论"的地位。《新民丛报》曾刊登"河北愚公"《论教育学之意义》一文，其文开篇便在"理论"与"实行"的母子关系中定义"教育学"与教育实践的关系："凡事欲实行不必拘于理论，而实行要必先立理论。无理论而有实行，为无意识的实行，先理论而后实行，为有意识的实行。理论者，母也，实行者，了也。"③ 这种认识逻辑，几乎在每一本教育学译著的序言中都有所体现。这些序言在表白本书的译介背景和动机时，通常会提到教育学作为"教育之学"，能指导、规范教育实践，并能最终引导教育实现救亡图存的目的；承认教育学"学"的地位，但目的是指向教育学之用。

如方彦恂在给季新益翻译的《教育学原理》所作的序中提道，"自学校之制既亡，人才遂不古。……近迫外患遽然大觉，稍稍开学堂，罢帖括矣，而管其事者，又未尝深知教育之故，徒取外国章程、科目为之亦步亦趋。此何异铢权寸度？推之丈尺，必致舛误者耶。夫木必先本而后枝，水必源，以及教育者，人才之所从出，所以治此教育者，则又教育之所自出也"，强

---

① 《光绪三十年（1904）<时报>论中国成就师范之难》，载朱有瓛，高时良主编：《中国近代学制史料（2 辑下）》，华东师范大学出版社，1989 年，第 275—277 页。

② 罗振玉：《日本教育大旨》，见吕顺长主编《教育考察记（晚清中国人日本考察记集成）》，杭州大学出版社，1999 年，第 235 页。

③ 河北愚公：《论教育学之意义》，载《新民丛报》，1903 年第 46、47、48 期，第 149—150 页。

调《教育学》的译介目的在于"教育犹舆之有轮，墨之有准耳，吾知此书于吾国教育必大有造也"①。

到 1906 年清政府宣布"预备立宪"之后，教育被认定为行宪政的基础，在预备立宪之后国人的心目中，教育学的功能和价值主要体现在能否为实现宪政服务。直隶省教育会会长张佐汉评介陈清震所译的《教育学》："以实用为主，而归重于修养自治服法之人格，彼国所以实行宪政，跻世界文明国者，殆以此书为先河"，此书的荣耀也主要体现在能成为"陶成帝国宪政国民一伟器"②。

"教育学"是作为"西学"的一种引入到中国的，其引进的直接目的不是教育学术本身，而是作为"强国家—造人才—兴教育—建学堂—立师范"的一环，为师范学堂培养教师的职业训练所用，为国家富强所用。换句话说，教育学引进的目的是用西方的理论指导解决中国问题，是致用的"术"，这种"术"主要体现在育人、资治两方面。

三、引进的教育学中的"学"与"术"

现代教育学就其包含的内容来说，具有双重起源，一是关于教育问题的哲学思辨，一是实际教学经验的总结。③ 比较系统的教育思想资料原先是作为哲学的组成部分，主要存在于哲学家、思想家的著作中。由实际教育经验总结而产生的教育学，是 17、18 世纪的事，大抵包括"教学论"以及一些初具独立形态的教育学。作为教育学的理论体系的建构，同样存在两种不同的方式：既有哲学的取向，又有科学的追求。一般认为，德国教育学家赫尔

---

① 季新益：《教育学原理》，教科书辑译社（东京），1903 年。

② ［奥］林笃奈尔：《教育学》，［日］汤原元一译补，陈清震重译，京师第一私立中等商业学堂总发行，1907 年。

③ 陈桂生：《历史的"教育学现象"透视——近代教育学史探索》，人民教育出版社，1998 年，第 5 页。

瞿葆奎：《教育学的探究》，人民教育出版社，2004 年，第 383 页。

巴特为"科学教育学"的发展奠定了基础。[①] 自赫尔巴特的《普通教育学》问世以后，19世纪的教育研究分化为两大方面。一方面是教育实践的发展问题，诸如普及义务教育问题、基础教育质量问题、教育制度的完善和教育内容的更新问题、幼儿教育问题等，对这些问题的研究促进了近代教育体系的形成。19世纪末，西方国家已形成了相对稳定和系统的近代学校教育制度，建立了普及义务教育制度。师范教育的形成提高了教师职业的专业训练要求，也促进了学校教学方法的规范化。对实践问题的研究，自然涉及教育理论问题，但不以系统研究教育理论为目标。另一方面，以教育学的理论问题为中心，其结果是促使教育学流派形成，使问题研究深化。[②]19世纪末20世纪初，世界各地的"教育研究"状况几乎正如杜威给夫人的信中写道的"各种教育理论到处乱传"[③]。裴斯泰洛齐学派、福禄贝尔学派、黑格尔学派、赫尔巴特学派、斯宾塞学派等的教育理论在欧洲、美国及日本都得到广泛传播。

　　中国作为"后发外生型现代化"国家，在教育学科的建立上，走的是一条"捷径"，并无意识地同时面对着教育学"学"与"术"的双重起源。对这一时期的中国来说，面临的问题不是选择哪种教育理论，而首先是建立新的教育体制。中国教育学出现的机遇不是自发的实践需要或学习某一种学派理论，而是国家主导的制度建设的需要。但国门一旦打开，日本及西方各国的历史的和现代的、制度的和思想的经验便同时蜂拥而至。对于国家来说，与教育学出现的动机相应，教育学的面貌必定是与现实进行的教育改革需要密切相关；而对于个人来说，古今中外的"各种教育理论到处乱传"的状况恰恰为个人的学术兴趣提供了更多选择，也为个人研究教育学科的学理提供了更为广阔的空间。

---

① ［德］鲍尔生：《德国教育史》，腾大春、腾大生译，人民教育出版社，1986年，第165页。

② 叶澜：《教育研究方法论初探》，上海教育出版社，1999年，第64—65页。

③ ［美］埃伦·康德利夫·拉格曼：《一门捉摸不定的科学：困扰不断的教育研究的历史》，花海燕等译，教育科学出版社，2006年，第47页。

（一）作为培养教师之用的教育学的"学"与"术"

1901 年新政以后，师范教育的呼声越来越高，一时间国内各省学务处、出版社，日本出版社或为本省师范学堂教学，或为牟利，纷纷发行教育学讲义、教科书，带动了教育学的"繁荣"。在这些教育学教科书中，关于教育学"学"与"术"的分野，有比较明确的说法，"教育学者，论教育之理法之科学"①，"教育学者，论究所以教导人之科学也。科学者，谓就一特殊事实，精密观察之，明确解说之。且组织也，系统整正者是也。故教育学者，谓就其教导事物，用此研究方法而所成之学问也"，"教育学者，研究教育之目的及其方法之科学也。自其必须伦理学、心理学、社会学、生理学辅助上言之，则可谓混合科学，而自其性质上言之，则又可谓规范科学"②，"若夫教授法、管理法，则谓之教育术"，"教授法、管理法皆为应用教育学之方法，而蹈其实践者"③"教育者以研究其理论之可以为实行之基址者，则谓之科学亦可；至以施行于实地、实际者言之，则谓之技术亦可"④。在教育学教科书中，教育学与教育术分野是很清楚的，教育学是研究教育目的及方法的"科学"，而"教育术"如教授法、管理法及学校卫生、学校制度及学校准备法等皆是教育学原理的实践，属于工具性科目。但是，教科书中"学"与"术"的分野，不一定就是清末中国教育学实际的学术状态。

在独立的教育学研究机构成立之前，师范学堂是中国教育学存在的主要场所，教育学课程也是中国教育学术研究最初及最主要的载体；师范学堂的教育学课程是教育学术合法存在的前提和保障。教育学课程的框架和内容，是中国教育学术发展的起点。从这个意义上来说，至少在 1901 年至 1911 年间，师范学堂中教育学内容的演变，在一定程度上可以反映这一时期中国教

---

① ［日］牧濑五一郎:《教育学教科书》，王国维译，见教育世界社教育丛书（二集），1902 年，第 1 页。

② 季新益:《教育学原理》，教科书辑译社（东京），1903 年，第 2 页。

③ 季新益:《教育学原理》，教科书辑译社（东京），1903 年，第 80 页。

④ 宏文学院编辑部，东京高等师范学校教授波多野贞之助讲述:《教育学教科书》，东京东亚公司发兑，1907 年，第 1，20 页。

育学术发展的轨迹。限于目前所能掌握的资料，我们很难以某一师范学堂所讲授的教育学内容为例去分析教育学科的"学"和"术"的构成。而在学堂中，考试内容通常最能够体现时代及本科目关注的核心问题。这一点，我们只能从《大公报》历年刊载的北京八旗高等学堂师范班相对较为完整的教育学考题中略窥一二。

1906 年 4 月，北京八旗高等学堂甄别师范生考题，"教育"一科的考题：

（1）问廓美纽司与卢梭有何区别？

（2）问国民教育与道德教育之区别？

（3）问教育之方法判为三大端，其性质若何？

（4）问日本小学以何科为重？与泰西有何异同？

（5）问日本学校之宗旨与学部新颁教育之宗旨有符合否？[①]

1906 年 7 月，北京高等学堂师范班季考纪题：

（1）教授的目的有实质的与形式的之分，二者何以区别？

（2）直进教授案与圆周教授二者孰善？

（3）何谓教授之五阶段，试详言之。

（4）教授中之问答始自何人？我国虽无此专科，自古亦有善教授者否？[②]

1906 年 11 月，八旗高等学堂师范班季考纪题"教育"：

（1）问教育上之赏罚与其它赏罚之异同。

（2）问寄宿舍之价各国不同，我国教育初兴，而高等小学宜设寄宿舍与否？试按现时之情形与寄宿舍之价值而详论之。[③]

1907 年，八旗师范学堂毕业考试，初四日考试教育、教授法、管理法、

---

①　《甄别师范纪题》，载《大公报》，1906 年 4 月 17 日。

②　《师范班季考纪题》，载《大公报》，1906 年 7 月 14 日。

③　《八旗师范班季考试题》，载《大公报》，1906 年 11 月 21 日。

心理、体操等。其中教育一科题目为：

（1）问教育之资格宜如何？

（2）问各国之普通教育甚简约，我国小学既不设国民科，其高等小学中学宜加入法制、经济与否？试按此两科之价值而详论之。[1]

1908 年，北京第三学区师范大考，其教育一科题目为：

（1）何谓内心之自由？

（2）教育偏倚之弊厥有七端，其第一第二第五三条与吾国囊时学校之弊颇相吻合，试引申其说。[2]

1910 年，八旗师范教育考试题：

（1）教材联络之方法有几？试述其名。

（2）教授案有几种并言其利弊。

（3）整理教材须由论理学方法，试申其义。[3]

1910 年，八旗师范馆甄别题，教育一科考题：

（1）试言教授与训练之关系；

（2）训谕之形式与教授相比有无异同？其功用较之教授如何？

（3）师范之意义。[4]

1911 年，八旗师范毕业纪题，教育一科考题：

（1）教育之辅助学科有几？试言其关系。

（2）教育分解总旨独断、启发各法，试详其作用。[5]

---

[1] 《考试纪题》，载《大公报》，1907 年 1 月 21 日。

[2] 《考试纪题》，载《大公报》，1908 年 1 月 18 日。

[3] 《再纪八旗师范大考试题》，载《大公报》，1910 年 1 月 31 日。

[4] 《八旗师范馆甄别纪题》，载《大公报》，1910 年 7 月 7 日。

[5] 《八旗师范毕业纪题》，载《大公报》，1911 年 7 月 12 日。

按照《奏定初级师范学堂章程》的规定，师范学堂以"教育"命名的课程通常是指"教育原理"，也就是西方教育学中"学"的部分。从这些考题内容中，我们不难看出，除了少部分的"学"含量，大部分与教授法、管理法及学校卫生、学校制度、教育改革等教育之"术"密切相关，总体表现出两个倾向，一是作为教师培养的技能性考察，一是作为国家教育改革的问题讨论。或者说，这表明师范学堂中的教育学课程关注的两大核心问题，一为育人，一为资治。以1907年八旗师范毕业考题为例，教育、教授法、管理法、心理等各分科考试，本已是"学""术"分开的考察形式，而"教育"一科的试题内容却并不涉"学"，而紧扣"育人""资治"之"术"。

这种现象很有意思，在引进的教育学教科书文本层面，"学""术"分野清晰，并声称以"学"为主，而在实际讲授操作中，"学"的部分反而偏安一隅，"术"的部分则登堂入室，占据主流。师范学堂中的课程和考试，皆是以教育学之名，行教育术之实。或者这么说更恰当：教科书中的教育学与教育术，在实际上都被当作"学"，"术"以"学"的面貌出现。

（二）作为教育改革理论指导的教育学的"学"与"术"

在中国的"教育实践"领域，1905年废科举，学部一成立，即要求学部、各省学务处、劝学所及教育会等附设"教育研究会"，"延聘精通教育之员定期讲演，以教育原理及教育行政为主"①。

如前所议，学部官制中，设有"学制调查局"，"专研究各国学制，以资考镜。预备随时改良章程"。《学部官报》中有"选译东西各国书报"一栏，追踪日本、德国、英国、美国、法国、奥地利、意大利等国家教育制度及教育学方面的报道、著作。学部还设教育研究所，"延聘精通教育之员定期讲演，以教育原理及教育行政为主。学部人员均应按时听讲"②。教育研究所确实在培训学部司员和提学使的教育理论素养方面发挥过作用。

---

① 《学部奏酌拟学部官制并归并国子监事宜改定额缺折》;《劝学所章程》;《学部奏拟教育会章程折》。

② 《奏拟本部官制暨归并国子监改定额缺折》，载《学部官报》，1906年第1期。

与学部官制中的教育研究所相对应，在各省学务官制中，也非常重视教育研究所的设置。"至现在风气初开，办理学务之员于教育学、教授管理诸法及教育行政、视学制度皆须随时研究以谋补充识力，其各厅州县，凡有劝学之所，皆当遵照章程妥善办理，城市乡镇一律推行，尤宜定期宣讲教育宗旨，俾资遵守。"① "各省设教育官练习所，由督抚监督，由提学使选聘本国或外国精通教育之员讲演教育学、教授管理诸法及教育行政、视学制度等以谋补充识力。每日限定钟点，自提学使以下所有学务职员至少每星期须上堂听讲三次。"②《劝学所章程》中规定："各区劝学员应先于本城劝学所会齐开一教育讲习科，研究学校管理法，教育学，奏定小学章程，管理通则等类。"《酌拟教育会章程折》中提道教育会中应举之事务："立教育研究会以求增进学识。选聘讲师定期讲演教育史、教育原理、教授法、管理法、教育制度及他种学科，会员一律听讲。"③

在这些章程的规定中，各级教育研究会中除了教育原理、教育史、教育行政、教授法、学校管理法，宣讲教育宗旨、奏定学堂章程、管理通则等新政以来颁布的章程规定亦被纳入"教育研究"的职能范围。这些规定并未落为一纸空文，设置教育研究所作为学部成立之初的重要举措被通饬各省实行。对此《大公报》《申报》等报刊皆有报道。"闻学部现以各省学堂业经成立，所有关于教育之事尤宜逐加改良，以端学术。现拟通饬各省速设教育研究所一区，饬令各堂教员以及师范生等入所研究以资整顿学务。"④

学部设置教育研究会的初衷和基本思路，是各级教育行政官员需要系统学习领会凝聚在"教育学、教授管理诸法及教育行政、视学制度"及各国学制中的西方和日本的经验后，来把握中国"怎么做"。就《大公报》中刊载的教育研究会相关文献来看，各地各级"教育研究会"，其"研究"情形并

① 《遵议各省学务详细官制办事权限并劝学所章程折》，载《学部官报》，1906 年第 2 期。

② 《各省学务详细官制及办事权限章程》，载《学部官报》，1906 年第 2 期。

③ 《酌拟教育会章程折》，载《学部官报》，1906 年第 3 期。

④ 《饬设教育研究所》，载《大公报》，1906 年 4 月 24 日。

不统一。开会大多以本地的学务或学堂教育为中心，内容多是围绕本地现实问题的讲演和地方学堂如何教学的技术交流，或宣传教育宗旨及奏定学堂章程内容。其演说内容，很难与其所宣扬的"原理"联系在一起；其经验式的体会，也很难与现在我们所说的"研究"联系在一起。但是，在当时这些关于"怎么做"的知识与体会，确是担当了"学"的地位。在中国的教育实践领域，西方国家、日本"怎么做"的教育改革经验是指导中国教育改革实践的"学"——虽然教授管理诸法、教育行政、视学制度及各国学制，在西方教育学中属于"术"。

（三）教育研究会中"研究"内容的"学"与"术"

就《大公报》中刊载的教育研究会相关文献来看，各地各级"教育研究会"，其"研究"情形并不统一。"研究"多是以本地的学务或学堂教育为中心，内容则多是围绕现实问题的讲演和地方学堂如何教的技术交流，也有理论化的教授法。

如 1905 年 5 月 4 日《大公报》曾载通州第一次教育研究会的开会情形：

> 通州施为潘宗礼等纠集同志创设教育研究会，本月十二日在通州高等小学堂开第一次会议，特请京师大学堂数学教习兼东文助教江杭父比部绍铨莅会讲演。江君登堂先申祝词，继以演说。略谓温州为联军蹂躏最甚之处，乡与通人同被其毒，诚宜永矢弗谖者。然推其故，悉由团匪，团匪之真相虽不可得，而知抑其排外独立之概，未尝不较媚外苟安者差强人意，顾一败涂地，几于覆国。痛定思痛，至今犹令人发指。由是可发见原理二：一有爱国目的者必讲求所以达此目的之方法，并养成可以达此目的之能力。否则爱国或远以害国；二民智未开之时，不可遽唱自由民权之说，诚恐言自由则人思自恣而各不相安，言平权则上下交往□主权体失。夫爱国心尽人有之，然讲求方法，养成其能力必开民智。欲开民智在乎教育，欲兴教育继资研究。今日研究教育切要之点，一在具世界上普通知识，一在造中国的国民资格。因敷陈其义，并比附通州现在

之情形以终之。是日到会者百余人，皆热心倾听，拍掌赞成云。①

1906 年 5 月 26 日，《大公报》报"八旗学务处第一次研究会演说文"。

教授者，技术之事也。人心倏忽万变，又加以外物诱惑，破坏德性者滋多，听其自由，终将不知伊于胡底教授者。即从其知识甫辟，扩张其思想而整理之，启发其意志而磨练之，顺其自然发达之，次第成为确然不屈之品性，使遇凡百事物皆处处不惧徵论。在于学校，即出而泛应，于世，无论立于如何影响之下亦百变而不离其本旨。此皆冒昧从事者所能遽收其效欤！良匠之善断也，必先审曲面势而斤何以运斧，何以锯，各有一定之规矩以运行其巧。教授之术亦然。但其所断者为无形之新意，且必因率其自然发达之顺序耳。故管理训练不过仅就一定之规律维持其暂时外界之秩序，若教授，则专就心理之发达，日用所必需之智识，亦即借以传授。赫露巴尔德有言：予不能无教授之教育概念。盖教授者，教育主要之事业也。教育之事必不能不行教授，而教授之所施必不能不精研其术。我国教育之道倡行最早如上古小学之制是也。其教授之术亦能独得精义。如所谓循循善诱，所谓启愤发悱者是已。惟衍其传者，率无几人。后世偶有阐明其理者，惜未能尽遵科学轨道深探心理之渊源，而究其终极以视。泰西教育家极深研几，统括之以普通之理法，成就之以系统之组织，秩然有序可以率循施行者，未可谓完全无憾也。夫泰西中古亦尝专重书籍之教授，及英儒培根、奥儒廓美纽斯、法儒卢梭、瑞儒俾斯塔若基等，痛斥其弊。由是因仍求胜冀神其术，及心理学发明，而教授遂为一种技术之学。前明王文成公亦尝谓童子之情乐嬉游，惮拘束，教授之者，必使趋向鼓舞，中心喜悦，其进步自不能已。譬之风雨露被草木，自然发越昌生，日长月化；若冰霜剥落，则生意萧条，日就枯槁矣。其说颇与泰西相合，惟是西儒穷研其术，日益精

---

① 《纪教育研究会》，载《大公报》，1905 年 5 月 4 日。

密，有专以传授知识为主者，是为教育实质说。至德儒赫露巴尔德氏，乃专就心理发达之次第调和于二说，而两用之，即近时德国来因等之学派也。析而分之，一曰教授泛论，论述教授公同之法也；一曰各科教授法，论述各教科应用之术者也。我辈担荷教育事业，不讲此学未有可以尽教授之责者，墨守此学仍未有能尽教授之妙用者。王文成公教约有言，教授之术此其大略也。至神而明之，则仍存乎其人耳。①

这篇演说着重介绍了西方"教授之术"的产生、发展、学派。其风格较为学理化。

教育学讲义、教科书的讲授者、编纂者、翻译者，从一定意义上可以说是中国最早的一批"教育学研究者"。除了各级师范生，教育行政官员及教育会会员也是教育学接受者，同时也是教育学之"术"的应用者。面临书院改学堂之后出现的一系列中国问题，教育学教科书传播的教育学常识，以及日本、西方的教育制度介绍，这些知识层面的常识移植显得苍白而无力。当时中国并无所谓教育研究机构，关于现实教育问题的研究主要集中于相关的教育行政官员。教育问题的出现，为教育问题研究提供了新的动力，各种教育官报、教育刊物应运而生。中国教育"术"与"学"的互动开始形成。

四、西方教育学之"学"在中国

国家意志重西方教育学术之"术"，偏向于教学经验总结层面的致用的教育学；而少数具有西学根底又注重知识的逻辑序列的学者则重西方教育学术之"学"，偏向于哲学思辨色彩浓厚的求真的教育学。依此，中国教育学术的建立和发展也有"国家"之外的其他颜色。

关于世界教育研究教育实践的和理论的两方面内容，在清末都通过不同渠道被介绍到中国来。其中教育理论方面，主要是通过教育史实现的。1901

---

① 《八旗学务处第一次研究会演说文》，载《大公报》，1906 年 5 月 26 日。

年，教育世界社发行的教育丛书中的《内外教育小史》及《十九世纪教育史》，都曾介绍西方教育学史的人物及学派。《内外教育小史》除梳理中日历代教育相关人物制度外，在"西洋近世"中介绍"马敦"（马丁）、"哥美尼和"（哥白尼）、洛克、"路稣"（卢梭）、"伯泰罗的"、"弗兰培尔"（福禄倍尔）、斯宾塞尔（斯宾塞）、"海鲁伯尔"（赫尔巴特）。[①]《十九世纪教育史》则在介绍德、英、法、美四国"教育之实际界"之外，并介绍"教育之理论界"。[②] 在"自然科学之发达及实际"一节中，作者对教育学在德国的产生做了比较详细的介绍：

> 以上所言，犹教育之实际界也，今更取教育之理论界一观察之可乎？夫德国哲学，至今世界而大兴，其间硕学辈出，各抒所见，倾动一世。此等哲学大家，有于讲哲学时，而旁及教育上之意见者；即不然，而其哲学上之意见，有自接近于教育者，而又以一代之气运，甚热心于教育。

> 是以本诸哲学家之意见，或教育上之所说，以为基础，而组织教育学者，盖不少焉。且如心理学大家海尔巴脱及贝乃楷，躬自组织教育学而讲述之。其卒也，至尊视教育学为一独立之科学。德国首于大学立为专门，延教师以专教之，英格兰大学继而效之。海尔巴脱及贝乃楷派之个人的教育学，盛行于一时。教育理论界之发达，以视教育实际界之发达，则固见为迟矣。教育学家之议论，诚不勉旭日已东，室犹灯火之消，世之具只眼而视教育者，多嘲其迂而远事实，虚而无济实用。顾自然科学，以自然界为对象，其对象不甚复杂，且其参以一己之主观而妄生偏见也较少，故一旦与纯粹哲学分离以后，而进步得以大著。然教育学则属在精神科学之一，其对象既极复杂，其为研究者之主观所束缚也又多，而其所立论，惟止于学者之生活内容及精神现象之解释，此其进

---

① ［日］原亮三郎：《内外教育小史》，沈紘译，教育世界社教育丛书（初集），1901年，第1页。
② ［日］熊谷五郎著：《十九世纪教育史》，教育世界社教育丛书（初集），1901年，第4—5页。

步所以独迟而。迨因国民的意识之勃兴，而教育实际界之现象，渐为教育学者之所识，于是彼等亦知历史之足重。又因自然科学之发达，而研究心理学、论理学者，日见进步，于是彼等亦知社会之足重，至于此始悟向之以个人为主，而期在发达其诸能力者，不免有置历史与社会于度外之失。以历史成果而存之文明开化，及社会之所以为社会，顾自有其真价，为欲承继之，而益有以发达之，是人所以宜教育之理也（海尔巴脱等于教育上亦非全不言历史与社会，然惟以历史社会为教育个人之手段，而非以历史之成果及社会之为宗旨者也）。如此间接，乃最近十年之内，始生于学者脑内，从其思想发达而知个人所以足重者，非以其个人而重，以其为社会有机体之一细胞而重。欲教育个人者，所以培养一细胞以资全体之发达，此则所谓社会的教育学是已。社会的教育学兴，而于是世界主义与国家主义之对峙，人道主义与现实主义之对峙，形式修养与实质的修养之对峙，举融和而归于一矣。[①]

张竞良编辑的《新编万国教育通史》，除了中国的孔、墨、老、庄，并对"苏、柏、亚及近代之廓美纽斯（夸美纽斯）、陆克（洛克）、卢骚（卢梭）、康德、海尔巴脱（赫尔巴特）、斯宾塞"[②]一一分析介绍。有的教育学教科书也会在篇首对西方教育学史做一番梳理。尤其以大濑甚太郎的教育学教科书为典型。在他的《新编教育学教科书》和《实用教育学》中，首先论"教育之为科学"，对西方教育学科的历史进行阐释、梳理。从廓美纽斯、卢梭、裴斯塔若籍（裴斯泰洛齐），直至显露柏罗都（赫尔巴特）出，"而教育之壁垒一新，补从来心理学说之不备，力矫自然能力之说，发明心之显象，总归一元。使教育之跻于科学者，氏盖有襕褛之功焉"。然后作者梳理西方18、19世纪教育思想史，介绍对"教育之为科学"有影响的教育思想

---

① ［日］熊谷五郎著：《十九世纪教育史》，见教育世界社教育丛书（初集），1901年，第4—5页。
② 张竞良：《新编万国教育通史》，中国老上海老巡捕房东首惠福里明权社总发行，1903年。

家。次论"教育学与他科学之关系",分析教育学的学科定位:"取关于伦理（指个人、社会两方面）审美、论理之程式,适用心理之法则以施之实际者也。"①《新编教育学教科书》因此被评论为"多采泰西有名教育家若卢梭、康德、廓美纽司、苏格拉底、海尔巴脱诸说汇集而成,故皆体贴入微,发为不刊之论"②。

以后见之明看,当时国际上的教育思潮和学科发展的基本状态都通过日本被翻译、介绍到中国来了。但是,这些著作和论述的引介,是译著者有意识地选择,还是无意识地追随日本? 这些论述有没有被清末国人有效地接收,被哪些人有效接收了?

虽然教育学的引进是国家行为,在此大潮中,亦有学者如严复、王国维等,基于自己的西学修养及学问兴趣,对教育学的学科性质、功能和定位有比较清楚的认识,遂将眼光投向哲学思辨色彩浓厚的教育学,并对占主导地位的教育学引进、传播方式提出质疑。严复规劝学生"必无以东学自误"③。王国维则坚持"哲学为教育学之母"的观点,质疑教育学的引进方式。在近代中国知识系统创建之初,严复与王国维曾为教育学的地位做过争取,也曾介绍过迥异于师范学堂教科书的教育学。针对"教育学界之短",1906 年 6 月严复在上海青年会演说《教授新法》,④ 别名《论今日教育应以物理科学为当务之急》,就其内容而言,与斯宾塞的《什么知识最有价值》如出一辙。但这种与现实保持距离的以"学"为追求的教育学,很难进入师范学堂的课程体系得到大范围的传播。即使在师范学堂中偶有设置作为教育学基础的"哲学"一科,也很难通过学部的视学监察及规范。

---

① [日]大濑甚太郎讲述:《实用教育学》,杨彦洁译,载《学部官报》,1906 年第 6 期,第 143—145 页。

　　[日]大濑甚太郎讲述:《实用教育学》,杨彦洁译,载《学部官报》,1906 年第 8 期,第 184—185 页。

② [日]大濑甚太郎:《新编教育学教科书》,闵彣、刘本枢译,日本印刷,1906 年。

③ 孙应祥:《严复年谱》,福建人民出版社,2003 年,第 194—195 页。

④ 孙应祥:《严复年谱》,福建人民出版社,2003 年,第 276 页。

教育学的引进经过一段时间的"常识积累"后，清末学人渐渐对教育学流派有了一定的认识。这点在第三章陈清震、李士伟等人的序中可见一斑。但是王国维式的学者并不多，清末引进西方学术的心态仍是以"用"为目的。1905年，端方在出洋考察前夕，在江苏馆对前来送行的江苏籍学子发表演说："今士大夫之病患在有理想而无真力，虽言论为事实之母，而长此滔滔，徒取胜于口舌，何异晋人之空谭？故仆愚谓今泰西哲学家之理论可暂不注重也。他日教化大开，不患无发祥光大之一日。"[①] 张之洞、端方等新政主事者都颇不以西方哲学为然。在这种氛围中，西方教育学之"学"在中国只能是个别学者的个人行为，很难成为主流。

叶澜教授曾分析过教育学之"用"的四重含义：首先，作为"西学"一种的教育学，在整体上是为当时中国社会由古代向近代转换所用的，此为"用"之最泛解；其二，教育学在西学范围内属应用学科之"用"；其三，中国教育学界的任务被定位为"用"西方教育学；最后，教育学最直接和引进之初最急之"用"，是为师范学校培养教师之用。[②] 其中只有第二解属教育学"内部问题"，与国外有共同点，其他三解都是在中国当时的社会背景下所特有的。比较有意思的是，在清末，恰恰是第二解在中国的回声最小，仅有王国维等借教育学是哲学的应用学科来为哲学奔走呼号，在大多数教育学相关人员眼中，这并不成问题。

现在教育学"学"与"术"的定位早已物换星移。就西方教育学术和中国现在教育学术的界定来看，在清末中国两大教育学"消费场所"确实存在"学与术相混"，"学与术相离"的现象，确实"还是一种混沌状态的教育学，论与史、学与术是纠结在一起不分彼此的"。起步阶段的中国教育学术的对错优劣，即使是刚入门的教育学研究者，也可判断。难得的是，在教育学知识与社会的历史变动与关联中，界定特定时期的中国教育学术在知识版图上

---

① 《端午帅江苏馆欢欣会演说文》，载《大公报》，1905年9月27日。
② 叶澜：《二十世纪中国社会科学教育学卷》，上海人民出版社，2005年，第43页。

的特定意义和功能，并以此得到教育学的中国经验，构建真正作为中国教育学科学化、中国化和现代化的可靠历史根基。

清末的中国教育学术是清末特殊时代环境的产物。当然，对刚刚建立学校教育体系、刚刚接触教育学的中国人来说，教育学是不折不扣的"大教育学"，所有关于学校教育的学说、方法、制度皆是需要学习的学问。在国家层面上，就其引进目的来说，教育学是解决中国的实际问题的"术"；在引进和传播过程中，日本及西方各国的历史的和现代的、制度的和思想的经验，对师范学堂及各级教育行政机构、教育研究会来说都是需要学习和研究的"新知"，是"学"。也可以这么说，清末中国学习西方教育学的基本思路是引进西方理论解决中国问题，又基于"怎么做"的逻辑，在"用"的层次上去解读和引进现代西方教育理论——这正是中国教育学的起点。

第二节　中国传统教育学术的断裂与承续

石中英教授在论及"20 世纪之前中国有没有自己的教育学"问题时提到两种标准：一种是采用"科学主义"（理性主义或实证主义）的标准，认为凡是概念化、体系化或实证化的教育研究可以称之为教育学，否则就没有教育学，最多只是按照科学哲学家库恩的理论称之为"前教育学"，那么近代"科学"教育学产生于西方，与其他诸学科一样是西方的尤物。中国在 20 世纪之前显然没有教育学，或者只有"前教育学"。一种是采用"人文主义"的标准，从文化的、价值的角度来看，认为教育学尽管有它的逻辑的和技术的形式，但是就其实质来说，它是一种教育的沉思，是一种文化理想的表达和追求。按照这个标准来看，每一种文化传统都有自己的教育学，尽管它们的表达方式和关注的主题可能不同。[①] 不少教育史和教育学研究者认为《论语》以及《学记》都是我国不朽的教育学名作，其中蕴涵着精深的教育学思想，因而中国教育学的发展史，上可追溯至春秋。[②] 叶澜教授则在《中国教育学发展世纪问题的审视》中断言，20 世纪初教育学在中国的引进与其他的人文学科相比，缺乏内在的学科理论根基，一开始就采取了"传统中断"和"全盘引进"的方式，把西方的"教育学"当作适用的教育学拿过来就用。"中国有了作为学科的'教育学'，其代价是开始了近代教育学在中国却与中国教育思想中断、与传统文化分裂的历史。"[③] 而历史的演变往往是传统的断裂和承续的统一过程，在文化急剧变革的时代更是如此。这不得不让人思考，什么是教育学，在什么意义上、通过什么机制说"中断""分裂"，又是在什么意义上说"承续"。

一、中国传统教育学术制度层面的断裂

如第一章中所提到的，国人如何理解作为科目的"教育"，与如何理解、看待师范学堂是同步的。梁启超在未见日本师范学堂"教育"课程内容之前，认为"至其所以为教之道，则微言妙义，略具于《学记》之篇，循而用之，殆庶几矣"，主张直接用中国《礼记》中的《学记》为教材。[④] 而当 1901 年之后，在与师范学校配套的"教育学"映入知识分子的眼帘之后，在大多数知识分子眼里，中国传统教育学术的代表《论语》《学记》同时也成了"沉晦"的代名词，在惋惜和无奈中，无可避免且理所当然地在师范学堂中退居二线。以礼乐论为基础而展开的中国传统学术和教育学术，因为不能满足对教师进行职业训练的需要而不可能进入师范学堂的课程体系——这

---

① 石中英：《教育学的文化性格》，山西教育出版社，2005 年，第 347 页。

② 陈元晖：《中国教育学史遗稿》，北京师范大学出版社，2001 年，第 111 页。

③ 叶澜：《中国教育学发展世纪问题的审视》，载《教育研究》，2004 年第 7 期，第 3—17 页。

④ 梁启超：《变法通议》，载梁启超著《饮冰室合集（1）（饮冰室文集之一）》，中华书局，1989 年，第 37 页。

在制度层面断绝了中国传统教育学术进入教育学科体系的路径。

在近代知识与制度转型的大背景下，类别知识观点的改革往往是学术视角转变的一种折射。一个时代的图书分类，是那个时代知识序列化和系统化的重要表征。[①] 同时由于图书分类法的工具性，一旦形成，便在传播中形塑接受者的知识分类系统。如王云五所说"图书分类法无异全知识之分类，而据以分类的图书即可揭示属于全知识之何部门"[②]。西学东渐之际，要考察19世纪后期以来不同时代的学人如何理解、安置教育类知识，图书分类法是一个较为妥帖的着眼点。

（一）西学东渐笼罩下，清末书目中的"学制""学校"与"教育"偏向制度与实践

中国图书分类从汉代的《七略》到魏晋兴起而唐代确立的经、史、子、集四部[③]，都没有（也不可能有）"教育"一项。但与"教育"相关的"学校"，则为中国所固有，经常出现在历代正史的"选举志"中，多指直省各府州县学等官学。19世纪以来，与文献分类相关的"学校"，则与晚清的经世思潮相关。作为经世思潮总汇的《皇朝经世文编》（1825年版）按朝廷机构六部吏、户、礼、兵、刑、工分学术、治体、吏政、户政、礼政、兵政、刑政、工政八大类，其中"礼政"一类中有"学校"一项。后来刊刻的皇朝经世文续编、三编、四编均沿用了这一体例，将"学校"列为礼政的主要内容。

1840年后，西学东渐，西书中译本的大量流通，首先引起了图书分类上的困难——原有的四部分类结构难以囊括这些异域的新知识。正如晚清新学书目的作者们感叹的："世变所以频繁，学术因之愈广，昔为一辙，今出多途。四库狭其分门，九流隘其支派，必师前例，当有新闻。自哲理东舒，

---

① 邹振环：《中国图书分类法的沿革与知识结构的变化》，载《复旦学报（社会科学版）》，1987年第3期，第86—90页。

② 王云五：《漫谈读书》，见《王云五全集（10）》，九州出版社，2013年，第177页。

③ 黄晏妤：《四部分类是图书分类而非学术分类》，载《四川大学学报》，2000年第2期，第104—112页。

别裁间作，标题既杂，目录几穷。"①基于对目录学的重视，19 世纪末 20 世纪初，晚清那代学人以书目的组织形式开始了新分类法的尝试。甲午战后著名的非"四部法"的分类法，有《日本书目志》《西学书目表》《古越藏书楼书目》《书目答问》《东西学书录》《译书经眼录》《浙江藏书楼书目》等。

1896 年，梁启超撰《西学书目表》，突破中国旧有的目录学分类范畴，依据近代西方的学术分科观念及图书分类原则列举书目，这在中国图书分类史上尚属首次，影响此后中国图书分类数十年。②梁启超将当时中国所译西书分为三类"一曰学，二曰政，三曰教"。"凡一切政皆出于学，则政与学不能分。非通群学不能成一学，非合庶政不能举一政，则某学某政之各门不能分。今取便学者，强为区分。""学制"一目属中卷"西政诸书"。梁启超认为"西政之属，以通知四国为第一义，故史志居首，官制、学校，政所自出，故次之……"之前中国官立译书局、传教士所译之书，"惟西政各籍，译者寥寥；官制、学制、农政诸门，竟无完轶。今犹列为一门，以本原所在，不可不讲"。③"学制"目下收录 7 本:《西国学校》(又名《德国学校论略》，花之安辑)、《文学兴国策》(森有礼辑，林乐知译，任延旭述)、《七国新学备要》(李提摩太辑)、《肄业要览》(史本守著，颜永京译)、《西学课程汇编》(沈敦和)、《格致书院西学课程》(傅兰雅)、《教化议》(花之安)。"学制"书目数量不多，但梁启超给予充分重视，单列一目，"悬其目以俟他日之增益云尔"④。

1899 年，徐维则在傅兰雅的《译书事略》及梁启超的《西学书目表》的基础上修订增补新出的西学书，并补充了日文转译书，撰《东西学书录》。全书分为上册、下册与附卷，分为史志、法政、学校等 20 目。⑤1901 年袁

---

① 沈兆祎:《新学书目提要》，通雅书局，1903，序。

② 来新夏，柯平:《目录学读本》，上海交通大学出版社，2014 年，第 320 页。

③ 梁启超:《西学书目表序例》，载《时务报》，1896 年第 8 期，第 3—6 页。

④ 梁启超:《西学书目表序例》，载《时务报》，1896 年第 8 期，第 3—6 页。

⑤ 姚名达:《目录学》，商务印书馆，1933 年，第 149 页。

俊德编纂的"富强斋丛书续全集"中的"学制"一门，收录《肄业要览》《西学课程》《德国学校论略》，以及姚锡光、张大镛等人考察日本学校的记录《日本学校述略》《日本各学校纪略》等共 7 本。①1902 年，东山主人编纂的"新辑各国政治艺学全书"将西学书籍分为 23 个子目，"学校"目收录《各国学校考》《肄业要览》《西国学校》《西学课程汇编》4 本。②

1902 年，徐维则、顾燮光二人又出《增版东西学书录》，其中"学校（附礼仪）"目除了收录传教士相关论著外，另加上了大量日译书籍。如《教育学纲要》（林度涅尔著，剑潭钓徒译），《学校管理法》（田中敬一编，周家树译），《教育学》（立花铣三郎讲述，王国维译）等共计 27 册。又附"中国人辑著书"，"学校"收录《学校通议》（李钧鼐）、《教育一得》（叶瀚）、《学堂教科论》（蔡元培）、《学政私议一卷》（罗振玉）、《东瀛学校举概》（姚锡光）、《日本游学指南》（章宗祥）等 11 本。③

梁启超在晚清学术转型场景下用以接引东西方教育之学的架构，基本是依据中国"学校"在"选举"或"礼政"中的位置，在《西学书目表》中，置"学制"于"政"之下。此后徐维则及顾燮光的分类，则将"学校"与"礼仪"结合在一起。④1901 年之后，随着中日教育交流空前频繁，由于人员往来的增多和大量日本教育相关文件的翻译，直译自日文的"教育"成为中文的"教育"，为国人所广泛接受，成为常用词汇之一。⑤同时"教育"在新学书目及图书分类法中，也取代了"学制""学校"，成为"政"的一个类目。

1901 年后，随着学制体系的议论及建立，从官方文牍到民间报刊，"教育"一词为国人所广泛使用，并且成为热点。正如时人所说"现在的新党，

---

① 袁俊德辑：《富强斋丛书续全集》，小仓山房，1901。

② 东山主人：《各国政治艺学分类全书》，鸿宝书局石印，1902，总目（无页码）。

③ 熊月之：《晚清新学书目提要》，上海书店出版社，2014 年，第 175 页。

④ 熊月之：《晚清新学书目提要》，上海书店出版社，2014 年，第 34 页。

⑤ 张小丽：《清末国人"教育"观念的演变》，载《中国人民大学教育学刊》，2011 年第 2 期，第 165—173 页。

没有一个不讲教育的，也没有一个不讲教育普及的"①。在这种氛围中，"教育"概念所承接的资源越来越丰富，与"教育"相关的词汇群开始初步形成。与此同时，梁启超创设的学、政二部早已不足以包摄西方知识分类体系。此时的图书分类法寻求更为合理精细的类目来接引繁密的知识系统。相应的，"教育"图书分类亦不再满足于"学制""学校"的单一类目，而寻求"教育"类下更为详细的目次。

1910 年，孙毓修参酌欧美通行的类别目次，略为变通，撰《图书馆》一文。文中将西学图书分为 22 部，其中"第三"为"教育部"。② 其纲目如下表。

教育部 第三	
总记类	教育学，儿童教育，儿童心理，教育史，教育制度法令，学事报告，统计之属
实地教育类	学校管理法，教授法，各科教授法之属
普通教育类	幼稚园，家庭教育之属
体育类	体操，学校卫生之属
特殊教育类	农业，学校园，水产，工业，女子教育之属
校外教育类	读书法，格言，童话，少年书之属

在杜威十进法输入我国以前，《涵芬楼新书分类目录》是"新书分类之最精最详者"③。1911 年商务印书馆的《涵芬楼新书分类总目》则将"新书"分为 14 部。其中"教育部"下分 12 类，每一类下各有子目（如下表）。④

---

① 光汉：《讲教育普及的法子》，载《中国白话报》，1904 年第 13 期，第 27—32 页。

② 孙毓修：《图书馆（续）》，载《教育杂志》，1910 年第 2 卷第 9 期，第 39—46 页。

③ 姚名达：《中国目录学史》，商务印书馆，2001 年，第 151 页。

④ 商务印书馆编译所：《涵芬楼新书分类总目》，商务印书馆，1911，（目次）1，（教育部）1—30 页。

部	类	属
教育部	总记类	教育论说之属
		国民教育之属
	法令制度类	本国法令制度之属
		案牍之属
		外国制度之属
		外国法令之属
		教育行政之属
	教育学类	
	教育史类	中国史之属
		外国史之属
	教授法类	各科教授之属
		统合教授之属
		二部教授之属
		单级教授之属
		教授学之属
		沿革史之属
		教授细目之属
	管理法类	表簿之属
	学校卫生类	
	体操及游戏类	体操之属
		拳艺之属
		游戏之属
		行进法之属
		舞蹈之属
		体育之属
	特殊教育类	实业教育之属
		女子教育之属
		贫民教育之属
		盲哑教育之属
	幼稚园及家庭教育类	幼稚园之属
		育儿法之属
	社会教育类	
	杂类	

　　这两者都未言明分类依据，其大类比照《奏定学堂章程》，大多能找到类似之处，尤其是与《奏定初级师范学堂章程》"教育"课程的构成有很大的相似性。初级师范学堂的"教育"要求讲授教育史、教育原理、教授法、教育法令及学校管理法、实地授业，此外还有《奏定蒙养院章程及家庭教育法章程》①对照"幼稚园及家庭教育类"。我们可以推断商务印书馆"教育部"

---

① ［日］多贺秋五郎：《近代中国教育史资料·清末编》，文海出版社，1976，第314—329页。

的分类基本是以癸卯学制颁布后的学校教育为主，兼及特殊教育、社会教育。

在"学校""学制"进入图书分类之前，《皇朝经世文编》及其续编皆将"学校"列为礼政的主要内容。及西学东渐日深，晚清那代学人在传统目录学基础上进行的新分类法的尝试，将"学校"归于"西政"。国人用中国传统的"学校""学制"与西方学校教育体系对接。1901 年，赵惟熙在《西学书目答问》中在"学校学"下注"泰西学校之制度颇与我三代古法相合，几于无地不建学，无事不设学，无人不入学，故人才之盛、国势之强悉由于此，礼失求野，我不可不亟图也"①。同时期的东西学书目在"学校"一类下所列图书，基本都是描述欧洲学校教育相关情形。

晚清那代学人，并无意识地同时面对教育学"学"与"术"的双重起源。中国教育近代化的主题，是通过学习外国先进的制度和经验，建立一个适合中国国情的近代化教育体系。② 在这样的情境下，清末国人必是先将眼光放在西方的学校教育制度上。

随着"教育"一词作为回归汉语借词③带着日本新含义回到汉语世界，教育有了在制度层面特指"学校教育"的意思。1904 年中国施行癸卯学制，各书目的"教育"类目皆是围绕奏定学堂章程及师范学堂的"教育"科目展开。从某种意义上说，"教育"所涉是癸卯学制实行后的学校教育，直至民国时期"大家都以为兴教育就是办学堂，办学堂就是兴教育"④。"教育学"理所当然成为学校教育之学。

（二）教育学科在图书分类中占"西学"的地位

最早在实践层面改革分类法以容纳新兴学科的，是古越藏书楼的书目。其图书分类受梁启超《西学书目表》体例影响，"混经史子集及新学之书为

---

①　熊月之：《晚清新学书目提要》，上海书店出版社，2014 年，第 574 页。

②　于述胜：《教育制度通史（第 7 卷）》，山东教育出版社，2000，第 3 页。

③　[意] 马西尼：《现代汉语词汇的形成——十九世纪汉语外来词研究》，黄河清译，汉语大词典出版社，1997 年，第 220 页。

④　胡适：《墨子的哲学方法》《中国古代哲学史（2）》，商务印书馆，1930 年，第 11 页。

学、政两部",其中"学部"23类,"政部"24类,并将"教育"归于"政部"。① 但这一时期后建立的图书馆在图书分类上,通常实行新旧并行的图书分类法。用"四部"分类法部次中国旧籍,用"学科"分类标准类分新书。1907年杨复、胡焕编辑的《浙江藏书楼书目》,以"甲编"依《书目答问》之法,"为国粹之保存";同时,将新书编为"乙编",甲乙两编"各行其是,两不相师",共收录65本书。② "乙编"共计16类,"教育"类便在其中。类之下并无子目。无锡图书馆的"近时图书"分为政部、事部、学部、文部等六部,其中"教育类"为政部的八类之一。浙江公立图书馆则将"教育"置于"通常类"的乙部,与哲学、文学、语言、历史、传记等并列。河南图书馆则将新书分为时务、通俗两部,两部皆列有"教育"。"时务部"的"教育"与西政、各国史、法政、财政等并列;"通俗书"中的"教育"与哲学、数理、伦理、文学、史学、地理等并列。广西图书馆的图书分类分初编和上编二部,"教育部"为"初编"科学书中的第一部,内分教育总类、教育制度类、教授法类及教育记录类。安徽图书馆的"教育类"属"新书"的政科部,与政法类、财政类、经济学类、陆海军类、实业类并列。江苏省立第二图书馆的教育属"新书部"的文学部,与国文、伦理哲学名学、中国历史、各国历史、地理等并列。广东图书馆、云南图书馆的"教育"皆属于"新书部"或"科学部"。③ 到1918年,沈绍期调查全国33处图书馆,在"图书目录如何编订"一项,大多数图书馆仍是中西书分别编目,"教育"在各类名称的新书目中栖身。④ 可以看到,这些图书馆中都有"教育"部类,在"学""政"分类中,"教育"都属于"政";在"新""旧"分类中,"教育"都属于"新书",在"中""西"分类中,"教育"都属于"西"。

这一时期的图书分类,正如蒋元卿所评价的,"新分类法之创造,虽已

---

① 姚名达:《中国目录学史》,商务印书馆,2001年,第152页。

② 杨复、胡焕:《浙江藏书楼乙编书目》,杭州华丰局铅印本,1907年,第11—13页。

③ 蒋元卿:《中国图书分类之沿革》,中华书局,1935年,第171—176页。

④ 沈绍期:《中国全国图书馆调查表》,载《教育杂志》,1918年第10卷第8期,第37—45页。

将中国金科玉律式之四部彻底打破，其创造性固足钦佩。然当新旧交替之际……恒将各种学术任意列入一类，妥当与否，概未计及。而于类名之采用，更多含糊武断之处"①，图书分类具有明显的过渡性质。恰是在此"新旧交替之际"，中国传统的"学校""学制"从默默于典籍间，到作为一个专门的领域登堂入室，出现在各种东西学书目表中，进而"教育"取而代之出现在图书馆的"新书"分类表中。

平心而论，在近代知识与制度转型之际，图书分类中最难处置的中西新旧问题，文、史、哲领域论争最烈，对教育学科却滞碍不大。虽然从学科分类的角度看，以西方近代的分类来决定中国古代研究的是什么或不是什么科目，从道理上不太讲得通，但对教育学科来说，不论是教育学科中人，或是图书馆学专家，皆不认为中国古代有教育学的踪迹。中国的学校教育制度学自西方，"教育"连名带实，古未有之。民国时期的图书分类专家对此有明确表达，姚名达认为"古无教育目录，有之，乃近十余年之事"②。教育学是公认的与中国传统知识体系没多大关系的学科。特别是在西学分类被尊崇为唯一"正确"或"正当"的体系后，③教育学科作为根红苗正的西学，在新确立的学术分类体系中具有天然的正当性。凡遇中西新旧之争，教育学科主动站队"西"与"新"。从这个意义上说，因中西学术的"根本不同之点"，教育学科的"传统中断"是制度性的，也是主动的中断。

中国古代文化中有丰富的教育思想，但没有内生出与"西洋教育学"类似的独立形态的、系统的教育理论和专门的教育学著作。"西洋教育学"在中国刚出现，《论语》《学记》便成为"沉晦"的代名词，在师范学堂和教育改革实践中被国人摒弃；一些传统的教育思想和言论，大都被充作"修身"的教材，或者在"教育史"一科中述其梗概，至于"教育学"，"绝对没有

---

① 蒋元卿：《中国图书分类之沿革》，中华书局，1935 年，第 159 页。
② 姚名达：《中国目录学史》，商务印书馆，2001 年，第 337 页。
③ 罗志田：《西学冲击下中国近代学术分科的演变》，载《社会科学研究》，2003 年第 1 期，第 107—114 页。

只言片语谈及中国自身的教育学说",对此民国时期著名教育学家姜琦颇为痛心:"我中国自身所有的一切教育思想和学说,不拘其具有怎样的丰富之内容和重大的价值,总难能惹起一般具有现代科学的眼光者的注意,把它当作'教育学'看待,反而为他们所轻视,以为它毫没有科学的根据和价值而置之不顾了"。[1] 国人这种西倾而自我否定的学术心态,使"教育学"在中国"离根离土",成为与中国几千年教育传统基本没有联系的"舶来品"。

二、中国传统教育学术的承续

20 世纪初,中国古代教育学术传统与现代教育学"交接"时,清末处在知识与制度转型中的那代学人,在传统与现代的夹缝中,似乎并没有那么纠结。这代知识人,主要指的是由传统的士大夫转化而来的读书人,或者在传统意义上,或者在现代意义上接受过系统教育、有文化修养而又有新知识的群体。[2] 他们在国家民族危机的刺激下,以中国知识分子的理性修养,考虑到中西双方文化之优点,开始克服传统观念,学习西方新思想。他们不仅面临着思想更新即启蒙的问题,而且面临着知识结构和行为方式更新的问题。这代人作为观察社会、研究问题、处理社会关系等的哲学思辨水平到底有多大提高,是个疑问。中国社会士大夫的基本思辨,是崇尚三代之治,为圣人立言,是注经解经的思辨模式,因此,不善于运用归纳法,从观察客观事物中,总结出创造性的结论来,而是根据圣贤的教条来进行推论,作为自己行动的指南。当他们更新观念之后,新的观念,不过是一种新的教条。[3]

就教育学领域来说,在清末知识人的观念中,一方面,罩有"原理"光环的"教育学"毋庸置疑地该登堂入室,受到尊崇;另一方面,清季知识分子对于儒学一贯尊奉,直迄辛亥革命前夕,毫未产生反儒反孔思想。[4] 虽然

---

[1]　姜琦:《教育学新论》,正中书局,1946 年,第 8 页。
[2]　朱宗震:《大视野下清末民初变革》,新华出版社,2009 年,第 50 页。
[3]　朱宗震:《大视野下清末民初变革》,新华出版社,2009 年,第 67 页。
[4]　王尔敏:《中国近代思想史论》,社会科学文献出版社,2003 年,第 149 页。

《论语》《学记》不能作为师范学堂教育学一科的教科书，但涉及"教育"的领域，中国的孔孟经典仍具有权威性。

国人如何对待中国传统教育学术，其思想方式大抵可以从其对待教育史的动机和态度中得见一二。顾倬在给张竞良编著的《万国教育通史》的序中提道：

> 国非教育不立，人非教育不生，教育者，其新民之管钥哉！方今地球万国，无不以教育争胜于天演界，而我中华开化已四千余年，教育之盛，反远出欧美下，可耻孰甚！自环球大通，欧美文化，骎骎输入，海内尤时之士君子毅然知教育之不可不兴，而以设立学校为先务也，亦已有年。然而求其效果，国民思想，卒荡焉无存者，何以故？曰有形式无精神故。呜呼！此非吾国教育之通病也乎？夫一国之国民，必各有其特性，钟于地理之现象，胎于历史之遗传，深根固柢而不可拔。矧此数千年中列代圣贤豪杰之微言大义，与夫法制规模之历久不能易者，当保而守之，扩而充之，是为国粹。今日地球教育之主动力，操自欧西，凡哲理之精微，科学之发达，多吾国所未备，而实为人人当共和共能之学问，如布帛菽粟之不可一日离，是为欧化。故居今日而言教育，必研究国粹、欧化之两大问题，列孔墨老庄苏柏亚及近代之廓美纽斯、陆克、卢骚、康德、海尔巴脱、斯宾塞诸人于庭，度量其方法，比较其意见之孰是孰非，孰得孰失。更按以吾国民之特性与今世界通行之教育目的，当孰从而孰违，孰因而孰革，如衡之平，如鑑之空，不爽累黍，以定今日教育国民最大最新之一主义。又必上下古今考求吾国教育之何以古盛而今衰，欧美各国教育之何以古衰而今盛，其进化退化之程度，适成一反比例。①

在这代学人的理想里，"欧化"和"国粹"不相矛盾。不管是"欧化"

---

① 张竞良编：《新编万国教育通史》，中国老上海老巡捕房东首惠福里明权社总发行，1903 年。

还是"国粹",都要为"定今日教育国民最大最新之一主义"而服务。也就是说,中国的现实需要是取舍两者的唯一标准。中国自鸦片战争开始,中经甲午、庚子之败,每一次政治和教育改革都是在败亡的刺激下,进一步进行自我检讨,更深入地向西方学习的产物。中国1901年以后所建立的学校教育体系,正是庚子之后学习西方的举措。在此条件下,关于教育之学,"欧化"必然较"国粹"占上风。"国粹"的权威性也需要在与现代教育学的相互映照中才能得到确认。

这种"欧化"与"国粹"的调和,在学堂考题中也有所体现。

1903年7月考试经济特科试题中有:

> 《大戴礼》:保保其身体,傅傅之德义,师导之教训。与近世各国学校德育、体育、智育同义论。①

1909年,国子监成均学堂改为高等师范,其筛选学生的覆试题目为:

> 论题:培根之实验、笛卡儿之怀疑、康德之推理,似新安;苏格拉底之智德合一、显露柏罗都之知意相合,似姚江。乃中西之学说略同,而教育之盛衰各异,究诸贤流派而论辨焉。②

1910年5月八旗高等学堂师范馆举行大考,其中教育考题有:

> 子曰:不愤不启,不悱不发,举一隅不以三隅反,则不复也。试就教育学理一申其义。③

类似这样的考题和论述还有很多。将中国经典与德育、智育、体育等西方教育理论相比附;将培根的实验、笛卡儿的怀疑、康德的推理与朱熹(新安)的理学相比附,将苏格拉底的智德合一、赫尔巴特的知意相合与王阳明

---

① 《时事要闻:"考试经济特科题"》,载《大公报》,1903年7月12日。

② 《"成均师范覆试纪题"》,载《大公报》,1906年4月29日。

③ 《"师范馆大考纪题"》,载《大公报》,1910年5月14日。

（姚江）的新学并论；用现代教育学理诠释中国传统教育学术的合理性。那一代新进学人，努力将中国固有学问与西学相对应，却很少怀疑这种对应是否合适。诚然，在外来的知识与制度体系进入中国之前，中国人已有自己的思维和行为方式，而"中国固有的知识与制度，是国人认识和接受外来知识和制度并且加以内化的凭借"[①]。如前所提，在清末，作为西方教育学之母的哲学并未得到重视。那代学人所见到的西方教育学，只是通过不同途径、按照一定逻辑介入到中国社会的知识片段，并不是系统完整的学术谱系。他们往往将具有特定文化历史内涵的现代西方教育学理论，进行了超越化的理解，并以之为标准，在中国传统教育学术中寻找形式上相似的"对应物"，从而在误读传统教育的同时，也把中国传统教育人为组织到向西方现代教育进化的历史序列中，从而丧失了基于自己的传统言说自己的教育、生成自己的问题、承续和创造具有自我文化意义的教育学术之能力。这种理解方式，实际上导致的是中国现代教育学术在文化上的双重隔绝：既隔绝于中国文化历史传统，也隔绝于西方文化历史传统。[②]

第三节　承续中国教育学术传统的可能：中国教育史研究的中国起源

据现在学界的研究结论，教育史学科具有双重起源，一重起源是作为师范院校的课程，另一重起源则是作为人类理智探索的一个新领域。从发生的过程看，教育史最初是作为人类理智探索的一个新领域而出现的，然后才成

[①]　姚纯安：《社会学在近代中国的进程（1895—1919）》，生活·读书·新知三联书店，2006年，解说第2页。

[②]　于述胜等：《从教育学史到教育学术史》，载《教育研究》，2005年第12期。

为师范院校培养教师的教学科目。^①教育史学科的双重起源，在西方有着时间上的先后，但在 20 世纪初的中国，两者是同时进行的。

20 世纪初在中国出现的"教育史"大致分为两种，一种是直接来自日本的以"教育史"命名的成型的教育史，如《内外教育小史》（1901）、《十九世纪教育史》（1902）、《支那教学史略》（1902）、《教育新论教育新史合刻》（1902）、《东西洋教育史》（1903）、《教育史教科书》（1903）等；^②一种是中国特定的群体受各种因素影响试图构建的中国的教育史。前者与兴学堂、造教师的历史需要密切相关，而后者则与清末的学术转型、学人心态相勾连。学界多注目于前者，关注教育史学科与师范学堂（校）的关系。涉及中国教育史研究的起源，杜成宪教授以为黄绍箕草拟、柳诒徵辑补的《中国教育史》为中国教育史学科建立的标志；^③土屋洋则强调蒋黼的《中国教育史资料》意味着中国教育史诞生。^④事实上，梁启超"史界革命"口号提出后，"浙东史学巨子"陈黻宸及其弟子、国粹学派的代表人物邓实、刘师培以及黄绍箕等均有中国教育史的研究设想。教育史学界对与时代、学术转型密切相关的教育史学科的史学起源，虽提"新史学"，但未落及实处。极少有作品言及汤尔和的《<禹域教育史>拟序》、邓实的《教育史叙》及刘师培的《周末学术史序·教育学史序》，而这些作品，恰是中国教育史研究在中国实实在在的起点。

在清末学术转型的大背景下，中国教育史研究由哪些人或群体，出于什么动机提倡，如何设想，为什么后续乏力——这些都可以作为我们理解和解

① 张斌贤：《教育史学科的双重起源与外国教育史课程教材建设的"新思维"》，载《河北大学学报（哲学社会科学版）》，2008 年第 1 期，第 13—17 页。

② ［日］土屋洋：《"中国教育史"的诞生——蒋黼及其<中国教育史资料>考论》，载《中国人民大学教育学刊》，2016 年第 1 期，第 158—172 页。

③ 杜成宪：《关于中国第一部《中国教育史》的几个问题》，载《华东师范大学学报（教育科学版）》，1996 年第 1 期，第 1—10 页。

④ ［日］土屋洋：《"中国教育史"的诞生——蒋黼及其<中国教育史资料>考论》，载《中国人民大学教育学刊》，2016 年第 1 期，第 158—172 页。

释中国教育史学科历史境遇和现实"困境"的切入点。

一、"中国教育史"出现的必然性

学者将中国教育史学科的诞生概括为"受惠于 20 世纪中国史学的新生和中国教育学的创立"[①]。事实的确如此。在近代语境中，"教育"一词奇妙地沟通着古今。根据马西尼等人的考证，汉语的"教育"（音 Kyōiku）是来自日语的"回归汉语借词"，属于"形借词"，即除了发音，意义与书写形式皆相同。"教育"出自中国典籍《孟子·尽心上》中"得天下英才而教育之"，是明治日本在翻译西学时，借助于中国古典创造的新汉语。在中文文献中，"教育"一词的出现在 19 世纪 70 年代之前是零星、偶然的。19 世纪 90 年代之后，随着民族危机的加深和各种问题向教育问题的聚焦，来自日文的"教育"一词出现频率越来越高。尤其维新报刊、文件中，在这些文本里，"教育"逐渐获得了越来越丰富的近代含义。[②]

站在教育学的立场，伴随着作为科学的"教育学"学科本土化，中国教育史作为一个学术研究领域出现有其必然性。20 世纪初，教育学带着"世所号为最有用之学"[③]的光环在中国强势传播。在张之洞的支持下，罗振玉主持的《教育世界》译介日本的教育学理论。陈黻宸、邓实、刘师培等人皆推重教育学，黄绍箕更有专研教育学之名。教育学既然为科学，则必具有普适性，"教育原理中西未尝不同"[④]，那么在本国学术传统中也应有清晰的叙述结构、经典体系和人物渊源。"中国教育史"的出现，实为追寻历史典籍中的教育原理，为外来的"教育学"配置本国的历史谱系，并重建"教育学"

---

① 杜成宪、邓明言：《教育史学》，人民教育出版社，2004 年，第 18 页。

② 张小丽：《清末国人"教育"观念的演变》，载《中国人民大学教育学刊》，2011 年第 2 期，第 165—173 页。

③ 王国维：《奏定经学科大学文学科大学章程书后》，载《东方杂志》，1906 年第 6 期，第 109—117 页

④ 俞天舒：《黄绍箕集（瑞安文史资料 第十七辑）》，政协瑞安市文史资料委员会，1998 年，第 185—186 页。

的本国历史记忆。

　　站在史学的角度，"文明史学"催生了中国教育史研究。20世纪初，梁启超连续发表了《中国史叙论》和《新史学》两篇文章，对中国传统史学作出了严厉批评，他呼吁"史界革命"，以改变中国"无史"的窘境，进而改变中国落后的政治面貌。对此号召，学界响应者甚众，由此而掀起了一股新史学思潮。"新史学"的宗旨是要建立一个与传统史学迥然不同的史学体系，其本质是文明史学。[①]"文明史"出现于18世纪末，是对传统史学以政治史为中心的叙述性史学的一种反动。19世纪末，西方和日本的文明史学传入中国。这种带有批判启蒙性质的文明史学正适应了清末学术、政治要求变革的需要，而迅速得到广泛的传播。[②] 在晚清史学界最有影响的文明史家博克尔（Henry Thomas Buckle，1821年—1861年），他所著《英国文明史》用较长的篇幅讨论史学理论和方法问题。他认为，人类不过是自然的一部分，人类社会的发展也受自然规律和精神规律的制约，过去史家眩惑于君王的传记、政变、战争，而忽视了对历史本身规律的探寻。他的著作在20世纪初的中国引起了一股文明及文化史学潮流。[③]

　　20世纪初在新史学思潮和学堂历史教育的推动下，近代学人开始从日本译介了为数不少的文明史、开化史著作。这类作品涉及的层面十分广泛，以近代的史学观念来编纂历史，特别是受到西方文明史学的影响，其内容不限于政治史、战争史，而把视线拓展到学术、宗教、风俗等领域。[④] 少数日本的教育史著作亦在此潮流中出现在中国。由此中国的史学家形成了这样的认识："西人之史，于国政、民风、社会、宗教、学术、教育、财政、工艺最所究心，所以推世界之进状，壮国民之志气。中国之史，重君而轻民，陈古

---

① 鲍绍霖：《西方史学的东方回响》，社会科学文献出版社，2001年，第69页。

② 张广智：《20世纪中外史学交流》，北京师范大学出版社，2007年，第38页。

③ 鲍绍霖：《文明史怪杰博克尔的史观及其影响》，载《史学理论研究》，1993年第3期，第106—117页。

④ 李孝迁：《西方史学在中国的传播》，华东师范大学出版社，2007年，第71页。

而略今，正闰是争，无关事实，纪传累卷，有似志铭，鲜特别之精神，碍人群之进化。"①中国教育史的研究，即是在文明史观的冲击影响下，得以成为单独的研究领域。

新史学思潮中的各家各派据不同的考虑，提倡、尝试中国教育史的研究。无论是应救亡的要求利用史学，还是应社会改革和启蒙的要求传播新观念，史学都被作为一种能够为社会现实服务的工具而受到重视。在新史学潮流中，邓实"民史"中的教育史研究设想，实际是服务于他的社会政治理想的。相对而言，陈黻宸及其弟子的中国教育史研究设想，则更多出于史家重史的角度，论述将中国教育史作为史学研究领域的必要和重要。在重史和重教育的氛围中，"教育史"在他们的新史学体系设想中占有重要地位。

二、"有物即有史"：陈黻宸及其弟子的"禹域教育史"研究设想

陈黻宸(1859年—1917年)是中国近代史上有突出成就的历史学家和教育家，被当世誉为"晚清浙东史学巨子""海内师表"②。陈黻宸服膺于章学诚，为浙东史学的后劲。他学养深厚，于经、史、子诸学无所不究，对西方文化又有所领略，是一位"去旧不能、欲新不达、中西交错"③的学者。

1902年，陈黻宸因杭州府中学堂学潮辞去教习职务，离浙赴沪，率学生马叙伦、郑士珍、汤尔和等创办《新世界学报》。"以学术为目的，以新学为主义，且以世界学为范围"，借鉴近代西方学科体系分设不同栏目，设经学、史学、心理学、伦理学、政治学、教育学、宗教学等18门。几乎与梁启超同时，陈黻宸在《新世界学报》上发表了《独史》《史地原理》，提出一系列建立新史学的主张。陈黻宸在《独史》一文中阐释他的重史观念："无

---

① 王舟瑶：《京师大学堂中国通史讲义》，见屠寄等编辑《京师大学堂史学讲义合刊》，上海古籍出版社，2018年，第59—62页。

② 胡珠生，蒋纯绚：《海内师表陈黻宸》，见陈德溥编《陈黻宸集》，中华书局，1995年，第1页。

③ 尹燕：《新史学运动中陈黻宸"六经皆史"论的泛化》，载《渤海大学学报（哲学社会科学版）》，2014年第6期，第32—36页。

天地则已，有天地即有史。天地无一物则已，有物即有史。"史是"人人心中天然自有之物"，与民生日用相关，每个人都是"史界中之一物"，不知史，则"俨然处人群之中，前有事而不知，后有故而不问，环球互市，风气大开，而然无所识者"，是"学人之大耻"。他强调"民之史"："史者民之史也，而非君与臣、与学人词客所能专也。"①"史学者，合一切科学而自为一科者也。无史学则一切科学不能成，无一切科学则史学亦不能立。"②他认为读史应兼及法律学、教育学、心理学、伦理学、物理学、社会学等学科内容。③受他的影响，他的学生马叙伦亦认为"夫史者，群籍之总称，凡天下之籍，不问其为政治、为宗教、为教育，莫不可隶于史。是故史者，群籍之君也"④。陈黻宸师生的史学见解中，"教育""教育学"始终占有一席之地。

在这种"有物即有史"观念的支配下，1902年或更早，陈黻宸即向自己的学生提到过"禹域教育史"的写作。虽迄今未见其文稿，但据汤调鼎（尔和）为此撰写的《＜禹域教育史＞拟序》，可见陈黻宸对"禹域教育史"的设想梗概。

> 我谓于教育史尤难。综天下古今之大学术，朝廷草野之大变迁，而括于数十卷书之内，孤诣所到，骎骎乎与迁书郑志把臂入林。欸乎！谈何容易哉！夫著书之难，精者不必备，备者必不精。班范以下，沿故蹈常，体例盖亦繁矣，弥缝补塞，必使人无可指摘，此马端临《通考》之所以传也。周秦诸子，岸然树异帜于吾儒之外，汪洋放恣，翻然无俦。然而民物之所系，掌故之所存，又无从考信焉。教育史盖以破亘古之屯蒙，存百代之绝学，既不能如《通考》《通典》之漫无经纬，又不能如专门名家之矫然孤行。且采择之精，又不易言矣。朝廷之守，私家之

---

① 陈黻宸：《独史》，载《新世界学报》，1902年第1期，第4—25页。
② 陈黻宸：《京师大学堂中国史讲义》，见陈德溥编《陈黻宸集》，中华书局，1995年，第676页。
③ 陈黻宸：《京师大学堂中国史讲义》，见陈德溥编《陈黻宸集》，中华书局，1995年，第677页。
④ 马叙伦：《史界大同说》，载《政艺通报》，1903年第15期，第1—2页。

藏，名山之寄，穷老尽气不能得其万一。一书不知，一人不录，不得谓
之完全。虽以太史公世掌天官，而独生于典籍火灰之后；班固世藏书大
出，而班氏之识又去史公远甚；郑樵读书三十年，然又伏在草茅，不能
尽窥官家所藏。於乎！造物之相毁而不相成也久矣。欧洲教育史不过掇
拾旧闻，厘为卷帙，体例略脱，不足与言撰述之精。而我邦五千年来作
者无人，读书有志之士，心知其难，往往束身而退。此禹域教育史之所
以无闻也。我师痛学术之沦丧，教育之繁芜，慨然欲以空文被世，然亦
以身在草野，不能尽窥朝廷之藏、郡邑之志。抑又谓荒江老屋，不少泯
没不传之士。而名山之撰著，又不必尽于传播之书。且经生训诂之徒，
各以其学号召弟子，下至梁陈词翰、宋人道学，虽纯驳不同，何尝非一
家教旨？则去取之间，势不能概从芟削。孰先孰后，厥例难凭。一或按
诸故籍，则通人之书，是非不能悉中，折衷至当，厥义何从？是以发凡
起例，踌躇四顾者，非一日矣。①

汤尔和开篇述治史之难，转而感叹"我谓于教育史尤难"。教育史应
"综天下古今之大学术，朝廷草野之大变迁，而括于数十卷书之内"，以达
"破亘古之屯蒙，存百代之绝学"的目的。若要实现教育史的题中应有之义，
既不能如《通考》《通典》般漫无经纬，又不能矫然孤行。在著书的"精"
与"备"之间，采择资料万般困难。写作体例上，"欧洲教育史不过掇拾旧
闻，厘为卷帙，体例略脱，不足与言撰述之精"，不足以为参考。而中国从
无"教育史"传世，"五千年来作者无人，读书有志之士，心知其难，往往
束身而退。此禹域教育史之所以无闻也"。

汤尔和还提到陈黻宸对中国无人撰写教育史的急切及亲自撰写教育史的
踌躇："我师痛学术之沦丧，教育之繁芜，慨然欲以空文被世"，除却资料搜
集的不便，在经生训诂、梁陈词翰、宋人道学的去取之间，"势不能概从芟

---

① 汤调鼎：《禹域教育史拟序》，载《新世界学报》，1902 年第 7 期，第 80—82 页。

削。孰先孰后，厥例难凭。一或按诸故籍，则通人之书，是非不能悉中，折衷至当，厥义何从？是以发凡起例，踌躇四顾者，非一日矣"[①]。

从汤尔和的描述可以推断，陈黻宸应是就禹域（指中国）教育史的写法、体例跟学生们设想、感慨过。欧洲教育史不足以为参考，传统史学没有过禹域教育史。"完全的""禹域教育史"应"综天下古今之大学术，朝廷草野之大变迁"，相应在文献上亦应尽览"朝廷之守、私家之藏、名山之寄"，囊括草野的不传之士、名山之撰著。汉学、陈梁之学、宋学，虽纯驳不同，皆共遵儒家教旨，如此复杂繁芜，应如何定去取先后之标准体例？如果按照传统史学的路数，那么不分科的"通人之书"，如何悉取折衷，都是需要斟酌的问题。

作为史家，陈黻宸对中国教育史的设想，综合了浙东史学派的重史传统及新史学潮流的影响，认为"有物即有史"，从而将传统史学中"无闻"的"教育史"纳入研究视野，打算"综天下古今之大学术，朝廷草野之大变迁"以治"禹域教育史"。想必陈黻宸正是由于这样恢宏的设计难度较大，而"踌躇四顾"，导致"禹域教育史"终未成文。后来陈黻宸任教京师大学堂期间，曾据《史记》八书与《通志》二十略设计新体中国史，包括八表、十录和十二传，[②]其中"学校"为"十录"之一。遗憾的是，陈黻宸并未按上述设想完成史著。

三、"民史"中的教育史研究设想：邓实的《教育史叙》

邓实（1877年—1951年）出自岭南学派，师从简朝亮。他继承了岭南学派酌言百家，不重家法的传统。[③]他以国粹派的组织者和理论家而闻名于时。1905年他与黄节、刘师培发起成立国学保存会，刊行《国粹学报》，与江浙学者结合，宣传排满革命，一面输入西学，一面复兴古学。

邓实认为，我国3000年以来的史学只有朝史、君史、贵族史，而没有

① 汤调鼎：《禹域教育史拟序》，载《新世界学报》，1902年第7期，第80—82页。

② 陈黻宸：《社会之原理》，见陈德溥编《陈黻宸集》，中华书局，1995年，第680页。

③ 郑师渠：《晚清国粹派》，北京师范大学出版社，1997年，第48页。

国史、民史、社会史。"统而言之，则一历朝之专制政治史耳。若所谓学术史、种族史、教育史、风俗史、技艺史、财业史、外交史则遍寻一库，数十万卷充栋之著作而无一焉。"[①] 而西哲治史学，"种别为书，其记民事也，至纤至细。农者农史，工者工史，商者商史，学者学史，而有一人即有一史，有一事即有一史"[②]。民史应当颂扬政治家、哲学家、教育家、生计家、探险家等"人群之英雄"，记述"人群之事功"[③]。1904 年，为"成一家之私言，为吾黄民张目，以毋背孟氏民贵君轻之旨，以期复孔氏布衣修史之权"[④]，富有激情的邓实以"民史氏"为名，发表《民史总叙》《民史分叙》，专门探讨了"民史"研究的基本理论和方法。其中"教育史"是"民史"十二项内容之一。《教育史叙》内容如下。

民史氏曰，教育之于民，大矣。古之人自家至于天子之国，皆有学；自幼至于长，未尝去于学之中（曾子固语）。《学记》：古之教者，家有塾，党有庠，州有序，国有学。《王制》：乐正崇四术，立四教，顺先王诗书礼乐以造士。《周官》：大司徒以乡三物教万民。是先王之所以教，先民之所以学，其常制也。三代之世，有国即有教，有民斯有学。孔子曰：入其国其教可知也。其为人也，温柔敦厚，诗教也；疏通知远，书教也；广博易良，乐教也；絜净精微，易教也；恭俭庄敬，礼教也；属辞比事，春秋教也。夫惟古人以经术造教育，以教育成风俗，以风俗养人材，故国无不学之人，人无无用之学。三代人材之盛，中国之强，其以此钦！至于春秋，六艺之教犹存列国，故司空季子明于占，羊舌肸习于《春秋》，孔门弟子身通六艺者七十有二人，皆异能之士。周室虽微，而人材则盛。自秦人灭学，六艺之囿鞠为茂草，利禄之徒绣其

① 邓实：《史学通论一》，载《政艺通报》，1902 年第 12 期，第 1 页。
② 邓实：《民史各叙》，载《广益丛报》，1905 年第 64 期，第 3 页。
③ 邓实：《史学通论四》，载《政艺通报》，1902 年第 12 期，第 3 页
④ 邓实：《民史各叙》，载《广益丛报》，1905 年第 64 期，第 1—2 页。

肇悦。中国之天下无教育者二千有余岁矣。夫无教育则安得有风俗？无风俗则安得有人材？夫是以三五汉唐之区宇，听其踩躏渐丧于他人之手。而中原之大，定倾御侮，卒无一人也。呜呼！余闻西国十里之邑，无不有学校数十所。余能毋恐惧也欤哉？作教育史第六，以纪我国教育，明其盛衰，见强弱焉。①

邓实作为晚清国粹派的中坚，其"教育史"的设计亦与国粹派的文化观一致。国粹派看来，保存国粹首先必先保国保学。一国有一国之学，中国自"秦火之焚而专制之政体出"和"王朝之乱而外族之朝廷兴"，便国与学俱亡了。②由此要"古学复兴"③。他们所要复兴的"古学"，是他们所谓的未受"君学""异学"浸染，纯正而健全的先秦时期的中国文化，即先秦诸子学。周秦之际的"古学"是最纯正健全的国学，自然也就蕴含着民族最可贵的国粹，即最为充沛的生命活力。④与此相应，邓实对"教育"的理解亦充满了感情色彩，其盛赞的"教育"，是三代"以经术造教育，以教育成风俗，以风俗养人材""国无不学之人，人无无用之学"的教育。自秦人灭学，则"中国之天下无教育者二千有余岁矣"。无教育则无风俗，无风俗则无人才，对比西方各国现代教育，要做先秦教育史，以明盛衰强弱。

邓实对《民史》颇上心。1905年他自述"有志乎此者已八九年，削笔从事者四五年"，"仿宋司马光编《资治通鉴》之例，先为长编，有得即录"，1904年检点时，"其草稿所积已盈尺矣"，想必已有部分成稿。邓实亦不讳言修史之难，"若夫全书之成，则顾亭林所谓著书如铸钱，古人则采铜于山，今人则买旧钱以充铸。民史之著，盖亦欲庶几采山之铜而未敢操切以问

---

① 邓实：《民史各叙》，载《广益丛报》，1905年第64期，第6—7页。
② 郑师渠：《晚清国粹派的文化观》，载《历史研究》，1992年第6期，第80—92页。
③ 邓实：《古学复兴论》，载《国粹学报》，1905年第1卷第9期，第6—13页。
④ 郑师渠：《晚清国粹派的文化观》，载《历史研究》，1992年第6期，第80—92页。

世也"①。迄今《民史》仍只是一篇总叙及十二篇分叙，未见全文。邓实意在"明盛衰，见强弱"的"教育史"，亦只存得《教育史叙》。

四、"藉西学证明中学"：刘师培的《教育学史序》

刘师培（1884 年—1919 年）出自扬州学派，世传经学，少承家学"未冠即耽思著述，服膺汉学，以绍述先业，昌洋扬州学派自任"。当代著名学者张舜徽先生也肯定说："刘师培出生的年代虽较晚，却是清代扬州学派的殿军。"②1905 年他与邓实、黄节发起国学保存会，创办《国粹学报》，为国粹派的重要代表人物。

刘师培的《周末学术史序》被邓实赞为标志"古学复兴"的力作，③刊载于 1905 年《国粹学报》第一至五期。此序为拟议中的《周末学术史》一书的提要。在体例上，它打破传统的学案体，"以学为主，义主分析"，从西方近代学术的观念出发，对周末学术史作多学科多角度的研究。他将诸子义理按照西方学科划归为心理学、伦理学、论理学、社会学、宗教学、政法学、计学、兵学、教育学、理科学、哲理学、术数学、文字学、工艺学、法律学15 个科目。其中《教育学史序》力图以教育学的眼光来解析先秦的诸子学，内容如下。

> 三代学校之制度今多失传，《管子》《弟子职》篇只陈入学之规，未详立学之制。即《大戴记》学礼篇今亦不存，仅见于贾谊新书。然即《小戴记》观之，则大学之制略见于《明堂位》篇，乡学之制略见于《学记》篇。惟据何休《公羊解诂》，则周代之民，八岁者学小学，其有秀者，移于乡学；乡学之秀者，移于庠；庠之秀者，移于国学，学于小学。诸侯岁献贡士于天子，学于大学。其有秀者，名曰造士。其说与

① 邓实：《民史各叙》，载《广益丛报》，1905 年第 64 期，第 10 页。
② 郑师渠：《晚清国粹派》，北京师范大学出版社，1997 年，第 47 页。
③ 郑师渠：《晚清国粹派的文化观》，载《历史研究》，1992 年第 6 期，第 86 页。

《戴记》《周官》各足证周代之时，教有定程，课有定业，与暂种所行之学制，大约相符。特当此之时，官学盛兴，私学未立，及周室东迁，礼坏乐崩，六艺之圃鞠为茂草。有志之士惕焉忧伤，是以私门教育辅国家教育之穷。儒家尊崇德育，而智育、体育二端亦所不废。教育不择人而施，然后教授之法贵时习而重分科，故承学之士各得其性之所近执一术以自鸣。观孔门弟子三千，而身通六艺者仅七十有二人，若性与天道虽子贡不可得闻，非因材设教之证载？孟子之论教育也，以教育之权归之国家，而不废私门教育。即荀子著书亦首崇《劝学》，非儒家重视教育之证哉？墨家亦崇教育，故墨子钜子至千百人。特教授之法，书籍阙如，今不可考耳。道家轻视教育，已开法家之先声。管子者，以道家而兼法家者也，以为化民成俗，其权悉属于人君，斯民无私学；又以教民之法道德为先，例以儒家之说大约相符。法家则不然，本道家之绪论而视教育为至轻，以为民智则难驯，民愚则易制，而背伪归真之说，实开秦政之焚书。及秦政焚书，《五经》出于灰烬，古代教民之良法，湮没无闻。惟《学记》一书，列于《戴礼》，前儒教法，略具于兹编。智者观其说而会通之，教法之兴，可计日而待矣。[1]

《国粹学报》发刊辞曾提道："海通以来，泰西学术输入中邦，震旦文明不绝一线。无识陋儒或扬西抑中，视旧籍如苴土。夫天下之理穷则必通。士生今日，不能藉西学证明中学，而徒炫皙种之长，是犹有良田而不知辟，徒咎年凶；有甘泉而不知疏，徒虞山竭。有是理哉？"[2]刘师培也说"凡国学微言奥义，均可借皙种之学，参互考验，以观其会通，则施教易而收效远"[3]。《教育学史序》可谓"藉西学证明中学"的典范。上文所录《教育学史序》仅为正文，实际每论皆有旁注，呈现典籍证据，与西方现代教育体系比附。

---

① 刘光汉：《周末学术史序·教育学史序》，载《国粹学报》，1905年第1卷第3期，第1—2页。

② 《<国粹学报>发刊辞》，载《国粹学报》，1905年第1卷第1期，第2页。

③ 刘师培：《拟设国粹学堂启》，载《国粹学报》1907年第26期，第6—13页。

20世纪初，在清末的兴学热潮中，"教育学"作为西学的一种，作为"强国家—造人才—兴教育—建学堂—立师范"的一环，成为"世所号为最有用之学"①。教育学且负有"科学"之名。所以刘师培在其学术史中，为教育学史留有一席之地。比较遗憾的是，刘师培的《周末学术史》并未成书。《周末学术史序·教育学史序》实际上是以"学"为准探讨教育学在中国的"学派源流"。在学术心态上，在中西学术的有用无用的对比中，他用属于现代教育的概念或模式来分析中国的典籍，从中划分出若干内容，命之以德育、智育、体育、学制、普及教育等，以此来证明中国历史上有"教育学"。

五、"欲定教育制度，当先研究教育史"：黄绍箕草拟的《中国教育史》

黄绍箕（1854年—1908年）出身名门，为清流领袖黄体芳之子。他少承家学，习永嘉经制之学；少年时受业于陆尔熙门下，课以性理之学；后奉父命受业于张之洞，转重经世之学。②同时，黄绍箕"推尊西学，以为暗合三代之法"③。在"师友渊源，流风衰歇，欧化东来"的情境中，他认为"不通西学，不足以存中学"④。如是观之，黄绍箕"于古今学派之流别，中外事局之变迁"⑤皆有所造。其一生未离教育，清末新政后中外学者盛以"教育家"相推，黄绍箕虽"谦谦未遑"，"然心实毅然自任"⑥，"晚年专研教育之学"⑦，是同时代为数不多的专心教育之学的学人。黄绍箕生平虽精于金石文

---

① 王国维：《奏定经学科大学文学科大学章程书后》，载《东方杂志》，1906年第6期，第109—117页。

② 宋慈袌：《黄绍箕传》，载《国学论衡》，1936年第8期，第21—23页。

③ 刘绍宽：《厚庄日记》，稿本，温州市图书馆藏。见温州博物馆：《温州文物（第十五辑）》，西泠印社出版社，2017年，第48页。

④ 黄曾延等：《哀启》，载谢作拳点校《黄绍箕集（下）》，中华书局，2018年，第739页。

⑤ 伍铨萃：《黄绍箕传》，载谢作拳点校《黄绍箕集（下）》，中华书局，2018年，第763页。

⑥ 黄曾延等：《哀启》，载谢作拳点校《黄绍箕集（下）》，中华书局，2018年，第742页。

⑦ 伍铨萃：《黄绍箕传》，载谢作拳点校《黄绍箕集（下）》，中华书局，2018年，第768—769页。

字，目录校雠之学，但未有成稿留世，诗文亦稿成即弃去。其生前身后，师友最看重的著述是《中国教育史》。

1900 年春，黄绍箕受张之洞之聘，赴湖北主持两湖书院。新政兴学，张之洞曾选派两湖书院学生留学日本，并带回师范学堂所用各类教科书；张之洞幕僚罗振玉主持的"教育世界社"亦翻译发行日本教育学、教育史类书籍。其中"教育丛书初集"中有日本原亮三郎编，沈纮翻译的《内外教育小史》。内篇（共 32 页）介绍日本、中国的教育历史，涉及中国的上古、秦汉、唐、宋明。[①] 想来读过这本《内外教育小史》的中国学人皆对其不满，罗振玉曾称拟搜集资料，编纂中国教育史。[②] 但未见后续。黄绍箕亦对此书不满。他认为"国之所以成立，必有本原，一国之制度、风俗亦必有相承之习惯，其初皆自教育而来。故东西洋各国皆有教育史，日本所纂《内外教育史》兼述中国支那教育史略，则述而未详，于古圣先贤教育之要义未能发明，亟应自行编纂"[③]。"泰西专门科学，皆儒者发明之，而教育学尤其导源"，故晚年专研教育之学，拟上自三代，下迄宋元明，勒成《中国教育史》。[④]

1904 年正月或者更早，黄绍箕开始着手撰著《中国教育史》，先采辑《中国教育史长编》。为此黄绍箕与孙诒让书札往来数通，往复商榷撰辑的体例及资料甄择。3 月，黄绍箕在《采辑〈中国教育史长编〉略例》中提到了他撰著《中国教育史》的设想。

> 近年东西各国讲求教育，皆有专史，为各教科中最重要之书。日本长谷川乙彦氏《教育制度论》谓："欲定教育制度，当先研究教育史"。今拟仿其例，纂《中国教育史》，先辑长编，以资甄择，其采录之类，略分为二大类：一、关于教育之制度事实；二、关于教育之议论理想。

---

① ［日］原亮三郎：《内外教育小史》，沈纮译，见教育世界社教育丛书（初集），1901 年，目次。
② 罗振玉：《与友人论中国古代教育书》，载《教育世界》，1903 年第 53 号，第 1 页。
③ 伍铨萃：《黄绍箕传》，见谢作拳点校《黄绍箕集（下）》，中华书局，2018 年，第 763 页。
④ 黄曾延等：《哀启》，见谢作拳点校《黄绍箕集（下）》，中华书局，2018 年，第 742 页。

就四部书依类采录，以时代为次。有与学校非一事，而关系至大者，如国家之用人（选举、征辟、考试之类），士大夫之风尚（清谈、佛学、词章之类）是也，此类不能尽录，或综叙源流，或动关政俗，不论繁简，必不应采入。采辑之意，宜参照各国教育情形。[①]

文中列举了"各国之教育主义有三：一德育，二智育，三体育。教育之方法有三：一管理法，二教授法，三训练法"，以及大学、中等普通之学的科目，小学教育、家庭教育等。而"中国自周以前，书缺有间，汉以后立法不备，各学科及教法较之近日各国缺乏殊多，然事实或偶见有议论，或略具有微旨，若斯之类，尤可宝贵。涉览所及，必当留意采录，一字不遗"[②]。据现在温州博物馆藏，"中国教育史长编"采辑《管子》，共录34篇60节，采辑《荀子》，共录9篇16节。[③]

在长编基础上，黄绍箕拟定了三代时期的条目。

中国主义

庖牺

中国为万世一教之国

中国古圣人教育大义

古圣教注重德育

神农

皇帝

唐虞夏

---

① 黄绍箕：《采辑＜中国教育史长编＞略例》，见谢作拳点校《黄绍箕集（下）》，中华书局，2018年，第475页。

② 俞天舒辑：《黄绍箕集（瑞安文史资料 第十七辑）》，政协瑞安市文史资料委员会，1998年，第159—160页。

③ 胡珠生：《＜中国教育史＞黄绍箕著辨》，见胡珠生著《胡珠生集》，黄山书社，2008年，第762—764页。

五教

放勋曰劳之来之五句义

典乐教育

正德利用厚生

朴作教刑

虞夏文明大概

洪范刚克柔义

傅说即甘盘（江声说）说命论学义

周

周为封建时代又为方策时代

周之教育兼体育德育智育三义

周之教育系尚武主义，其办法则觊文而匿武

学校制度

小学　大学　女学　胎教

年限

选举制度

体育

德育

德育好重身教

成人（此不专德育事）

知育

智育最重历史

科学皆世官世学

阴阳变化之学

礼乐

军事教育

春秋列国教育

　　　　明堂太学制度

　　　　天命教道之学

　　　　神道教

　　　　本教

　　　　孔子

　　　　孔子博学无常师其道德之学则得之家传

　　　　五段教法（日本人说）

　　　　志道据德依仁游艺即周官道行道艺

　　　　矍相习射即学校选举之意

　　　　六艺系高等教科书

　　　　雅言系正音

　　　　四科

　　　　德行　言语（论理学）

　　　　政事（军旅　交际）

　　　　文学①

　　1904年9月，黄绍箕任京师大学堂编书局监督，仍属意《中国教育史》的编纂，并留意将古圣义理贯通古今。1906年，黄绍箕在给游学日本子侄的信中提到"余编《教育史》，首卷拟置一条云：《易·象》曰：'君子以教思无穷，容保民无疆。'谓教育之思想无有穷尽，所保安人民者无有疆界也。无有国界，并无有种界也。余更申言之，教思无穷即孔子之诲人不倦也，容保民无疆即孔子有教无类也。现在各国教育之盛，岂我国所能企及？然使大教育家见此古圣义理，未有不瞿然心惊，旷然意远也"②。可以说，黄绍箕生

---

① 柳曾符：《介绍柳诒徵先生早年三部历史著作》，载《文教资料简报》，1982年第2期，第96—98页。

② 黄绍箕：《谕游学日本子侄书一通》，见谢作拳点校《黄绍箕集（上）》，中华书局，2018年，第400页。

前对《中国教育史》极为上心，体系、条目、资料均已有所准备。

黄绍箕 1905 年兼任京师大学堂译学馆监督，1906 年 4 月任湖北提学使，访日 4 个月，1907 年腊月（公历 1908 年 1 月）病逝。[①] 关于《中国教育史》的撰述，"自周以前，属稿甫定，余亦揣制略备，积卷盈簏"。虽计划研究"上自三代，下迄宋元明"，但终归天不假年，赍志以殁。柳诒徵回忆与《中国教育史》的渊源曾提及，"端方和黄仲弢先生至好，黄先生逝世，无甚著作，端方和陈善余谈及，陈知黄先生生平想做一部《中国教育史》，写了许多题目，但未将正文写出，陈箧中尚有黄先生所写的题目。端方因托陈找一人按照黄先生的题目做一本书，就算是黄先生的著作"。"我当时代做书，在编译局月支银两四十两，约计两年，也近千金，可算是卖稿与黄氏，我也不必将书名著者更正了。"[②] 关于本书的著作署名问题，曾经引发公案，杜成宪教授在《关于中国第一部 < 中国教育史 > 的几个问题》[③] 一文发明甚详，在此不再赘述。由柳诒徵辑补的《中国教育史》成文于 1910 年，出版于 1925 年。就中国教育史研究的立意和主体而言，它更多体现的是黄绍箕的选择。

黄绍箕草创的《中国教育史》，从其《采辑 < 中国教育史长编 > 略例》及所拟题目，基本可见他进行教育史研究的设想。黄绍箕更关注现实教育制度的内容，认同"欲定教育制度，当先研究教育史"。他明确地以西方近代教育理论（德育、智育、体育，五段教授法等）、学校教育制度（小学，大学，女学，胎教等）来确定中国教育史的研究对象，以学校为主，辅之社会教育，兼及选举制度。其资料采辑时，亦兼顾文明史（孙诒让信中以"文明史"称其教育史）、中外教育学相关著述。1925 年晚清翰林叶尔恺在《中国教育史》序中评价本书"本实事求是之旨，多采诸子及古注旧说，间及阎百

---

① 俞天舒：《黄绍箕集（瑞安文史资料 第十七辑）》，政协瑞安市文史资料委员会，1998 年，第 354—357 页。

② 柳诒徵著；文明国编：《柳诒徵自述》，安徽文艺出版社，2013 年，第 11—12 页。

③ 杜成宪：《关于中国第一部《中国教育史》的几个问题》，载《华东师范大学学报（教育科学版）》，1996 年第 1 期，第 1—10 页。

诗、阮云台、汪容甫、焦里堂、章实斋诸人之绪论，而以西学说附之。论断精确，考据详核，俾人知教育原理中西未尝不同。其用意之善，与夫致力之勤，近代言教育者所未尝见也"①。教育史学者对此书亦给予高度评价："如果说近代中国新式学堂里有了中国教育史课程的教学是一个标志，而《中国教育史》的撰写作为另一个标志，宣告着中国教育史学科在中国的建立。"②

六、这代学人眼中的"中国"和"教育史"

就目前资料所及，明确提出将"教育史"作为一个独立的研究领域，并有研究计划的有陈黻宸、邓实、刘师培及黄绍箕四人。从学术史来看，他们皆出自名门，各有"标签"。陈黻宸师从孙锵鸣，尚永嘉事功之学，为浙东史学派的重要代表人物；邓实出自兼采汉宋的岭南学派朱次琦一支；刘师培出自乾嘉汉学的重要分支扬州学派；黄绍箕兼通汉宋，注重经世致用。尽管他们学术背景和政治立场不同，但都师出名门，受过严格的传统教育，中学功底深厚，又有一定的西学知识；对时局感觉敏锐，观念并不僵化。③20世纪初，在西学占优势的情况下，中国学术开始挣脱了传统的汉宋之争和古今文经学之争，向着与世界文明接轨的方向上走去。④ 如何在中西之间寻求对接点，并借以完成新的学术文化形态的理论体系，是这代学人要回答的时代问题。20世纪初，这几位没有"学科"依托的学人，在"岂特春秋所未有，抑秦汉至元明所未有"⑤的世变中，带着探寻中国教育发展的愿望，在历史典籍寻找中西教育学术的对接点，将"中国教育史"作为一个单独的研究领域提出，并作了初步的研究尝试。

---

① 俞天舒:《黄绍箕集（瑞安文史资料 第十七辑）》，政协瑞安市文史资料委员会，1998 年，第 185—186 页。

② 杜成宪，邓明言:《教育史学》，人民教育出版社，2014 年，第 35 页。

③ 何晓明:《返本与开新:近代中国文化保守主义新论》，商务印书馆，2006 年，第 154—155 页。

④ 王先明:《近代新学——中国传统学术文化的嬗变与重构》，商务印书馆，2000 年，第 207 页。

⑤ 张之洞:《劝学篇》，上海书店出版社，2002 年，第 1 页。

（一）以西学存中学的倾向

20世纪初，尚有不以"教育史"命名，但研求教育史事的文章，还有经学家王兆芳（1861年—1904年）所著的《教育原典》（专述周以前教育事，原名《帝王学校考》），黄绍箕评价此书"礼学多闻，师说甚精熟，条理完密，深足为拙撰《教育史》之助"①。可惜目前并未查到这本《教育原典》的馆藏，从其书名用"教育"来看，应也是以教育的近代含义来关照周以前的"学校"。刘师培的《教育学史序》及黄绍箕的《中国教育史》，虽撰述目的一在学术文化，一在教育制度，对于西学和中学的具体内容的取舍详略有所不同，但他们兼取中西、会通古今的路径基本一致。罗振玉的《与友人论中国古代教育书》《秦教育考略》及《周官教育制度》等，也是这种路径，认为"周代教育之制……核之今日欧美教育家说，若合符契，可见中国文明开化之早"②。这代学人的教育史研究设想，皆十分看重中国三代时期的教育历史，甚至命之以"原典"；他们都是以西方近代的教育理论及学校教育制度为框架裁剪三代，重塑本国的教育记忆。在西学占据强势的情况下，对晚清那代学人来说，确有"不通西学，不足以存中学"之叹。

（二）"中国教育史"中的"中国"的文化意义

教育史要研究哪个时空的教育？就本文的几个文本来看，陈黻宸及黄绍箕计划作教育通史，邓实及刘师培则仅及先秦教育史。邓实、刘师培作为晚清国粹派的中坚，他们对"教育史"的设想与国粹派的文化观一致，中国"教育""教育学"存在的起止以"复兴古学"中的"古学"为限，仅限周秦。陈黻宸和黄绍箕计划研究历朝历代的教育，用什么来含括则要斟酌。陈黻宸选用"禹域"。古代传说禹首先划分九州，并指定名山、大川为各州界地，后世遂相沿称中国为禹域。③

---

① 俞天舒:《黄绍箕集（瑞安文史资料 第十七辑）》，政协瑞安市文史资料委员会，1998年，第118页。

② 罗振玉:《周官教育制度》，载《教育世界》，1904年第76号，第13页。

③ 郑天挺等主编:《中国历史大辞典·下卷》，上海辞书出版社，2000年，第3363页。

黄绍箕的《中国教育史》之"中国"，并非只有义包古今的地理意义。"中国多大一统之时代，帝王各以其所居之旧国为有天下之号，故禹迹九洲，除相习沿用之'中国'二字外，本无总地名。"①1904 年，黄绍箕在给张之纲的信中，曾提到陈庆年所论"中国"的字意，甚为赞赏，并以之为《中国教育史》的"中国"的字意。陈庆年意为，"古人'中国'二字，本以表教化中枢之地域，犹言文明之中心点云尔。故诸经中往往指京师为'中国'。盖对四方而言，后乃推及教化普及之地。统列国而谓之中国，则对夷狄而言，《公羊传》专明此义。然春秋时所谓戎、所谓狄者，每错处诸国之间，不必边远，如今所谓外国是也。盖中国者，有教化之谓也，夷狄者，无教化之谓也。自汉以来，乃以中国与外国对言，专据地位而言。'中国'之古仁义亡，而圣人之政教、学术与之俱亡矣"！黄绍箕深以为然，拟以陈说为基础编撰成篇，"将来即以冠诸《中国教育史》之首，盖'中国'二字即古圣人教育之大义也"②。"中国"二字本身即负有古仁义，圣人之政教、学术的意蕴。

（三）"教育史"与文明史交叉

"教育史"要研究什么？鉴于"教育"含义的复杂性，日本同时期有将教育史混同文明史的现象。大濑甚太郎在《论教育史之研究》中提道，"教育之事极歧杂，其历史亦不得不参列种种事项，故其研究范围动辄失之广漠，或谓如关于教育上之一切施设，及关于开化之进步之计划与夫学问技艺之变迁，当在教育史之范围内，是混同教育史于文明史也。教育史虽与文明史略同，然只可为文明史之一部分而不能蔽其全体"③。对于 20 世纪初的国人来说，"教育史"、文明史之名几乎同时由日本传入，似未及细分两者的边界。

陈黻宸及其弟子在设想"禹域教育史"时，或许对"教育"不陌生，但

---

① 黄绍箕：《答张之纲书一通》，见谢作拳点校《黄绍箕集（上）》，中华书局，2018 年，第 326—328 页。

② 黄绍箕：《答张之纲书一通》，见谢作拳点校《黄绍箕集（上）》，中华书局，2018 年，第 326—328 页。

③ ［日］大濑甚太郎：《论教育史之研究》，载《湖北学报》，1903 年，第 1 卷第 10 期，第 19—28 页。

对来自日语的回归汉语借词"教育"的新含义及教育学理论并不熟稔（1901年杭州府中学堂曾加设师范生，但未开设教育科目①），对其理解更接近于中国传统的"教""文明""教化"。相应的，陈黻宸及其弟子对教育史的设想和踌躇，颇似时人对文明史的理解。1902年，梁启超在《东籍月旦》中向国人介绍日本史书时，曾提及"文明史者，史体中最高尚者也。然著者颇不易，盖必能将数千年之事实，网罗于胸中，食而化之，而以特别之眼光，超象外以下论断，然后为完全之文明史"②。陈黻宸本人亦对文明史赞叹有加："善哉！《英伦文明史》曰：天下精微之理，极数千年通人学士，竭虑研思，万方未得其解者，求之日用见闻之间，而其理悉备。"③

黄绍箕的《采辑＜中国教育史长编＞略例》，借鉴日本编辑教育史的经验，"参照各国教育情形"从四部中采录关于教育制度事实及教育之议论理想的材料，似是规避了将教育史作为文明史的倾向。但从黄绍箕撰述《中国教育史》所受到的关注来看，以"文明""教化"来理解"教育"并非个例。1904年，得知黄绍箕要撰述教育史后，端方为其砚台制铭："沤舫博物，为学者宗。鲜庵晚出，师道益隆，教育史成，□旌尔庸。"④ 1904年5月孙诒让在信中问："文明史已脱稿否？闻采摭极博，兼史部政书、子部儒家精要，是不刊之作，非徒为教科增一佳册也。"⑤ 直接以"文明史"指称教育史。之后柳诒徵辑补完成的《中国教育史》亦以文化史代表作示人。

20世纪初，关于教育学的分类，莱因的分类法是引进最早也是流传最广的一种。莱因将"教育之历史的研究"归到教育学，是"历史的教育学"⑥。莱因对教育史的这种归类影响甚广，《中国教育辞典》（1928年）和《教育

---

① 马叙伦：《我在六十岁以前》，生活·读书·新知三联书店，1983年，第12页。

② 饮冰室主人：《东籍月旦》，载《新民丛报》，1902年第11期，第110—127页。

③ 陈德溥编：《陈黻宸集》，中华书局，1995年，第675—680页。

④ 俞天舒：《黄绍箕先生年谱》，见俞天舒主编《黄绍箕集（瑞安文史资料 第十七辑）》，政协瑞安市文史资料委员会，1998年，第380页。

⑤ 张宪文：《孙诒让遗文辑存（温州文史资料 第5辑）》，浙江人民出版社，1989年，第121页。

⑥ 王倘等：《中国教育辞典》，中华书局，1928年，第650页。

大辞书》（1935 年）中的"教育学"条目，均收录莱因的分类法以说明教育学科的组成。[①]与此相关，在教育学学科中，中国教育史的研究对象应指向中国历史中的教育学。中国古代无西方近代意义的教育概念，那么如何取舍"教育"的广与狭就成了问题。

1935 年，教育学家庄泽宣在关于大学教育学系课程大讨论中曾说到这个问题："西洋、中国教育史及比较教育等门不应仅及于教育方面，而应扩大到研究文化全部，不过教育部分多加注意耳。换句话说，这三门是偏重教育方面的文化史或文化现状，而不是狭义的教育史或教育现状。在这里我们更可以明了文化全部与教育思潮及制度的相互因果，及时间性与地方性的重要。因此便知教育设施不是可以盲目的抄袭的，而深感创造新制度必须有确实的根据，不是一件轻易的事。"[②]其实 1928 年《中国教育辞典》解"教育史"为"记述教育理论及实际之兴起与变迁之学问也。为文化史之一分科"。[③]其已将教育史归为"文化史"。唯民国时期数量众多的中国教育史教科书，再难有黄绍箕草拟、柳诒徵辑补的《中国教育史》深厚的史学功力和宽博的文化视野。

用我们现在的眼光看，这一问题可以化约为广义教育和狭义教育的边界问题。陈黻宸、邓实、刘师培、黄绍箕等这代学人，尊经重史，于中学有根柢，能在中西教育学术碰撞之初，以他们对贯通古今的"教育"概念的理解，在熟悉的经史典籍中酌量相通之处。之后，随着癸卯学制、壬子癸丑学制的颁行，新教育的实施，中学实际上在学校教育体系中失去了核心地位，分化为文、史、哲学科栖身高等教育体系，中国再难有兼通经史的通人；同时，"教育"概念也慢慢剥去了贯通古今的朦胧，教育之学越来越专业。再之后，随着教育研究专门化，经西方教育学裁量过的中国教育史占据课程，造成的情形便是：不通中学的人，只看到裁剪出来的与西方教育学相似的部

---

① 唐钺等：《教育大辞书》，商务印书馆，1935 年，第 1018 页。

② 庄泽宣：《大学教育学系课程问题》，载《教育杂志》，1935 年第 1 期，第 215—216 页。

③ 王倘等：《中国教育辞典》，中华书局，1928 年，第 647 页。

分，中国教育史反成了西方的教育学框架的注脚。这种情形似乎形成了一个悖论，对来自西方的科学的教育学知道得越多，裁量中国教育史的尺度越清晰，距离能为本国教育制度参考的"古圣先贤教育之要义"越远。

结语

在中国，教育学科制度上的起点，是各级师范学堂中的教育学各类课程。中国的师范教育制度学自日本。日本不像美国将教育学科做专门研究在大学设学系，而是将教育行政、管理法、教授学、教育学、教育史等作为师范各部学生的共同必修科。日本高等师范学校除了养成各校师资外，并兼以"研究普通教育之方法"[①]的目的，整个高等师范学校都是研究教育的所在。日本大学设立的目的，是教授对于国家所必需的学术之理论及应用，并探究其蕴奥。除了高等师范学校，东京帝国大学文学部开设教育学讲座[②]，是以日本著名教育学者主要聚集在东京帝国大学及东京、长岛两所高等师范学校[③]。中国的学制是日本学制形神毕肖的拓影。但在清末，中国的 3 所大学堂并未开设教育学讲座，优级师范学堂亦不甚发达，所以"研究教育"的功能多以师范学堂承担，但在"教育救国"的氛围中，基本上国人都关注教育，都能发教育议论。

民国时期的教育学者站在专业研究的基础上，对这段历史评价并不高。方惇颐评价："我国在前清兴办新教育以前，根本没有把教育当作一种专门的研究，即使对于教育的理论和方法有所主张，也无非由各人观察点中演绎出来罢了。自从废科举兴学校以后，在学制方面直接抄袭日本，间接抄袭德法，教育学说方面也不外乎海尔巴脱的学说及其五段教学法而已。"[④]姜琦也

---

① 吴自强：《日本现代教育概论》，商务印书馆，1935 年，第 55 页。

② 吴自强：《日本现代教育概论》，商务印书馆，1935 年，第 88 页。

③ 吴自强：《日本现代教育概论》，商务印书馆，1935 年，第 283 页。

④ 方惇颐：《现代教育研究的演进及其趋势》，载《广东教育》，1946 年第 1 卷第 2 期，第 24—27 页。

说："当时的整个时期的教育，在学制的方面，完全是抄袭日本的学制，在教育学说的方面，也不外乎海尔巴脱一派的学说。因此这个时期，是一个整个的新'教育模仿时期'，然无所谓发展的而有独立研究方法之存在。"[①]20世纪30年代范云龙总结中国施行新教育30年的病象时指出："此种体无完肤生机断尽之病象其最严重的而紧要者：第一是抄袭，第二是空虚，第三是敷衍。中国三十年来的新教育，其开始也如此，至今还是如此，学制的变更是抄袭，宗旨的改换是空虚，一切的设施是敷衍。因为抄袭，采之失其精神，用之不切国情；因为空虚，言之不得边际，行之不得着实；因为敷衍，办理失其慎意，改革在其枝节。过去教育的失败，现在教育的病象，一言以蔽之，就在抄袭、空虚与敷衍。因抄袭而空虚，因空虚而敷衍，因敷衍而抄袭，辗转相循，因果迭生，其病日笃，其治无望。""中国新教育，自开始就是盲目的抄袭，笼统的空洞，随意的敷衍，第一是抄袭，第二是抄袭，至今还是抄袭，其初是空洞，后来是空洞，至今还是空洞，其先是敷衍，至今还是敷衍，中国教育的失败在此，中国教育的危机亦即在此。"他认为中国教育自清末"朝官改造"时期，便带上了抄袭、空虚及敷衍的病症。[②]

　　清末十年，中国教育学的发展状态虽然看起来方方面面都有日本的影子，但也在暗暗酝酿着变数。世界范围内，中等教育年限延长，对中等教育师资水平的要求随之提升，"中学教员须有大学毕业之程度，几为世界教育一致之标准"[③]。19世纪中期之后，欧美各国都有"教育学侵入大学之运动"[④]。1903年，法国巴黎大学合并巴黎高师；其余欧美各大学亦争相设置教育学科，与大学其他各学科联合培养中等教育师资，一边培养科学研究实力，一

①　姜琦：《从欧美日本的教育研究方法说到中国的教育研究方法的状况与趋势》，载《中华教育界》，1932年第19卷第12期。

②　范云龙：《今日研究教育者应有的觉悟和认识》，载《中华教育界》，1931年第19卷第2期，第3—8页。

③　云甫：《高等师范应改师范大学之理由及办法》，载《教育丛刊》，1921年第5期。

④　余家菊：《教育科在大学中之位置》，载《醒狮》，1926年第65号。

边努力于教育活动的研究。[①] "欧美各国，教育一门，无不设有专科，故新理新法日出不穷。"[②] 世界范围内，19 世纪后半叶至 20 世纪，美国逐渐成为世界教育学科的中心。学界亦公认"美国哥伦比亚师范大学为世界最大最完善之教育研究机关"[③]。欧美大学中有教育学科，为在"教育救国"氛围中的留学生提供了选择。郭秉文、蒋梦麟、周诒春等人留学美国，主动选择修习教育学科，并投身教育，矢志不渝。民国初年，他们陆续回国，又带动了一批学生留学美国专修教育学科。周诒春（1883 年—1958 年），肄业于上海圣约翰学院，1907 年考取两江官费留学美国，先后入耶鲁、威斯康辛研习教育及心理学，获学士、硕士学位。1911 年归国，获授"文科进士"。后任上海复旦公学心理学教员。1912 年秋任清华留美预备学校副校长兼教务长，1913 年夏任校长。[④] 郭秉文（1880 年—1969 年），1896 年卒业于美国长老会在上海所办的清心书院，1908 年赴美留学，先到美国俄亥俄州的伍斯特大学攻读理科，1911 年获得理学士学位，1912 年获哥伦比亚大学硕士学位，1914 年获教育学博士学位后回国。[⑤] 应南京高等师范学校校长江谦邀请，担任新成立的南高师教务长。1918 年 3 月代理校长，1919 年 9 月正式继任，1921 年 9 月兼任东南大学校长。[⑥] 蒋梦麟 1907 年曾赴日参观，日本的城市环境及国民素质给他留下了良好的印象，后赴美国学教育学，也"受这些感想的指示"[⑦]。1908 年，蒋梦麟通过浙江省官费留美考试，随即赴美留学。蒋梦麟在伯克利大学农学院读了半年农科，后转学教育。从 1909 年秋

---

① 许崇清：《论第五届教育联合会改革师范教育诸案》，载《教育杂志》，1920 年第 12 卷第 9 期，第 1—14 页。

② 陈宝泉：《上前教育部汪总长请设教育及图画手工专修科书》，载《京师教育报》，1914 年第 4 期，第 4—5 页。

③ 许椿生：《李建勋教育论著选》，人民教育出版社，1933 年，第 37 页。

④ 周邦道著：《近代教育先进传略初集》，中国文化大学出版部，1981 年，第 145—146 页。

⑤ 周邦道：《近代教育先进传略初集》，中国文化大学出版部，1981 年，第 63—66 页。

⑥ 秘书处编纂组：《国立中央大学沿革史》，秘书处编纂组编印，1930 年，第 9—13 页。

⑦ 蒋梦麟：《西潮·新潮》，岳麓书社，2000 年，第 71 页。

天起，蒋梦麟开始选修逻辑学、伦理学、心理学和英国史。1912 年，他以教育为主科，历史与哲学为副科，毕业于加州大学教育学系。后入哥伦比亚大学研究院，师从 Strayer 继续学习教育学。[①]1909 年清华留美预备学校成立之后，每年都有选习教育学专业的留学生。1909 年—1911 年派出的三批留学生中，第一批有 3 人选择教育学，第二批 70 名学生中，有 3 人选择教育专业，其中张彭春（张伯苓之弟）在哥伦比亚大学拿到硕士与博士学位；第三批 63 名学生中，有 1 人获得教育学硕士学位。[②]

　　1915 年前后，这批留美学教育学的知识分子陆续归国，在国内各教育机关受到重用。他们通过著书讲学，研讨传播美国教育思想，创办团体与刊物，力倡新教育运动。他们抱着"教育救国"理念，很快成为影响全国的教育家。清末至民初，"国内各高等师范学校及各地师范学校里面，教育一学程，都仿日本学校的办法，仅教授教育学、教授法、教育史及学校管理法。他们所用的教科书，也都译自日本人的著作，大抵不外乎海尔巴脱一派的学说"[③]。在美国大学尤其是哥伦比亚大学教育学院接受了教育学专业训练的教育学者，对国内教育学科的发展状态非常不满。"当时那班人也许是因看惯了美国师范学校，回来看见中国师范学校没有那样多教育科目，所以说中国师范学校程度太低，教育的空气稀薄。"这样的观感叠加第一次世界大战结束，美国所带来的"世界新潮"的刺激，再加上 1919 年杜威来华讲学，更推动这股潮流席卷教育界。"杜威来华讲学，大批留美学生归国，美国的教育正是新货上市，中国人对于外来思潮恰如对于洋货，新到的总要买点儿，因此备受欢迎。"[④]同时，他们作为一个群体的出现，确立了教育学科职业制度；反过来，他们也成为推动教育学科进入大学的有力推手，尝试在制度层

---

① 蒋梦麟：《西潮·新潮》，长沙：岳麓书社，2000 年，第 78—92 页。

② 谢喆平：《清华留美学人与中国现代教育学的滥觞：一项初步研究》，载《清华大学教育研究》，2018 年第 5 期，第 116—123 页。

③ 姜琦：《中国教育哲学底派别及今后教育哲学者应取底态度与观察点》，载《厦门大学学报》，1931 年第 1 卷第 1 期，第 3—25 页。

④ 林砺儒：《中国师范教育之检讨》，载《勷勤大学季刊》，1936 年第 1 卷第 2 期，第 26—28 页。

面寻求教育学科的突破。

教育学科制度，就其学习对象而言，经历了频繁的更动。1911 年 5 月 8 日，清政府废除军机处，发布内阁官制与任命总理、诸大臣。成员名单中过半数为清宗室与满人，被讥为"皇族内阁"。立宪派、舆论对此多感失望，认为清政府实无诚意推行宪政，乃逐渐同情、倾向革命。1911 年辛亥革命结束了中国的帝制，开启了民主共和新纪元，使共和观念深入社会中上层人士思想中。政体的变更，学制亦随之有所更易。民国成立后，教育部在蔡元培的主持下，制定了一系列改革封建教育的措施，力求使教育的发展符合民主共和精神。1912 年 9 月教育部正式公布了民国学制系统的结构框架，即壬子学制。民初学制的颁布本属仓促，教育界觉得"弱点甚多"。1915 年袁世凯北京政府曾颁行《教育纲要》及《预备学校令》，意在直接采用德国制度，1916 年 10 月随着袁世凯复辟帝制失败而撤销。民初七八年，"中国的教育，除掉民国元年公布教育宗旨，并把学制稍稍更动外，一切教育学说及其研究方法，概仍清季之旧，不外乎海尔巴脱一派的学说及其五段教授法而已"[1]。至 1918 年 11 月第一次世界大战结束，德国的军国主义教育随之失势，而美国的民治教育说大兴，成为"潮流"，"国内一般教育界大受杜威的新刺激，于是厌恶海尔巴脱的学说而采用杜威的学说了"[2]。正如此后学者所论，20 世纪前 30 年中国教育制度"就模仿之对象言，可分为日本式、德国式、美国式三时期"[3]。南京国民政府成立之后，不满教育美国化，一度又将眼光转向欧洲。中国教育学及教育学科制度，亦随着模仿对象的转换而有巨大的变动。在高等师范学校时代，北京高等师范学校教育专攻科的学术倾向指向德国，武昌高等师范学校的教育补修科及教育专修科则模仿日本高师教

---

① 姜琦:《从欧美日本的教育研究方法说到中国的教育研究方法的状况与趋势》，载《中华教育界》，1932 年第 19 卷第 12 期。

② 姜琦:《从欧美日本的教育研究方法说到中国的教育研究方法的状况与趋势》，载《中华教育界》，1932 年第 19 卷第 12 期。

③ 姚佩兰:《现代中国教育思想的派别》，载《教育学会》，1934 年第 1 期，第 40—48 页。

育科。1918 年后，顺应第一次世界大战后的"世界潮流"设置的南京高等师范学校教育专修科及北京高等师范学校的教育研究科则自"日本式""德国式"而"美国式"；1925 年之后，教育学科又随着它所捆绑的"新教育""世界潮流""美国式"一起，在新的社会矛盾与冲突中承受新的荣与辱；1929 年，南京国民政府颁发《大学组织法》与《大学规程》，在"文理法农工医七学院而外，加一教育学院"①，在制度上"教育"得以与文理法等学科并列。教育学院、教育学系数量激增的同时，争议亦同步而至，中等教育师资培养学美国还是欧洲烽烟再起。② 从 20 世纪 20 年代国家主义教育学派开始，学界一直在批评中国教育抄袭外国，强调中国的教育制度应立足于中国国情，1932 年国际联盟教育考察团考察中国教育报告书"国家教育与外来之影响"更是将这一讨论推向新的高潮。"中国新时代之知识份子，自革命以还，咸努力于依照某种舶来之思想，以改造中国之教育制度。而中国几千年以来之传统文化，则认为不合时宜。中国高度之文明，其源泉大抵已告涸竭矣。"③ 警告今后中国的教育必须保存中国固有之传统文化，而不应该欧美化。当时南京国民政府教育部长朱家骅坦言："自科举之制废，今之学校，又异于古之庠序，既无可因循，而创制甚难，摹仿则易。故清末迄于民初，学校制度皆取则日本，尝亦效法美国。晨兴而暮革，屡试而无效者，国情各异，不适故也。"④ 这在 20 世纪上半叶，形成了一个怪现象，一方面，中国教育应基于中国历史和实际成为各界公论，皆批评盲目的抄袭、模仿及外国化，另一方面却在不停地用另外一个外国化替代前一个外国，在外国化的道

---

① 教育部中国教育年鉴编审委员会编：《第一次中国教育年鉴（丙编教育概况）》，开明书店，1934 年，第 23—25 页。

② 国际联盟教育考察团著，国立编译馆译：《中国教育之改进》，国立编译馆，1932 年，第 19，126—129 页。

③ 国际联盟教育考察团著，国立编译馆译：《中国教育之改进》，国立编译馆，1932 年，第 19，14 页。

④ 国际联盟教育考察团著，国立编译馆译：《中国教育之改进》，国立编译馆，1932 年，第 19，2 页。

路上越走越远。这种现象无疑与清末十年教育学在中国形成的"传统"有关。

1901 年至 1911 年是中国现代教育学的奠基阶段，这一时期所呈现的历史问题往往先入为主地影响了其后来的发展方向。通过前四章的分析，这一时期有其鲜明的特点。现代教育学术在中国出现的机遇是作为救亡的重要一环与维护统治联系在一起。就其引进的目的来说，现代教育学是作为致用的"术"由国家引进的。教育学最直接和引进之初最急之"用"，是为师范学校培养教师之用——引进教育学教科书。再则是用日本、西方的教育改革经验，改革中国的教育实践。与"用"的目的相关，中国接收的西方教育学主要是教学理论和教学方法，而很少涉及其理论基础。并且，由于教育学的引入是由国家主导，其引入、传播与近代教育改革和教育制度的建立相始终，其间思想与制度的互动也很频繁。就引进的学术心态而言，则是西倾而自我否定的：现代教育学具有"原理""科学"的光环，而中国传统教育学术则"沉晦久矣"①，从而在"公理"的意义上引进现代学术知识，以应中国现实紧迫需要。处在知识与制度转型中的那代学人在处理中国古代教育学术传统与现代教育学的关系时，通常以两者之间相似部分来确定中国教育学术传统的价值和意义，使中国现代教育学术在文化上既隔绝于中国文化历史传统，也隔绝于西方文化历史传统。可以说，以"用"为目的、西倾的学术心态，是清末中国教育学的基本特征。这些特征如一个人儿时的胎记，并没有随着改朝换代而自动消失，深刻影响了中国教育学的发展，从而成为中国现代教育学的"传统"。

---

① 张謇：《师范学校开校演说》，见《张季子九录（三）（教育录）》，上海书店出版社，1992年，第 17 页。

附录

一、本书所涉教育学教科书目录

（一）《教育学》目录

立花铣三郎讲述，王国维译，是教育丛书（初集）中的一本，教育世界社 1901 年出版。

总论
 一 教育者何
 二 教育得以人力成就之
 三 教育之界限
 四 教育之必要
 五 教育之权利与义务
 六 教育术
 七 教育学
 八 教育学之区分
第一编 教育之精神
 总论

第一章 教育之宗旨 第一节 宗旨总论 第二节 宗旨各论

第二章 教育之方便 第一节 方便总论 第二节 方便各论（养育、训练、教授）

第三章 教育之方法 第一节 方法总论 第二节 方法各论

第二编 教育之原质

第一章 体育 第一节 体育总论 第二节 体育各论

第二章 智育 第一节 智育总论 第二节 智育各论（直觉、观念、思索）

第三章 实际教育 第一节 实际教育总论 第二节 实际教育各论

第三编 组织

总论

第一章 养育

第二章 训练

第三章 教授

（二）《教育学教科书》目录

牧濑五一郎著，王国维译，是教育丛书（二集）中的一本，教育世界社1902年出版。

总论

第一章 教育学之定义

第二章 教育之种类

第三章 教育学与他科学之关系

第四章 教育者

第五章 被教育者

本论

第一章 教育之目的

第二章　教育之方案

第一节　教育之时间

第二节　教育之场所

第三节　教育之课程

第四节　教育实行之准备

第三章　教育之实行

第一节　教授

第二节　练习

第三节　监督

第四节　试验

第四章　教育之手段

第一节　教师之编制

第二节　生徒之编制

第三节　学校之设备

结论

（三）《教育原理》目录

湖北游学日本师范生编纂，是"师范讲义"中的一本，1903 年出版（原书无出版者信息）。

教育之必要

教育之理论与实际

普通教育与职业教育之区别及其关系

学校之系统

普通教育宜合不宜分之故

就学年限

男女合教分教之得失

初等教育补习之要

教育之方便

教授之目的

教科之采择

教科之排列

教科材料之选择

教授材料之结合

教科书之编纂

教授时间之审定

教授之方法

心理上之要件

训练之意义

训练之目的

训练与教授之关系

训练上家庭及学校之价值

训练上家庭及学校之关系

训练上之特性

训练上寄宿舍之价值

训练上游戏及作业之价值

良心之起源并其发达

发达良心之方法及秩序

命令

赏

罚

教育之性格

教育历史之必要

教育学与他科学之关系

（四）《垤氏实践教育学》目录

（奥地利）垤斯弗勒特力撰，（日本）藤代祯辅译，（日本）中岛端重译，北京大学堂官书局 1903 年出版。

第一篇 体育

绪论

第一章 概论

第二章 论体育之枢要

第三章 论体育之工夫

第一论 荣体

第四章 论荣养之目的

第五章 论婴儿之荣养

第六章 论幼儿之荣养

第七章 论荣养之方法

第二论 呼吸及皮肤之保养

第八章 论生理上之关系

第九章 论呼吸作用之保养

第十章 论皮肤之保养

第三论 运动及休息

第十一章 论运动之性质及其种类

第十二章 论休息及无意运动

第十三章 论有意运动及其影响

第十四章 论有意运动之教导（即体操）

第十五章 论运动之通则 附眠睡

第四论 神经及觉官之动作

第十六章 论神经及觉官生活之重要 附骨相学

第十七章 论身心教育之原则

第十八章 论觉官之保养

第五论 疾病

第十九章 论普通之小儿病

第二十章 论情欲上变异状态

第二篇 论精神生活之通观

第二十一章 论精神发达及身体发达之关系

第二十二章 论发达领受及其再生与制造之阶级

第二十三章 论结像发达（印像）及其发达方向

第二十四章 论心像之结合及感情

第二十五章 论精神之发达由普通及特殊赋性而规定其范围

第三篇 智育

第一论 教育上考察

第二十六章 论智育之价值及其本质

第二十七章 论基本关系之直观性及其自动

第二十八章 论觉官之重要

第二十九章 论修养及子弟自动之关系游戏附

第三十章 论认识及言语之根本之修养

第三十一章 论家庭之智性修养

第二论 普通教育法

第三十二章 论教授之连结点及其终极点

第三十三章 论教授上第一问题直观思考及谈话之练习

第三十四章 论基础之定确

第三十五章 论记忆追怀想象力

第三十六章 续论记忆之修成及记忆术

第六十章 论德育之问题及其评价

第六十一章 论主则

第六十二章 论道义之价值及其构成

第二论 趋向之准备

第六十三章 论发育生活及下等觉官生活之趋向

第六十四章 论反求自善之趋向

第六十五章 论名誉心之养成

第六十六章 论豫防我见

第六十七章 论养成爱敬之心

第六十八章 论妒忌之豫防

第三论 意志行为之指导

第六十九章 论意志之本质

第七十章 论意志修养之主则

第七十一章 论行为之诱掖

第七十二章 论欺谩窃盗失行之豫防

第七十三章 论顺从之育成及专横执拗

第七十四章 论赏罚

第七十五章 论伦理之训诲

第六篇 教育通论

第七十六章 论教育之本旨

第七十七章 论教育手段

第七十八章 论教育方法

第七十九章 论子弟及其种类

第八十章 论教育者及其教育所

（五）《教育学原理》目录

季新益著，（日本）教科书辑译社，1903 年出版。

序论

　　教育学于科学中之位置

本论（一）教育概论

　　一、教育之定义

　　二、教育之目的及其内容

　　三、人之所以当受教育

　　四、教育之效力

　　五、教育方法之分类

本论（二）教育各论

　　一、育化篇（一名体育篇）

　　人身与他动物之比较——生理作用之通例——游戏及体操之效益——学校卫生——教育的病理学（The Pedagogical Pathology）——情欲的教育学（The Sexual Pedagogical）

　　二、教化篇（一名智育篇）

　　思想一般之性质——思想发达之通例——教授原理——教授之形式——教科之种类——教科之统一

　　三、感化篇（一名情育篇）

　　情之性质——情育之教科——情育之方法

　　四、训化篇（一名德育篇）

　　意志之性质——训练意志之通例——罚体之利害——训练意志之次序——自治之品性

本论（三）教育之形式

　　一、学校教育与社会教育

二、学校教育与家庭教育

幼稚园——小学校——中学校——高等学校——大学校——师范学校余论

教育学与教育术

（六）《教育学讲义》目录

直隶留学日本速成师范生编纂，直隶学务处发行，1904 年出版。

目的论

教育确立目的之必要

通俗的见解

历史上的诸说：国家主义 宗教主义 尚武主义 人道主义 实科主义 自然主义 实利主义 道德主义 审美主义 社会主义

伦理学上诸说：个人的快乐说 公众的快乐说 进化的快乐说 禁欲说 制欲说 个人的实现说 社会的实现说

方法论

养护

教授论

（教授目的）实质的 形式的

教科之选择

教科之排列

教材之选择

教材之结合

教授细目

教授周录

教授时间

教授之方法

（七）《教育学》目录

秦毓钧编辑，（师范用）教育学，中国图书公司发行，1908年出版。

第一编 绪论

第一章 教育之意义

第二章 教育之目的

第三章 教育之时期

第四章 教育之基础

第二编 学校教育

第一章 学校论

第二章 小学校教育之要旨

第三章 普及主义

第四章 补助之机关

第三编 养育

第一章 养育论

第二章 养育之作用

第三章 人体构造及其生活之机关

第四章 营养

第五章 呼吸

第六章 皮肤

第七章 运动休息及睡眠

第八章 神经组织及觉官

第九章 学校之卫生

第十章 儿童之卫生

第四编 教授

第一章 教授论

第二章 教授之材料

第三章 教材之排列

第四章 教材之结合

第五章 教授之阶段

第六章 教授之形式

第七章 问答之要则

第八章 成绩考查法

第五编 训练

第一章 训练论

第二章 训练之任务

第三章 训练之主义

第四章 训练之要则

第五章 训练之效果

第六章 学校训练与家庭社会之关系

第六编 管理

第一章 管理论

第二章 管理之目的

第三章 学校之统治

第四章 儿童之统治

第五章 余论

（八）《教育学教科书》目录

宏文学院编辑部，东京高等师范学校教授波多野贞之助讲述，东京东亚公司发兑，1907 年出版。

叙论

一 教育学本质及其发展大要

二 教育学与他科学之关系

三 教育之意义

四 教育之能力必要限界

五 教育之理论与实际

六 教育之术

七 教育学之区分

本论

第一编 教育之目的论

第一章 关于教育之目的之诸说

一 国家的政治的教育主义

二 宗教的教育主义

三 人道主义

四 实科主义

五 审美主义

六 道德主义

七 功利主义

八 社会的国家的教育主义

第二章 教育之目的之理论的决定

第二编 教育方法论

第一章 养护论

第二章 教授论

第一节 教授之目的

第二节 教授案

一 教科之选择

二 教科排列及其顺序

三 教授材料之选择

四 教授材料之结合

第三节 处理教授材料之方法

一 教授之顺序

二 教授之形式

三 教授之方法

四 实地教授上之注意

第三章 训练论

第一节 训练之意义及其任务

第二节 训练与养护及教授之关系

第三节 训练与个性

第四节 训练之方法

一 家庭之生活

二 学校生活附寄宿舍生活

三 社会之生活

四 游戏及作业于训练上价值

五 良心之感发与命令

六 惩罚及褒赏

七 教育者之人格

（九）《教育学》目录

（奥地利）林笃奈尔原著，（日本）汤原元一译补，中国陈清震重译，京师第一私立中等商业学堂总发行，1907 年出版。

绪论

教育之原理

第一章 教育之必要

第二章 教育上必要之条件及教育之意义

第三章 生徒之陶冶性及其特禀

第四章 补助的教育力

第五章 教育之制限及其必要

第六章 教育之继续期及其区分

第七章 教育学及其源泉并补助学

第八章 教育学所研究之纲目

本论

体育论

第九章 体育之必要及其基础

第一篇 人体之构造及其装置

第十章 运动系统

第十一章 消化系统

第十二章 脉管系统

第十三章 呼吸系统及皮肤

第十四章 神经系统附脑及脊髓

第二篇 人体之养护及其发育

第十五章 生活上之原则

甲 普同之生活法

乙 特别之生活法

子 关于养护之卫生

第十七章 关于呼吸及皮肤循环及神经作用之卫生

第十八章 关于特别禁戒之卫生

丑 关于发育之卫生

第十九章 关于养成身体之卫生

第二十章 结论

心育论

第一项 心意之发达

第一篇 直观期

第二十一章 意识及自识

第二十二章 表象之起原

第二十三章 直观

第二十四章 儿童之心情及其心情之养成

第二十五章 言语及儿童之自然发达

第二篇 学校期

第二十六章 意识中表象之复现

第二十七章 表象顺列

第二十八章 注意

第二十九章 记忆

第三十章 想像

第三十一章 儿童期之特征

第三篇 思辨期

第三十二章 思辨及行为之初步

第三十三章 兴味及德感之养成

第三十四章 新表象之类化

第三十五章 陶冶品性

第二项 教育之目的

第三十六章 教育之目的

第三十七章 论诚意

第三十八章 论完全

第三十九章 论好意

第四十章 论尊法

第四十一章 论报偿

第四十二章 道德的品性

第六十四章 教授总论

第六十五章 兴味之多方

三 训练

第六十六章 训练总论

第六十七章 交际

第六十八章 直接之品性陶冶及客观的品性

第六十九章 自修及主观的品性

第四项 教育之形式

第七十章 教育之形式

第七十一章 个人教育及众人教育

第一篇 家庭教育

第七十二章 家庭教育

第七十三章 家之教育力

第七十四章 幼稚园

第二篇 学校教育

第七十五章 学校之生活界

第七十六章 学校教育

第七十七章 学规

第七十八章 教员之盛权

第七十九章 同学之感化

第八十章 学校生活

第八十一章 学校及家庭

第三篇 特别教育

第八十二章 特别教育所

一 聋哑教育

第八十三章 聋哑教育及德法二派之聋哑学校

第八十四章 音语及貌语

第八十五章 聋哑教授

二 盲人教育

第八十六章 盲人之精神的生活

第八十七章 盲人教授

（十）《新编教育学讲义》目录

（北洋师范学堂正教习，早稻田大学讲师）中岛半次郎讲述，（北洋师范学堂副教习）韩定生翻译，东京合资会社富山房发行，1911 年出版。

总论

第一章 教育之起源

第二章 教育之定义

第三章 教育研究之缘起

第四章 教育学所当研究之事项

第五章 教育学与他科学之关系

第六章 教育研究之必要

本论

第一篇 儿童之性质

第一章 儿童初生之状态

第二章 儿童之性

第三章 儿童身体之发达

第四章 儿童精神之发达

第五章 儿童发达各时期之特性

第六章 儿童个性

第七章 儿童之发达与自然的境遇之关系

第八章 儿童之发达与社会的境遇之关系

第九章 教育之可能及必要

第十章 教育之效力

第二篇 教育之目的

第一章 教育之目的基于儿童之性质

第二章 古来已行教育之目的

第三章 关于教育之目的之诸学说

第四章 完全教育之目的

第五章 教育之目的与职业之关系

第六章 教育之目的与国家之关系

第七章 教育之目的与时势之关系

第八章 教育之目的与社会阶级之关系

第九章 教育之目的与个性之关系

第十章 教育之目的与男女性之关系

第三篇 教育之方法

第一章 教育方法之种类

第二章 教育方法之原则

第三章 管理

第一节 校地

第二节 校舍

第三节 校具

第四节 就学

第五节 生徒定员

第六节 学级编制

第七节 教员之担任

第八节 学堂规则

第九节 学堂与家庭之连络

第十节 学堂长之职务

第十节 教授之法式

第十一节 教授草案

第十二节 教科书

第十三节 教授用具之利用

第十四节 考试

第十五节 修身科教授法

第十六节 读经讲经科教授法

第十七节 中国文学科教授法

第十八节 算学科教授法

第十九节 历史科教授法

第二十节 地理科教授法

第廿一节 物理及化学教授法

第廿二节 博物科教授法

第廿三节 图画科教授法

第廿四节 手工科教授法

第廿五节 体操科教授法

第廿六节 唱歌科教授法

第廿七节 农业及商业科教授法

第廿八节 外国语科教授法

第廿九节 法制及理财科教授法

第六章 训练

第一节 训练之心理的基础

第二节 训练之社会的基础

第三节 道德之教训

第四节 道德之示例

第五节 道德之感动

第六节 游戏及作业

第六章 教育科教授法

其四 各科教授法

第七章 教育科教育法

其五 教育法令及学校管理法

第八章 教育科教授法

其六 实地授业

第九章 他学科教授法

第十章 教授草案例

（十一）《教育学讲义》目录

长尾槙太郎述，蒋维乔译，师范讲习社师范讲义的一种，商务印书馆出版。

通论

　　教育学界说

　　教育之意义及本质

　　教育可能乎抑不可能乎

　　教育之界限

　　教育学之价值及研究方法

第一编 教育之目的及主义

　　教育之目的

　　教育之主义

第二编 教师之责任及义务

　　教师之人格

　　教师修养之一

　　教师修养之二

第三编 正当之教育法

兴趣

智识

二、教育丛书初集目录

内外教育小史	原亮三郎编	沈纮译
国民教育资料	峰三三郎著	沈纮译
教育学	立花铣三郎讲述	王国维译
教授学	汤本武比古著	
学校管理法	田中敬一著	周家树译
学校卫生学	日本医学士三岛通良著	汪有龄译
算学条目及教授法	藤泽利喜太郎著	王国维译
法国乡学章程	侯官郑守箴译	
十九世纪教育史	熊谷五郎著	
福泽渝吉传	奥村信太郎编	汪有龄译
日本文部省沿革略		

三、教育丛书二集目录

教育学教科书	牧濑五一郎著	王国维译
家庭教育法	利根川与作著	沈纮译
简便国民教育法	清水直义著	沈纮译

社会教育法　　　　　佐藤善治郎　　　　　沈纮译

实业教育　　　[英]雯理普麦古那著　[日]一户清方、上冈市太郎译

女子教育论　　　　　永江正直著　　　　钱单士厘译述

心理的教授原则　　　衫山富槌编述

小学教授法　　　　　东基吉著　　　　　沈纮译

理科教授法　　　　　矢泽米三郎著

教授法沿革史　　　　大濑甚太郎、中川延治合著

欧美教育观　　　　　日本育成会编　　　　沈纮译

日本近世教育概览

孔门之德育　　　　　亘理章三郎著

读书法　　　　　　　译柳政太郎著

二十世纪之家庭　　　古川花子著　　　　天谷九桥译

主要参考文献

一、历史文献

（一）教育学、教育史相关著作

[1] 史本守. 肄业要览 [M]. 颜永京，译. 上海：上海格致书室，1882.

[2] 袁俊德辑. 富强斋丛书续全集 [G]，小仓山房石印，1901.

[3] 东山主人. 各国政治艺学分类全书 [G]. 上海：鸿宝书局石印，1902.

[4] 教育世界社. 教育丛书初集（十种）[G]. 上海：教育世界社，1901.

[5] 湖北教育部. 师范讲义 [M]. 昌明公司，1901.

[6] 教育世界社. 教育丛书二集（十五种）[G]. 上海：教育世界社，1902.

[7] 湖北游学日本师范生. 师范讲义 [M]. 东京：1903.（原书无出版者信息）

[8] 查勒士德葛而毛. 费尔巴尔图派之教育（三卷）[M]. 中岛端，译. 上海：教育世界社，1903.

[9] 垤斯弗勒特力. 垤氏实践教育学 [M]. 中岛端，译. 北京：北京大学堂官书局，1903.

[10] 季新益. 教育学原理 [M]. 教科书辑译社，1903.（教科书辑译社在日本，但哪个城市未明）

[11] 槇山荣次. 教育统论 [M]. 陆鋆，译. 保定：直隶学校司编译局，1903.

[12] 直隶留学日本速成师范生. 教育学讲义 [M]. 保定：直隶学务处，1904.

[13] 小泉又一. 教育学教科书 [M]. 周焕文等，译. 天津：天津官书局发行，1904.

[14] 缪文功. 最新教育学教科书 [M]. 上海：上海文明书局，1906.

[15] 四川师范生. 师范讲义（教育学）[M]. 四川教育会发行，1906.

[16] 大濑甚太郎. 新编教育学教科书 [M]. 闵孨、刘本枢，译. 日本印刷，1906.

[17] 波多野贞之助述. 教育学教科书 [M]. 东京东亚公司发兑，1907.

[18] 林笃奈尔.教育学 [M].汤原元一，译补.陈清震，重译，北京：京师第一私立中等商业学堂总发行，1907.

[19] 秦毓钧.教育学 [M].上海：中国图书公司，1908.

[20] 长尾槙太郎.教育学讲义 [M].蒋维乔，译.出版地不详，清末.

 [21] 中岛半次郎.新编教育学讲义 [M].韩定生，译.东京：东京合资会社富山房发行，1911.

[22] 王凤岐.单级教授讲义：教育学 [M].上海：商务印书馆.（出版年不详）

[23] 余寄.教育学要览 [M].上海：商务印书馆，1917.

[24] 杨保恒，周维城，沈恩孚.单级教授法 [M].上海：中国图书公司，1911.

[25] 蒋维乔.教育学讲义 [M].上海：商务印书馆，1912.

[26] 张子和.大教育学 [M].上海：商务印书馆，1913.

[27] 刘以钟.新制教育学 [M].上海：中华书局，1914.

[28] 宋嘉钊，张沂.教育学教科书 [M].上海：中华书局，1914.

[29] 周维城，林壬.实用教育学讲义 [M].上海：中华书局，1919.

[30] 张毓骢.师范学校新教科书教育学 [M].上海：商务印书馆，1914.

[31] 宋嘉钊.中华教育学教科书 [M].上海：中华书局，1915.

[32] 吉田雄次.新教育学 [M].蒋维乔，译.上海：商务印书馆，1918.

[33] 赫尔巴特.普通教育学 [M].尚仲衣，译.上海：商务印书馆，1936.

[34] 吴俊升.德育原理 [M].上海：商务印书馆，1948.

[35] 森有礼.文学兴国策 [M].上海：上海书店出版社，2002.

[36] 斯宾塞.斯宾塞教育论著选 [M].胡毅、王承绪，译.北京：人民教育出版社，2005.

[37] 王国维.教育学 [M].福州：福建教育出版社，2008.

[38] 原亮三郎.内外教育小史 [M].沈纮，译.上海：教育世界社，1901.

[39] 张竞良.新编万国教育通史 [M].上海：老上海老巡捕房东首惠福里明权社总发行，1903.

[40] 商务印书馆编译所.教育史 [M].上海：商务印书馆，1905.

[41] 韦以黻.教育史 [M].上海：中国图书公司，1907.

[42] 杨游.教育史 [M].上海：商务印书馆，1914.

[43] 张华 . 新体教育史讲义 [M]. 上海：商务印书馆，1918.

[44] 陈宝泉 . 中国近代学制变迁史 [M]. 北京：文化学社印行，1927.

[45] 大濑甚太郎 . 欧美教育史 [M]. 刘亮，译 . 上海：民智书局，1930.

[46] 陈翊林 . 最近三十年中国教育史 [M]. 上海：太平洋书店印行，1930.

[47] 国际联盟教育考察团 . 中国教育之改进 [M]. 国立编译馆，译 . 南京：国立编译馆，
     1932.

（二）资料汇编及工具书

[1] 教育部中国教育年鉴编审委员会 . 第一次中国教育年鉴 [M]. 上海：开明书店，1934.

[2] 丁致聘 . 中国近七十年来教育记事 [M]. 上海：国立编译馆，1935.

[3] 王铁崖 . 中外旧约章汇编（1）[M]. 北京：生活·读书·新知三联书店，1957.

[4] 舒新城 . 中国近代教育史资料（三册）[M]. 北京：人民教育出版社，1962.

[5] 上海图书馆编 . 中国近代期刊篇目汇录（共三卷）[M]. 上海：上海人民出版社，1965–
     1982.

[6] 多贺秋五郎编 . 近代中国教育史资料（清末编）[M]. 台北：文海出版社，1976.

[7] 中国第一历史档案馆 . 义和团档案史料 [M]. 北京：中华书局，1979.

[8] 朱有瓛，高时良：中国近代学制史料（共四辑）[M]. 上海：华东师范大学出版社，
     1983–1993.

[9] 陈学恂 . 中国近代教育史教学参考资料（三册）[M]. 北京：人民教育出版社，1986–
     1987.

[10] 李楚材 . 帝国主义侵华教育史资料：教会教育 [M]. 北京：教育科学出版社，1987.

[11] 陈元晖等 . 中国近代教育史资料汇编之鸦片战争时期的教育 [M]. 上海：上海教育出
     版社，1990.

[12] 陈元晖等 . 中国近代教育史资料汇编之教育行政机构及教育团体 [M]. 上海：上海教
     育出版社，1993.

[13] 陈元晖等 . 中国近代教育史资料汇编之学制演变 [M]. 上海：上海教育出版社，1991.

[14] 陈元晖等 . 中国近代教育史资料汇编之留学教育 [M]. 上海：上海教育出版社，1991.

[15] 陈元晖等 . 中国近代教育史资料汇编之戊戌时期的教育 [M]. 上海：上海教育出版社，
　　　1993.

[16] 北京大学校史研究室 . 北京大学史料第一卷（1898-1911）[M]. 北京：北京大学出版
　　　社，1993.

[17] 陈元晖等 . 中国近代教育史资料汇编之实业教育、师范教育 [M]. 上海：上海教育出
　　　版社，1994.

[18] 王倘等 . 中国教育辞典 [M]. 上海：中华书局，1928.

[19] 唐钺等 . 教育大辞书 [M]. 上海：商务印书馆，1935.

[20] 郭存孝 . 清末民初职官名录 [M]. 北京：中华书局，2012.

（三）文集、日记、笔记、回忆录

[1] 罗振玉 . 集蓼编甲集 [M].1941.

[2] 陈宝泉 . 退思斋诗文存 [M]. 台北：文海出版社，1966.

[3] 王树楠 . 张文襄公全集 [M]. 台北：文海出版社，1970.

[4] 胡钧 . 清张文襄公之洞年谱 [M]. 台北：台湾商务印书股份有限公司，1978.

[5] 甘孺 . 永丰乡人行年录：罗振玉年谱 [M]. 南京：江苏人民出版社，1980.

[6] 顾廷龙 . 艺风堂友朋书札 [M]. 上海：上海古籍出版社，1980-1981.

[7] 王栻 . 严复集（5 册）[M]. 北京：中华书局，1986.

[8] 罗继祖 . 庭闻忆略：回忆祖父罗振玉的一生 [M]. 长春：吉林文史出版社，1987.

[9] 夏东元 . 郑观应集 [M]. 上海：上海人民出版社，1988.

[10] 梁启超 . 饮冰室合集 [M]. 北京：中华书局，1989.

[11] 汪康年 . 汪康年师友书札（4 辑）[M]，上海：上海古籍出版社，1986-1989.

[12] 张宪文 . 孙诒让遗文辑存 [M]. 杭州：浙江人民出版社，1989.

[13] 严修 . 严修先生年谱 [M]. 严仁曾，增编 . 济南：齐鲁书社，1990.

[14] 徐寿凯，施培毅 . 吴汝纶尺牍 [M]. 合肥：黄山书社，1990.

[15] 陈鸿祥 . 王国维年谱 [M]. 济南：齐鲁书社，1991.

[16] 严修 . 严修东游日记 [M]. 武安隆，刘玉敏，点注 . 天津：天津人民出版社，1995.

[17] 袁英光，刘寅生 . 王国维年谱长编 [M]. 天津：天津人民出版社，1996.

[18] 金梁 . 光宣小记 [M]. 上海：上海书店出版社，1997.

[19] 姚淦铭，王燕 . 王国维文集（三）[M]. 北京：中国文史出版社，1997.

[20] 张一麐 . 古红梅阁笔记 [M]. 上海：上海书店出版社，1998.

[21] 俞天舒 . 黄绍箕集（瑞安文史资料 第十七辑）[M]. 瑞安：政协瑞安市文史资料委员会，1998.

[22] 吕顺长编著：教育考察记（晚清中国人日本考察记集成）[G] . 杭州：杭州大学出版社，1999.

赫尔巴特赫尔巴特文集 [M]. 李其龙，译 . 杭州：浙江教育出版社，2002.

[23] 孙应祥 . 严复年谱 [M]. 福州：福建人民出版社，2003.

[24] 皮后锋 .《严复集》补编 [M]. 福州：福建人民出版社，2004.

[25] 张謇 . 张季子九录（三）（教育录）[M]. 上海：上海书店出版社（教育丛书第三编 96）.

[26] 陈黻宸 . 陈黻宸集 [M]. 北京：中华书局，2005.

[27] 康有为 . 康有为全集 [M]. 北京：中国人民大学出版社，2007.

[28] 范源廉 . 范源廉集 [M]. 长沙：湖南教育出版社，2010.

[29] 柳诒徵 . 柳诒徵自述 [M]. 合肥：安徽文艺出版社，2013.

[30] 谢作拳 . 黄绍箕集 [M]. 北京：中华书局，2018.

（四）报刊

[1] 万国公报（1874-1883）（1889-1907）

[2][北京] 万国公报（1895）

[3] 时务报（1896-1898）

[4] 湘学新报 . 湘学报（1897-1898）

[5] 教育世界（1901-1908）

[6][天津] 大公报（1902-1912）（人民出版社 1982 年影印本）

[7] 学部官报（1906-1911）（台湾"故宫博物院"1980 年影印本）

[8] 教育杂志（1909-1918）

[9] 新世界学报（1902）

[10] 政艺通报（1903）

二、研究专著

（一）中文著作

[1] 周谷平 . 近代西方教育理论在中国的传播 [M]. 广州：广东教育出版社，1996.

[2] 陈桂生 . 历史的"教育学现象"透视：近代教育学史探索 [M]. 北京：人民教育出版社，
1998.

[3] 瞿葆奎 . 教育基本理论之研究：1978-1995[M]. 福州：福建教育出版社，1998.

[4] 金林祥 .20 世纪中国教育学科的发展与反思 [M]. 上海：上海教育出版社：上海世纪出
版集团，2000.

[5] 王坤庆 .20 世纪西方教育学科的发展与反思 [M]. 上海：上海教育出版社：上海世纪出
版集团，2000.

[6] 王坤庆 . 教育学史论纲 [M]. 武汉：湖北教育出版社，2000.

[7] 陈元晖等 . 中国教育学史遗稿 [M]. 北京：北京师范大学出版社，2001.

[8] 郑金洲，瞿葆奎 . 中国教育学百年 [M]. 北京：教育科学出版社，2002.

[9] 唐莹 . 元教育学：西方教育学认识论剪影 [M]. 北京：人民教育出版社，2002.

[10] 陈桂生 . 中国教育学问题 [M]. 福州：福建教育出版社，2007.

[11] 侯怀银 . 中国教育学发展问题研究——以 20 世纪上半叶为中心 [M]. 太原：山西教育
出版社，2008.

[12] 詹栋梁 . 赫尔巴特教育思想之研究 [M]. 台北：水牛出版社，1979.

[13] 麻生诚，天野郁夫 . 教育与日本现代化 [M]. 刘付忱，译 . 北京：人民教育出版社，
1980.

[14] 日本国立教育研究所 . 日本教育的现代化 [M]. 张渭城，译 . 北京：教育科学出版社，
1980.

[15] 北京师范大学校史编写组 . 北京师范大学校史（1902-1982）[M]. 北京：北京师范大
学出版社，1982.

[16] 苏云峰 . 张之洞与湖北教育改革 [M]. 台北："中央研究院"近代史研究所，1983.

[17] 实藤惠秀 . 中国人留学日本史 [M]. 谭汝谦，林启彦，译 . 北京：生活·读书·新知三

联书店，1983.

[18] 费正清.剑桥中国晚清史（1800-1911）下卷 [M].中国社会科学院历史研究所编译室，译.北京：中国社会科学出版社，1985.

[19] 威廉·博伊德，埃德蒙·金.西方教育史 [M].任室祥，译.北京：人民教育出版社，1985.

[20] 鲍尔生.德国教育史 [M].藤大春，译.北京：人民教育出版社，1986.

[21] 筑波大学教育学研究会.现代教育学基础 [M].上海：上海教育出版社，1986.

[22] 汪向荣.日本教习 [M].北京：生活·读书·新知三联书店，1988.

[23] 李新.中华民国史 (1、2) [M].北京：中华书局，1988.

[24] 罗兹曼.中国的现代化 [M].南京：江苏人民出版社，1988.

[25] 瞿葆奎.教育学文集（26 辑）[G].北京：人民教育出版社，1989-1996.

[26] 藤大春.外国教育通史（6 卷）[M].济南：山东教育出版社，1989.

[27] 许美德，巴斯蒂.中外比较教育史 [M].上海：上海人民出版社，1990.

[28] 陈旭麓.近代中国社会的新陈代谢 [M].上海：上海人民出版社，1992.

[29] 张岂之，陈国庆.近代伦理思想的变迁 [M].北京：中华书局，1993.

[30] 王桂等.中日教育关系史 [M].济南：山东教育出版社，1993.

[31] 孙培青，李国钧.中国教育思想史（第三卷）[M].上海：华东师范大学出版社，1995.

[32] 田正平.留学生与中国教育近代化 [M].广州：广东教育出版社，1996.

[33] 王建军.中国近代教科书发展研究 [M].广州：广东教育出版社，1996.

[34] 董宝良.从湖北看中国教育近代化 [M].广州：广东教育出版社，1996.

[35] 陈桂生."教育学视界"辨析 [M].上海：华东师范大学出版社，1997.

[36] 郑师渠.晚清国粹派 [M].北京：北京师范大学出版社，1997.

[37] 郝平.北京大学创办史实考源 [M].北京：北京大学出版社，1998.

[38] 陈桂生.历史的"教育学现象"透视——近代教育学史探索 [M].北京：人民教育出版社，1998.

[39] 关晓红.晚清学部研究 [M].广州：广东教育出版社，2000.

[40] 谢俊美.政治制度与近代中国 [M].上海：上海人民出版社，2000.

[41] 王坤庆 . 20 世纪西方教育学科的发展与反思 [M]. 上海：上海教育出版社：上海世纪出版集团，2000.

[42] 吕顺长 . 清末浙江与日本 [M]. 上海：上海古籍出版社，2001.

[43] 浙江大学日本文化研究所编 . 中日关系史论考 [M]. 北京：中华书局，2001.

[44] 赵宝琪，张凤民 . 天津教育史（下）[M]. 天津：天津人民出版社，2002.

[45] 汪荣祖 . 从传统中求变——晚清思想史研究 [M]. 南昌：百花洲文艺出版社，2002.

[46] 费正清 . 中国：传统与变迁 [M]. 北京：世界知识出版社，2002.

[47] 陈科美 . 上海近代教育史 (1843-1949)[M]. 上海：上海教育出版社，2003.

[48] 熊贤君 . 湖北教育史（下）[M]. 武汉：湖北教育出版社，2003.

[49] 王尔敏 . 中国近代思想史论 [M]. 北京：社会科学文献出版社，2003.

[50] 李细珠 . 张之洞与清末新政研究 [M]. 上海：上海书店出版社，2003.

[51] 田正平 . 中外教育交流史 [M]. 广州：广东教育出版社，2004.

[52] 瞿葆奎 . 教育学的探究 [M]. 北京：人民教育出版社，2004.

[53] 左玉河 . 从四部之学到七科之学——学术分科与近代中国知识系统之创建 [M]. 上海：上海书店出版社，2004.

[54] 梁启超 . 清代学术概论 [M]. 夏晓虹，点校 . 北京：中国人民大学出版社，2004.

[55] 王尔敏 . 中国近代思想史论续集 [M]. 北京：社会科学文献出版社，2005.

[56] 王尔敏 . 晚清政治思想史论 [M]. 桂林：广西师范大学出版社，2005.

[57] 孙宏云 . 中国现代政治学的展开：清华政治学系的早期发展（1926-1937）[M]. 北京：生活·读书·新知三联书店，2005.

[58] 石中英 . 教育学的文化性格 [M]. 太原：山西教育出版社，2005.

[59] 王铭铭 . 西学"中国化"的历史困境 [M]. 桂林：广西师大出版社，2005.

[60] 姚纯安 . 社会学在近代中国的进程（1895-1919）[M]. 北京：生活·读书·新知三联书店，2006.

[61] 任达 . 新政革命与日本：中国，1898-1912[M]. 李仲贤，译 . 南京：江苏人民出版社，2006.

[62] 埃伦·康德利夫·拉格曼 . 一门捉摸不定的科学：困扰不断的教育研究的历史 [M]. 北京：教育科学出版社，2006.

[63] 李喜所.中国留学史论稿 [M].北京：中华书局，2007.

[64] 雷通群.西洋教育通史 [M].北京：东方出版社，2007.

[65] 朱宗震.大视野下清末民初变革 [M].北京：新华出版社，2009.

[66] 沈国威.近代中日词汇交流研究：汉字新词的创制、容受与交流 [M].北京：中华书局，2010.

[67] 叶志坚.中国近代教育学原理的知识演进——以文本为线索 [M].杭州：浙江大学出版社，2012.

[68] 左松涛.近代中国的私塾与学堂之争 [M].北京：生活·读书·新知三联书店，2017.

[69] 侯宜杰.二十世纪初中国政治改革风潮 [M].沈阳：辽宁人民出版社，2019.

[69] 沈国威.一名之立 旬月踟蹰 [M].北京：社会科学文献出版社，2019.

[70] 沈国威.新语往还 [M].北京：社会科学文献出版社，2020.

（二）外文著作

[1] Alice H.Cregg. China and Education Autonomy:The Changing Role of the Protestant Education Missionary in China，1807-1937[M].New York：Syracuse University Press，1946.

[2] Ayers William.Chang Chih-tung and Education Reform in China[M]. Cambridge：Harvard University Press，1971.

[3] Paul J. Bailey. Reform the people：Changing Attitudes Towards Popular Education in Early Twentieth-century China[M].Vancouver：University of British Columbia Press，1990.

[4] 阿部洋.日中教育文化交流と摩擦：前日本の在华教育事业 [M].东京：第一书房，1983.

[5] 阿部洋.中国近代学校史研究——清末における近代学校制度の成立过程 [M].东京：福村出版，1993.

三、论文

（一）学位论文

[1] 侯怀银.20 世纪上半叶中国教育学发展问题的反思 [D].上海：华东师范大学，2001.

[2] 章小谦.传承与嫁接：中国教育基本概念从传统到现代的转换 [D].上海：华东师范大学，2004.

[3] 孙青.晚清之"西政"东渐及本土回应——中国现代"政治学"形成的前史研究 [D].上海：复旦大学，2005.

[4] 胡宗仁.变迁社会中的晚清教育 [D].南京：南京师范大学，2007.

[5] 张小丽.赫尔巴特教育学在中国的早期传播（1901-1904）[D].北京：北京师范大学，2007.

[6] 戴长征.清季的江苏教育会（1905-1911）[D].上海：华东师范大学，2007.

（二）期刊论文

[1] 叶澜.关于加强教育科学"自我意识"的思考 [J].华东师范大学学报（教育科学版），1987（3）.

[2] 陈桂生.教育学的迷惘与迷惘的教育学——建国以后教育学发展道路侧面剪影 [J].华东师范大学学报（教育科学版），1989（3）.

[3] 周谷平.近代西方教育学在中国的传播及其影响 [J].华东师范大学学报（教育科学版），1991（3）.

[4] 王坤庆.论教育学史研究的基本问题 [J].教师教育研究，1991（6）.

[5] 吴钢.论教育学的终结 [J].教育研究，1995（7）.

[6] 吕顺长.清末浙江籍早期留日学生之译书活动 [J].杭州大学学报，1996（6）.

[7] 萧功秦.从科举制度的废除看近代以来的文化断裂 [J].战略与管理，1996（4）.

[8] 郑金洲.教育学终结了吗？——与吴钢的对话 [J].教育研究，1996（3）.

[9] 黄向阳.教育知识学科称谓的演变：从"教学论"到"教理学" [J].华东师范大学学报（教科版），1996（4）.

[10] 中国第一历史档案馆.宣统二年归国留学生史料 [J].历史档案，1997（2）.

[11] 瞿葆奎.中国教育学百年（上）[J].教育研究，1998（12）.

[12] 黄济.20 世纪中国教育学科的发展 [J].北京师范大学学报（社会科学版），2000（1）.

[13] 侯怀银.20 世纪上半叶教育学在中国引进的回顾与反思 [J].教育研究，2001，(12).

[14] 肖朗.异源同流 殊途同归——严复与王国维导入西方教育思想的比较研究 [J].华东

师范大学学报（教育科学版），2001（4）.

[15] 叶澜.世纪初中国教育理论发展的断想 [J].华东师范大学学报（教育科学版），2001（1）.

[16] 肖朗.康德与中国近代教育思想 [J].浙江大学学报（人文社会科学版），2003（10）.

[17] 黄兴涛.近代中国新名词的思想史意义发微——兼谈对于"一般思想史"之认识 [J].开放时代，2003（4）.

[18] 叶澜.中国教育学发展世纪问题的审视 [J].教育研究，2004(7).

[19] 肖朗，叶志坚.王国维与赫尔巴特教育学说的导入 [J].华东师范大学学报（教育科学版），2004（4）.

[20] 肖朗.晚清传教士对西方教育的论述与中国教育早期现代化 [J].华南师范大学学报（社会科学版），2005，（03）.

[21] 于述胜等.从教育学史到教育学术史 [J].教育研究，2005（12）.

[22] 肖朗.《童幼教育》与明清之际西方儿童教育思想的导入 [J].浙江大学学报（人文社会科学版），2005（5）.

[23] 瞿葆奎，郑金州.中国教育学科的百年求索 [J].教育学报，2006（2）.

[24] 吴黛舒.中国教育学学科危机探析 [J].教育研究，2006（6）.

[25] 瞿葆奎.两个第一：王国维译、编的《教育学》——编辑后记 [J].教育学报，2008（2）.

[26] 于述胜.改革开放三十年中国的教育学话语与教育变革 [J].教育学报，2008（5）.

[27] 肖朗.科教兴国的强音——斯宾塞教育思想在近代中国 [J].华东师范大学学报（教育科学版），2008(6).

[28] 张斌贤.教育史学科的双重起源与外国教育史课程教材建设的"新思维" [J].河北大学学报（哲学社会科学版），2008（1）.

[29] 肖朗，叶志坚.赫尔巴特实践哲学的教育学意蕴——以赫尔巴特与康德的思想关联为考察中心 [J].中国教育科学，2014（2）.

[30] 土屋洋."中国教育史"的诞生——蒋黼及其《中国教育史资料》考论 [J].李林，译.中国人民大学教育学刊，2016（1）.

[31] 孙江.概念史研究的中国转向 [J].学术月刊，2018（10）.

[32] 陈桂生.教育学究竟是怎么一回事——略议教育学的基本概念 [J].教育学报，2018（1）.

[33] 项贤明 . 论教育学的术语和概念体系 [J]. 教育研究，2018(2).

[34] 刘庆昌 . 寻找教育学的历史逻辑——兼及 "教育学史" 的研究 [J]. 西北师大学报（社会科学版），2018（1）.

[35] 叶澜，罗雯瑶，庞庆举 . 中国文化传统与教育学中国话语体系的建设——叶澜教授专访 [J]. 苏州大学学报（教育科学版），2019（3）.

[36] 陈桂生 . 略论教育学 "西学中化" 问题的症结——三谈教育学究竟是怎么一回事 [J]. 教育学报，2019（3）.

[37] 章清 . "学归于一"：近代中国学科知识成长的意义 [J]. 天津社会科学，2021（5）.

[38] 刘幸，施克灿 . "Education" 何以译为 "教育"——以日本有关学术史料为基础的讨论 [J]. 教育研究，2021（7）.

[39] 张小丽 . 赫尔巴特教育学在中国的传播 (1901-1904)[J]. 教育学报，2006（5）.

[40] 张小丽 . 清末国人 "教育" 观念的演变 [J]. 中国人民大学教育学刊，2011（2）：165-173.

[41] 侯怀银，张小丽 . 论 "教育学" 概念在中国的早期形成 [J]. 教育研究，2013（11）.

[42] 张小丽，侯怀银 . 论 20 世纪上半叶 "教育科学" 概念在中国的形成 [J]. 教育学报，2014（3）.

[43] 张小丽 . "德育" "智育" "体育" 概念在近代中国的形成考论 [J]. 教育学报，2015（6）.

[44] 张小丽 . 清末民初赫尔巴特教育学的中国面相 [J]. 教育学报，2017（5）.

[45] 张小丽 .20 世纪初中国教育史研究的中国起源 [J]. 山西大学学报（哲学社会科学版），2020（6）.

后记

　　这篇书稿是在我 2010 年通过答辩的博士学位论文的基础上修改、扩充而成的。时隔十余年，再从头到尾看当年的论文稿，读书时的光荣与梦想，当年写论文时的迷茫、仓促和为赋新词强说愁的青涩好像一下子解开了封印，蹿了出来。写论文时二十七八岁，现在已然四十岁。以不惑之年修改青春年少时的文字，无疑是有些痛苦的。在书稿还没修改完成的时候，我就在想，已经有了年代感的书稿，后记要怎么写。真的要落笔的时候，又是满腹淡然，就当是自己的成长记录吧。若从读硕士研究生时开始算起，与"教育学史""教育学术史"研究结缘已十余年。

　　于述胜教授是我进入教育史研究的引路人。犹记得 2004 年刚入门时，老师给了"社会教育"四个字让我们两个刚入学的研一新生去查资料。当时除了图书馆的检索系统，我对文献分类、史料类型、史料学等一无所知，就带着一腔热情投入了老师布置的任务中去。读研究生的第一个学期，熟悉了北京师范大学图书馆、国家图书馆、北京大学图书馆，摸爬滚打熟悉了近代史料搜集的理路。同时，在查找搜集史料的过程中，我也体会到寻宝一般莫大的乐趣。可以说，我是从史料入门到教育史研究领域的。2000 年前后，正值教育学科世纪盘点，涌现出一大批教育学史研究成果。王炳照先生常与老师提及他的导师陈元晖先生的遗愿，要写中国的教育学史。老师颇以为然，并且认为可以在现有研究成果的基础上，以知识社会学的视角，将教育学的知识生产与社会发展联系起来，作更为深入、生动的考察。硕士论文选题阶段，老师以此命题建议于我。可能是初生牛犊不怕虎，我接了，而且颇有些即将有一亩三分地的郑重与欣喜，决定好好经营耕种。

　　正式着手开疆拓土，仍是从史料入手。自 2005 年开始，就开始了一场有点像愚公移山的运动。老师当时尤其强调系统地看一份报纸，对了解当时的社会情态有不可替代的作用。我就把这件事付诸实践了。从 2005 年到 2009 年，我几乎所有零碎的时间，都用来去北京师范大学法学资料室翻《大公报》，一天天地翻过去，跟教育有关的、感兴趣的新闻消息先做笔记到本子上，一整本翻完了，再依照笔记页码拍照，再集中修改照片名称。几年的零碎时间，翻阅了从 1902 年至 1920 年、1930 年至 1937 年的《大公报》，积累了 6 本笔记，拍摄了近万张照片。这场愚公移山运动因为毕业工作之后条件所限戛然而止，但此事至今仍有余荫。一是研究生期间几乎没有大块地浪费过时间，即使被老师批评得不知东西南北，怀疑自己是否适合做研究，这件事也没有停过；二是沉浸在完全没有先见之明的、一天天琐碎且立体的时代氛围中，仿佛做时光旅行，重历了一遍彼时的社会情态，让我更深地体认，教育、教育学、教育学者，都是彼时彼情境中的教育、教育学、教育学者，只有把他们放回他们的时代中看他们的作为，才有"历史经验"。还记得骑着自行车去国家图书馆古籍部抄书，抄了好多本，王国维翻译的《教育学》《教育学教科书》，颜永京翻译的"史本守"的《肄业要览》等。当时也会怀疑，做这些有意义吗？摘出与论文有关的部分不就行了？现在想起来，也感谢那时候的傻气。三个月的抄书时光，算是基本功补课，再阅读繁体竖版倒翻文献，如履平地。十多年过去了，再忆及二十几岁时那五六年付给故纸堆的青春时光，仍旧庆幸没有浪费时间。留下的除了现在还用得着的资料，还有不计回报地付出的那种无畏无悔的畅快感。

跟着于述胜老师读书的六年，是我蜕变的六年。老师是纯粹的学问人，待学生亦师亦友亦父。自硕士阶段起，老师便对我从史料入门的摸索投入表示肯定，或者还有某种程度的欣喜。我的硕士论文题目是《赫尔巴特教育学在中国的早期传播（1901 年—1904 年）》，老师认为写得不错，觉得我是那种脑子不笨又肯下笨功夫的学生。到了博士阶段后，我仍是一头扎入史料的汪洋中，搜集些零星的麟角，对着这些麟角，总有些心求通而未得、口欲言而未能之感。老师拼命启发，苦口婆心掰正考据与义理的关系，耐心地掰开揉碎了劝诫不要止步于考考据据，要关注哲学义理，甚至强硬地批评"不听话"，每每总因为我的不开窍和逆反而不欢而散。博士论文是硕士论文的延续，做的是《清末中国教育学发展状态研究》。读博士时后两年的状态并不好，论文成文之后也并不满意。老师亦直言做得还不如硕士毕业论文。毕业之后，加上刚工作各种身份转变的迷茫，很长一段时间都拒绝再翻看博士毕业论文。工作多年后，再回想老师的苦口婆心，方有些觉悟。老师确是着急啊，是老师对看起来还有点潜力却执迷不悟的学生的着急。

博士毕业后，我的关注点在两方面，一仍为教育学史，毕业后时间慢慢延伸到民国时期；一为北京师范大学的教育学科史，这个与博士毕业论文关系不大，因读书时身在其中而关注。这两者，最终在 1915 年北京高等师范学校教育专攻科设立之后有了交点。我的阅读多关于现代学术体制建立、知识与制度转型等，在近现代史的相关研究中，寻找教育学科的身影与定位。同时发现，教育学科纯正的西学定位，以及鲜明的实践色彩，很难将它完全纳入"学术史"的研究框架内。毫无疑问的，20 世纪教育学科在中国有其特殊的历程，直至现在，教育学科的地位仍很特殊。从教育学理论及教育学科制度两个层面来理解与解释 20 世纪上半叶教育学科在中国的历程与境遇，成为我最近几年关注的重心。2019 年 5 月份，我参加了华东师大承办的中国教育学会教育史分会第二届青年教育史学者沙龙。沙龙聚集了来自史学和教育学学科关注教育史问题的青年学者。尤其是来自历史学专业的青年人，给我留下很深的印象，一是他们普遍年纪都不大，但史学基本功很扎实；二是他们对教育问题的关注的政治史、社会史视角。同时也意识到，史学研究者不会关注到教育学科在中国的特殊问题；教育学科在中国设立、建设的历程，只有教育史研究者去关注、研究，用史学方法研究教育问题，才能得到中国教育学科建设的"历史经验"。也正是毕业后十年的沉淀和积累，终于让我有勇气回头整理博士论文中处理得有点粗糙的问题。也因为这十几年研究延续至民国时期，再回望清末，更有一番新的体悟，值得更细的打磨。

如果说于述胜老师是我研究路上的引路人，田正平教授、侯怀银教授等前辈则给了我诸多鼓励与提携。田正平教授是我博士论文答辩委员会主席。答辩结束后，田老师留给我细致的三大张评语及满是批注的论文稿，以备修改时参考。每每翻看，心里既惭愧又感动。毕业后，田老师每次见面都会告诫鼓励：女性研究者非常不容易，一定要克服困难坚持下去。每每想起前辈们的鼓励与告诫，即便仅有"小米加步枪"的条件，也未敢随波逐流。2013年8月，我从研究所调回教学科研单位，生活也逐步进入正轨。在这期间，侯怀银教授给我帮助、照顾颇多。我与侯老师的研究方向很接近，在教育学科概念史、德国教育学在中国的传播以及中华人民共和国教育学史方面进行了很多合作。如果说之前我对"教育学史"的关注侧重于教育学与社会关联的外部史，跟侯老师的一系列合作之后，尤其是在"中华人民共和国教育学史"开题时，我得以看到教育学基本理论界对教育学史的研究视角，深刻体会到，只有内外结合，才能将中国教育学史的研究推向深入。在此非常感谢侯老师的提携。

最后，感谢山西大学120周年校庆文库的资助；感谢山西人民出版社编辑翟丽娟老师的辛苦付出。

张小丽

2022 年 5 月 28 日